Handbuch der Kreativ-Methoden

Joachim Sikora

Handbuch der Kreativ-Methoden

2., überarbeitete und erweiterte Auflage

2001

KATHOLISCH
SOZIALES
INSTITUT
DER ERZDIOZESE KÖLN

ISBN 3-927566-25-X

© 2001 Katholisch-Soziales Institut der Erzdiözese Köln
Selhofer Str. 11, 53604 Bad Honnef,
Tel.: 0 22 24 / 9 55-0, Fax: 0 22 24 / 9 55-1 01
E-Mail: sikora@ksi.de, Internet: www.ksi.de
Umschlaggestaltung, Illustrationen auf den Innenseiten,
Layout und Satz: Punkt & Pixel, Bad Honnef
Druck: Siebengebirgs-Druck GmbH, Bad Honnef

Inhalt

1. Vorwort zur ersten Auflage 1975

Im Jahre 1931 führte Robert Crawford ein erstes Training zur Vermittlung einer Methode („Attribut Listing") durch, mit deren Hilfe das kreative Lösen von Problemen erleichtert werden sollte. Seit dieser Zeit sind vielfältige methodische Konzepte entwickelt worden. Dieses Buch versucht, einen Überblick über die verschiedenen methodischen Ansätze und ihre Variationen sowie die ihnen zugrunde liegenden Ergebnisse der Kreativitätsforschung zu geben. Die vorliegende Ausarbeitung gliedert sich in drei Bereiche:

- Im ersten Teil wird ein Arbeitsmodell der verschiedenen Parameter der Kreativität entworfen, in welchem personale, prozessuale und soziale Elemente integriert werden, anschließend wird auf die den Denkprozess blockierenden Faktoren hingewiesen und schließlich werden verschiedene Stufen des kreativen Produktes erläutert.
- Der zweite Teil beschäftigt sich mit Fragen zum Komplex Kreativität und Gruppe. Es werden die Leistungsvorteile der Gruppe dargestellt und im Anschluss daran jene Bedingungsfaktoren erörtert, deren Berücksichtigung erst die volle Wirksamkeit einer Gruppe garantiert.
- Der dritte Teil bietet ein detailliert ausgearbeitetes Trainingsprogramm, welches – unter Berücksichtigung der im ersten und zweiten Part entwickelten „theoretischen" Voraussetzungen – vor allem jene drei Prinzipien einüben wird, auf die alle im schöpferischen Problemlösungsprozess eingesetzten Methoden und Techniken aufbauen: das „Prinzip der verzögerten Bewertung", das „Prinzip der Verfremdung" und das „Prinzip des spielerischen Experimentierens".

Die Konzeption des Trainings zielt nicht so sehr darauf ab, mit bestimmten Methoden und Techniken zur Stimulierung des schöpferischen Denkens vertraut zu machen, als vielmehr auf die Einübung der eben genannten Prinzipien.

Bei der in Zusammenarbeit mit der „Arbeitsgemeinschaft für Gruppendynamik und Kreativität" (Köln) erfolgten Ausarbeitung des Trainings-Designs ist besondere Aufmerksamkeit dar-

auf gelegt worden, dass die zehn „Einheiten" des Trainings unmittelbar eingesetzt werden können.

Praxisrelevante Methoden für die verschiedenen Phasen des
schöpferischen Problemlösungsprozesses werden demonstriert,
ohne dabei jene Theorien zu vernachlässigen, auf denen sie basieren.

Dieses Buch ist als konkrete Arbeitshilfe für all jene gedacht,
die eine „Pädagogik bzw. Andragogik der Kreativität" nicht als
Makulatur bildungspolitischer Forderungen, sondern als eine der
zentralen Aufgaben unserer Zeit ansehen und die neben dem
logischen das schöpferische Denken in den Bildungsprozess integrieren wollen.

Bitten möchte ich alle Leserinnen und Leser um konstruktive
Anregungen, insbesondere dann, wenn sie das Trainingskonzept
erprobt haben.

Danken möchte ich allen Kollegen, die mich bei der Erstellung
des Manuskriptes und bei der Erprobung der „Einheiten" tat-
kräftig unterstützt haben.

Köln, Herbst 1975 *Joachim Sikora*

Vorwort zur zweiten Auflage (2001)

Über viele Jahre habe ich häufig die vorgestellte Konzeption und
ebenso die angebotenen Methoden in Trainings eingesetzt und
umfangreiche Erfahrungen gesammelt, besonders auch in anderen Kulturkreisen. Beispielsweise während meiner Tätigkeit als
Berater einer asiatischen Gewerkschaftsorganisation mit ihrer
Zentrale in Manila (Philippinen – 1975 bis 1979) oder während
der politischen Beratung oppositioneller Gruppen, Institutionen
und Organisationen in Chile (1983 bis 1987).

Dann konzentrierten sich meine beruflichen Aktivitäten über
viele Jahre auf andere Schwerpunkte. Seit ich die Leitung des
Katholisch-Sozialen Instituts der Erzdiözese Köln – einer großen
überregionalen Einrichtung der Erwachsenenbildung – im Oktober 1990 übernommen habe und in einem mehrjährigen Prozess
an der baulichen und konzeptionellen Umgestaltung zu einem

außergewöhnlichen diözesanen Tagungszentrum mitwirken konnte, haben zwei Themenfelder wieder intensivere Bedeutung für mich gewonnen: dies sind die Zukunftsforschung (Futurologie) und die Kreativität.

Der erste Themenschwerpunkt hat seine konkrete Ausformulierung vor allem in zwei Veröffentlichungen gefunden, die sich mit der „Vision einer Tätigkeitsgesellschaft" und der „Vision einer Gemeinwohl-Ökonomie – auf der Grundlage einer komplementären Zeit-Währung" befassen. Der Themenbereich „Kreativität" fand mehr in der Umsetzung neuer Dimensionen der Erwachsenenbildung („Lernen im vorübergehen") und in der inhaltlichen Gestaltung von Seminarangeboten (den „Akademien für Quer-Denker und Quer-Tuer" beispielsweise), in der Entwicklung von „Vivents", Zukunftswerkstätten, „Open-Space-Konferenzen" und Internet-Angeboten seine Konkretisierung.

Bis eines Tages ein Kollege einer anderen Akademie an mich herantrat und fragte, wieso ich denn keine Angebote zum Thema „Kreativität" übernehmen würde; er hätte konkreten Bedarf und entsprechende Anforderungen. Also nahm ich wieder die „alten" Manuskripte zur Hand, besorgte mir „neue" Literatur und arbeitete mich erneut in den Themenkomplex ein. Die erste recht überraschende Feststellung war: Es war wenig Neues in den Büchern zu finden. Das methodische Spektrum hatte sich in einzelnen Punkten weiter ausgefaltet und in einigen wenigen anderen Bereichen erweitert – aber ansonsten galten die Prinzipien der Kreativitätsmethodik unverändert (Warum sollten sie sich auch geändert haben?) und in der Kreativitätsforschung waren nur wenige Erkenntnisse hinzugekommen.

Hier also die zweite Auflage nach über 25 Jahren. Dank eines schöpferischen Layouters und einem anregend-kritisch-konstruktiven Kollegenkreis konnte aber faktisch ein neues „Produkt" entstehen. Allen Beteiligten herzlichen Dank.

Bad Honnef, im Frühjahr 2001   *Joachim Sikora*

2. Begriffsbestimmung

Für den mit der vorliegenden Materie bisher noch nicht sehr vertrauten Leser dürfte eine kurze begriffliche „Einstimmung" zweckmäßig erscheinen. Wie in anderen Wissenschaftsbereichen auch, so liegen hier ebenfalls keine allgemeinverbindlichen Begriffe vor. Zum Trost (oder auch nicht) sei zunächst erwähnt, dass während eines Symposions über Kreativität die anwesenden **400 Definitionen** Wissenschaftler über 400 verschiedene Bedeutungen mit dem Terminus „Kreativität" assoziierten.

Selbstverständlich kann man zunächst versuchen einen Begriff von seinem Wortstamm abzuleiten, etwa „Kreativität" vom la-**creare = zeugen,** teinischen „creare", was so viel bedeutet wie: zeugen, gebären, **gebären,** erschaffen. Doch mit dieser Feststellung ist noch nicht viel ge-**erschaffen** wonnen.

Betrachten wir deshalb einige in der Literatur vorfindbare Begriffsbestimmungen:

Neues schaffen   „Kreativität kann – ganz einfach – als die Fähigkeit definiert werden, etwas Neues zu schaffen". (Barron, F., 1965, S. 3) Diese Definition orientiert sich am Ergebnis, am Produkt und stellt als einzige Bedingung, dass dieses Produkt „*neu*" sein muss. (Wobei offen bleibt, für wen das Produkt „*neu*" sein soll, für jedermann oder nur für den Schöpfer?)

...sinnvoll und   Morris I. Stein erweitert deshalb die Definition, indem für ihn **brauchbar...** Kreativität „hinausläuft auf ein neues Werk, das zum selben Zeitpunkt durch eine Gruppe als sinnvoll und brauchbar bewertet wird". (1963, S. 218)

Der an das kreative Produkt anzulegende Maßstab wird weiter präzisiert durch Donald W. McKinnon: Wirkliche Kreativität „umfasst eine Antwort oder eine Idee, die neu ist oder im statistischen Sinne selten ... die sich ganz oder teilweise verwirklichen lässt. Sie muss dazu dienen ein Problem zu lösen, einen Zustand zu verbessern oder ein vorhandenes Ziel zu vollenden. Und ... **...Entwicklung im** umfasst eine kritische Bewertung der Originalität und Realisie-**vollen Umfange...** rung, eine Entwicklung im vollen Umfange". (1962, S. 485)

Noch subtiler definiert Drevdahl (zitiert nach Ulmann, G., 1968, S. 68), was unter Kreativität zu verstehen sei:

„Kreativität ist die Fähigkeit des Menschen, Denkergebnisse beliebiger Art hervorzubringen, die im wesentlichen neu sind und demjenigen, der sie hervorgebracht hat, vorher unbekannt waren. Es kann sich dabei um Imagination oder um eine Gedankensynthese, die mehr als eine bloße Zusammenfassung ist, handeln. Kreativität kann die Bildung neuer Systeme und neuer Kombinationen aus bekannten Informationen involvieren sowie die Übertragung bekannter Beziehungen auf neue Situationen und die Bildung neuer Korrelate. Eine kreative Tätigkeit muss absichtlich und zielgerichtet sein, nicht nutzlos und phantastisch – obwohl das Produkt nicht unmittelbar praktisch anwendbar, nicht perfekt oder gänzlich vollendet sein muss. Es kann eine künstlerische, literarische oder wissenschaftliche Form annehmen oder durchführungstechnischer oder methodologischer Art sein". **... vorher unbekannt ...**

Kreativität setzt – und dies geht auch aus der Definition von Drevdahl hervor – einen Transfer von Informationen voraus, d. h., Informationen werden aus verschiedenen Mustern herausgelöst und sodann mit anderen Informationen in Beziehung gesetzt. Eine solche Informationskombination wird dann als kreativ zu bezeichnen sein, wenn sie neu ist und zur Lösung eines Problems oder einer Aufgabe beiträgt. **Transfer von Informationen**

In diesem Sinne schreibt E. Landau (1969, S. 10):

Immer mehr Forscher wagen zu behaupten, „dass allen kreativen Prozessen, ob es sich dabei um eine symphonische Komposition, eine lyrische Dichtung, die Erfindung und Entwicklung eines neuen Flugzeuges, einer neuen Verkaufstechnik, eines neuen Medikamentes oder eines neuen Rezeptes für eine Suppe handelt, die eine gemeinsame Fähigkeit zugrunde liegt, nämlich:

die Fähigkeit, Beziehung zwischen vorher unbezogene Erfahrungen zu finden, die sich in der Form neuer Denkschemata als neue Erfahrungen, Ideen oder Produkte ergeben." **neue Beziehungen knüpfen**

So musste Sigmund Freud zunächst, „um zu seiner Entdeckung zu gelangen, die übliche Logik hinter sich lassen. Er musste sich von dem Grundsatz der Eindeutigkeit einer Definition trennen. Erst so konnte er von einer männlichen Hysterie sprechen. Denn nach damaligen Vorstellungen konnte nur eine Frau hysterisch **Sigmund Freud** sein, was schon das Wort zum Ausdruck brachte. Es leitet sich ab vom griechischen „hysteron" = Gebärmutter. Da der Mann eine solche nicht besitzt, war es ein Verstoß gegen eine elementare Regel der Logik – nämlich der Eindeutigkeit einer Definition –, wenn man plötzlich von einer männlichen Hysterie sprach." (Matussek, P., 1974, S. 18)

Eine Verbindung gar zwischen Sexualität, Kind und Eltern herzustellen schien so absurd, dass er sich dafür belächeln, beschimpfen, bekämpfen lassen musste.

neue Verknüpfungen „Es können also noch so viele Vorstellungen, Assoziationen und Phantasien freigelegt und ausgesprochen werden – erst die neue, originelle, alles Bisherige sprengende Verbindung verschiedenartiger Assoziationen ist das Schöpferische. Phantasien haben viele, nur wenige aber verknüpfen sie zu einer richtigen Idee." (Matussek, P., 1974, S. 19)

Bisoziation Vielleicht wäre der Begriff der „Bisoziation", wie ihn Arthur Koestler geprägt hat, zweckmäßiger, da er weniger vorbelastet ist und die hier vertretene Auffassung von Kreativität exakter erfasst, doch hat dieser Terminus keinen Widerhall in der allgemeinen Literatur gefunden. „Bisoziation bedeutet, dass eine Idee, ein Konzept oder eine Technik mit einer anderen Idee, einem anderen Konzept oder einer anderen Technik kombiniert wird." (zitiert nach Kaufmann, A. u. a., 1972, S. 33) Kreativität wird in den folgenden Ausführungen im Sinne dieser Definition verstanden.

Helmut Schlicksupp (5.Aufl., 1998, S. 32) fasst Kreativität – an die Begriffsbestimmung von Drevdahl anknüpfend – wie folgt **Kreativitäts-definition** zusammen: „Kreativität ist die Fähigkeit von Menschen, Kompositionen, Produkte oder Ideen gleich welcher Art hervorzubringen, die in wesentlichen Merkmalen neu sind und dem Schöpfer vorher unbekannt waren. Sie kann in vorstellungshaftem Denken bestehen oder in der Zusammenfügung von Gedanken, wobei das Ergebnis mehr als eine reine Aufsummierung des bereits Bekannten darstellt. Kreativität kann das Bilden neuer Muster und Kombinationen aus Erfahrungswissen einschließen und die Übertragung bekannter Zusammenhänge auf neue Situationen ebenso wie die Entdeckung neuer Beziehungen. Das kreative Ergebnis muss nützlich und zielgerichtet sein und darf nicht in reiner Phantasie bestehen – obwohl es nicht sofort praktisch angewendet zu werden braucht oder perfekt und vollständig sein muß. Es kann jede Form des künstlerischen oder wissenschaftlichen Schaffens betreffen oder prozesshafter oder methodischer Natur sein."

3. Parameter der Kreativität

Strategien Dieses Buch vermittelt verschiedene Vorgehensweisen, Strategien und Wege, um Probleme kreativ zu lösen. In jeder Strategie sind unterschiedliche Elemente integriert und in bestimmter Art und Weise miteinander kombiniert. Die Anwendung einer Strategie setzt sinnvollerweise die Kenntnis der in ihr enthaltenen Faktoren voraus. Diese Kenntnis ist für jeden selbstverständlich, der nicht vorgefertigte Konzepte übernehmen, sondern aufgaben- und situations-bezogene Variationen erproben bzw. neue methodische Wege zu entwickeln gedenkt.

Außerdem kommt hinzu, dass mancher Leser sich noch keinen Überblick über die inzwischen auch bei uns recht umfangreich gewordene Literatur verschaffen konnte. Die folgenden Ausführungen wollen deshalb Einführung und gleichzeitig theoretische Grundlegung sein.

Als Einführung wollen sie zunächst Antwortversuche auf die **zwei Fragen** folgenden zwei Fragen sein:
- Wie kann die Entwicklung der Kreativität gefördert werden?
- Welche Ansatzpunkte bieten sich für eine Förderung der Kreativität an?

J. P. Guilford, Auf ähnliche Fragestellungen ging J. P. Guilford in seinem Vor-
5. September 1950 trag ein, den er am 5. September 1950 am Pennsylvania State College hielt. Dieser Vortrag darf als der Beginn der neueren amerikanischen Kreativitätsforschung betrachtet werden. Wie Guilford darin ausführt, war dieser Themenkreis bis zu diesem Zeltpunkt erschreckend vernachlässigt worden. Um dies möglichst anschaulich zu verdeutlichen, hatte er das Verzeichnis der „Psychological Abstracts" seit ihrem ersten Erscheinen im Jahre 1927 ausgewertet. Von annähernd 121.000 darin aufgezeichneten Titeln waren nur 186 ausfindig zu machen, die sich definitiv mit dem Gegenstand Kreativität befassten.

Sidney J. Parnes, Als Sidney J. Parnes im Januar 1967 mit der Veröffentlichung
Januar 1967 einer fortlaufenden Bibliographie im „Journal of Creative Behavior" begann, konnte er feststellen, dass allein in der Zeit von Januar 1965 bis Juni 1966 – also in eineinhalb Jahren – etwa 1.500

wissenschaftliche Veröffentlichungen erschienen waren, dies **D. P. Ausubel,** entspricht wiederum den Veröffentlichungen in den Zeiträumen **1968** von 1960 bis 1965, von 1950 bis 1960 und von 1850 bis 1950.

Diese, der sogenannten „Wissensexplosion" entsprechenden, umfangreichen Bemühungen zum Thema Kreativität führten wiederum zu einer Situation, die D. P. Ausubel 1968 so ausdrückte: „Creativity is one of the vaguest, most ambiguous and most confused terms in psychology and education today." (Ausubel, D. P., 1968, S. 134)

Um etwas Übersicht in diese Vielfalt zu bringen, schlug Ross L. **Produkt,** Mooney (1962, S. 74) während der „Research Conference on **Prozess,** the Identification of Creative Scientific Talent" (1957) vor, die **Person und** Arbeiten zur Kreativität unter vier Kategorien zu subsumieren: **Umwelt** *Produkt, Prozess, Person und Umwelt.*

Diese Einteilung ist von den meisten Autoren beibehalten bzw. nur geringfügig modifiziert worden.

Die genannten vier Kategorien, die in diesem Buch als Parameter bezeichnet werden – um dadurch ihre grundsätzliche, aber weitgehend noch unbestimmte Funktion zu verdeutlichen – dienen auch den folgenden Ausführungen als Orientierungspunkte; lediglich die Reihenfolge ist ein wenig verändert worden: Person, Prozess, Produkt, Umwelt.

Die Absicht der folgenden Erörterungen ist es – neben den bereits genannten Zielen –, einen Eindruck von der Komplexität der vier Parametergruppen zu vermitteln. Es wird sich dabei notgedrungenerweise um ein recht grobes Raster handeln müssen, da der zur Verfügung stehende Raum eine ausführliche Diskussion nicht erlaubt.

Aussagen wie die folgende von Edward de Bono: „Ich glaube, **Edward de Bono** sie (die Kreativität, J. S.) ist eine Fertigkeit, die wie Autofahren geübt und gelernt werden kann" (de Bono, E., 1971, S. 8), sind im Prinzip zu bejahen, simplifizieren aber die Aufgabenstellung in unzulässiger Weise. Wer sich das Lernziel „Kreativität" steckt, **Lernziel Kreativität** der sollte sich darüber im klaren sein, dass die Handhabung des methodischen Instrumentariums zur Stimulation des schöpferischen Denkens relativ rasch zu vermitteln ist. Die wesentlich

schwierigere, aber entscheidendere Leistung besteht darin: neben den kognitiven Strukturen vor allem emotionale Dimensionen und soziale Verhaltensweisen zu verändern.
Dies sollte so früh wie möglich im Sozialisationsprozess geschehen. Warum erst ungünstige Verhaltensmuster internalisieren, um sie dann später in einem komplexen Prozess wieder zu verändern?

3.1 Person

Unter diesem Parameter sollten die folgenden Themenkreise skizziert werden: Einstellungen, Motivation, Fähigkeiten und Persönlichkeitsmerkmale.

3.1.1. Einstellungen

Definition Nach Rosnow und Robinson (1967, S. XVI) bezeichnet der Begriff „Einstellung" (Attitüden) „die Organisation der Einsichten, Gefühle und Prädispositionen eines Individuums, so dass es sich so verhält, wie es sich verhält" und zwar sich selbst sowie seiner sozialen und physikalischen Umwelt gegenüber.
Von den Einstellungen wird allgemein gesagt, dass sie: sozialisiert, veränderbar, emotional getönt und dem Betreffenden nur teilweise bewusst sind, dass sie ferner die Reaktionen eines Individuums Personen, Gegenständen und Ideen gegenüber bestimmen und dass sie eine „Filter-Funktion" ausüben. **Filter-Funktion**

Einstellungen dienen der Orientierung und Anpassung insofern, als sie eine fundamentale psychologische Beziehung zwischen den Fähigkeiten eines Menschen zu denken, zu fühlen und zu lernen herstellen, durch die er seinen laufenden Erfahrungen in einer komplexen sozialen Umwelt eine Ordnung und einen Sinn geben kann.

Wie schwierig es ist, die Attitüden eines Menschen zu verändern, dies beweist die Vorurteilsforschung. W. Strzelewicz definiert Vorurteile als „falsche, generalisierende, bewertende und behauptende Urteile, an denen festgehalten wird, auch wenn der Wahrheitsanspruch des Urteils als zureichend abgewiesen gelten kann". (1965, S. 22) **Vorurteils-forschung**

Einstellungen im allgemeinen und Vorurteile im besonderen sind nicht ohne Grund so schwierig zu verändern. Sie haben bestimmte und ganz konkrete Funktionen. D. Katz (1960, S. 163 ff.) nimmt an, dass mit Einstellungen vier verschiedenen Persönlichkeitsfunktionen gedient wird: Anpassung, Ausdruck von Wertvorstellungen, Wissen und Ich-Verteidigung. Die vielfältigen Probleme der Einstellungsänderung können hier nicht ausführlich erörtert werden. Zur Illustration sei nur kurz auf L. Festingers „Theorie der Kognitiven Dissonanz" (1964, S. 28 ff.) hingewiesen: Wenn das Wissen eines Menschen im Widerspruch zu seinen Normen, Meinungen, Handlungen und Erfahrungen steht, so wird er versuchen, diese als unangenehm erlebte Diskrepanz zu mindern. Dazu hat er etwa folgende Möglichkeiten.

- Er nimmt nur diejenigen Informationen zur Kenntnis, die sein eigenes Wertbild bestätigen (selektive Informationsaufnahme);

- die Informationsquelle wird als unglaubwürdig und damit irrelevant disqualifiziert;

- die Informationen werden so interpretiert, dass sie der eigenen Meinung entsprechen (selektive Informationsverarbeitung);

- diejenigen Aspekte werden über Gebühr betont, die die eigene Position bestätigen und entsprechend werden die Gegenargumente abgewertet.

Kurz gesagt: Informationen werden so lange „gefiltert", bis eine Konformität erreicht wird. Diese Filter haben eine Schutzfunktion, sie bewahren den einzelnen vor einer permanenten Identitätskrise.

„Wo das Individuum bemüht ist, nur solche Informationen und Reize aufzunehmen, bei denen es eine Bestätigung seiner eigenen Gewohnheiten, Meinungen und seines Eigenbildes (Kognitive Konsonanz) vermutet, wird die umfassende Nachricht in der präkommunikativen Phase unter scharfe Zensur gestellt." (Arens, K. P., 1971, S. 13) Kreativität dürfte immer dann mit Einstellungen kollidieren,

Funktionen

Theorie der Kognitiven Dissonanz

selektive Informationsaufnahme

Disqualifizierung

selektive Informationsverarbeitung

Informationsfilter

Einstellungen kontra Kreativität

- insofern diese zu Mustern und Stereotypen erstarren,
- insofern sie (zumindest zeitweilige) Verunsicherungen verhindern,
- insofern sie für eine permanente Selektion zwischen Relevantem und Nicht-Relevantem sorgen,
- insofern sie Kontinuität gegenüber wechselnden Situationen erreichen wollen,
- insofern sie als Mittel der sozialen Anpassung, der Konformität, fungieren,
- insofern sie zur Rechtfertigung von Verhaltensweisen dienen,
- insofern sie als „dauerhafte Organisation von motivationalen, emotionalen, perzeptiven und kognitiven Prozessen in bezug auf bestimmte Aspekte der individuellen Welt" (Krech/ Crutchfield, 1962, S. 412) definiert werden können.

„habits" und „sets" verflüssigen   Diese für die Kreativität sich negativ darstellenden Auswirkungen müssen zumindest zeitweise außer Kraft gesetzt werden. Dies ist eine der wesentlichen Forderungen, die an die verschiedenen Kreativitätsmethoden zu stellen sind. Die Methodik muss es ermöglichen, die „dauerhafte Organisation" – von der oben die Rede war – aufzulösen. Die vorhandenen „habits" und „sets" müssen mittels des methodischen Instrumentariums „aufgelöst", „verflüssigt", zumindest aber zeitweilig „außer Kraft" gesetzt werden.

Entscheidend ist, ob es gelingt, die die Wahrnehmung und den Denkprozess blockierenden Einstellungen zu suspendieren.

3.1.2 Motivation

„Verschiedene Individuen verhalten sich in gleichen äußeren Situationen verschieden oder in verschiedenen Situationen gleich." (Heckhausen, H., 1963, S. 4) Warum tun sie dies? Die Frage nach dem „Warum?" des Verhaltens ist die Frage nach der Motivation.

Homöostase-Modell   Diejenigen lern- und motivationstheoretischen Ansätze, die Motivationen auf Bedürfnis- und Mangelzustände zurückführen, dabei also von einem Modell der Gleichgewichtsregulierung

(Homöostase) ausgehen, für diese Theorien führt das Erlebnis einer gestörten Harmonie mit der Umwelt zu dem Wunsch, die Harmonie wiederherzustellen. Correll (1970, S. 67) versteht entsprechend unter Motivation „einen Zustand des Angetriebenseins, in welchem sich Motive manifestieren, die auf die Reduktion einer Bedürfnisspannung abzielen".

Motivation ist aber auch ein Erklärungsbegriff für die Verursachungszusammenhänge von Verhaltensweisen, die durch direkte Beobachtung allein nicht zu klären sind. In diesem Sinne definiert Heckhausen Motivation als „Wirkungsgefüge vieler Faktoren eines gegebenen Personen-Umwelt-Bezuges, die das Erleben und Verhalten auf Ziele richten und steuern". (1965, S. 603) **Wirkungsgefüge**

Die Begriffsbestimmung von Heckhausen legt die Frage nahe: Welche Faktoren in einem gegebenen Personen-Umwelt-Bezug richten bzw. steuern das Erleben und Verhalten auf das Ziel „Kreativität"? **Kreativ-Faktoren**

Kürzer formuliert: Was motiviert Personen zu schöpferischen Leistungen? Oder: Warum handelt ein Individuum kreativ?

Zwei Bedingungen können als notwendige Voraussetzungen angenommen werden: **zwei Bedingungen**

- „eine größere Sensitivität für die Lücken und das Fehlen an Geschlossenheit, das in der Umwelt existiert" (Stein, M. J., 1953, S. 311 ff.) und
- eine stärkere Leistungsmotivation.

„Das kreative Individuum kann als ein System in Spannung charakterisiert werden, empfindsam für die Lücken in seinen Erfahrungen und fähig diesen Zustand durchzuhalten. Einige Individuen gehen im kreativen Prozess nicht weiter als zu diesem Punkt. Ihre Kreativität manifestiert sich in der Tatsache, eine kritische Rolle gespielt zu haben, indem sie andere auf die bestehende Lücke aufmerksam gemacht haben. Für andere aber geht der kreative Prozess ins nächste Stadium über – Hypothesenformation und Hypothesenüberprüfung. Diese Individuen suchen verschiedene Lösungen, die die Lücken schließen oder eine Geschlossenheit herbeiführen können." (Stein, M. I., in Ulmann, G., 1973, S. 66) **System in Spannung**

Gütemaßtäbe

Im letzten Abschnitt spiegelt sich etwa das wider, was McClelland (1970, S. 177) als „Auseinandersetzung mit einem Gütemaßstab" bezeichnet.

Heckhausen (1965, S. 604) definiert Leistungsmotivation als „das Bestreben, die eigene Tüchtigkeit in all jenen Tätigkeiten zu steigern oder möglichst hoch zu halten, in denen man einen Gütemaßstab für verbindlich hält und deren Ausführung deshalb gelingen oder misslingen kann", und ordnet Gütemaßstäbe drei

drei Kategorien   Kategorien zu:

- sachbezogene Gütemaßstäbe (Maßstab ist der Vollkommenheitsgrad des Tätigkeitsproduktes),
- personenbezogene Gütemaßstäbe (Maßstab ist der Vergleich mit früheren Leistungen),
- sozialbezogene Gütemaßstäbe (Maßstab ist der Vergleich mit den Leistungen anderer).

Diese Gütemaßstäbe ergänzen sich. Es ist von der Situation abhängig, mit welchen Maßstäben „gemessen" wird. Die Definition des Leistungsmotivs als „Affekt in Verbindung mit einer Beurteilung der Handlungen" (McClelland, D., 1970, S. 178) weist auf die kognitiven und affektiven Anteile hin.

Zielbezogenheit

„Wesentliches Kennzeichen der Leistungsmotivation ist die zukunfts-perspektivische Zielbezogenheit, die sich in den Zielsetzungen und Erwartungen niederschlägt. Aussagen über Zielerwartungen (antizipatorische Zielreaktionen) geben in gleicher Weise Aufschluss über das persönliche Leistungsstreben wie die Affekte, die den Ausgang der Handlung (Erfolg oder Misserfolg) begleiten. Das Erleben von Erfolg oder Misserfolg ist weit mehr von der persönlich gesetzten Leistungsnorm (Gütemaßstab) abhängig als von der objektiven Güte der Leistung" (Wasna, M., 1972, S. 24).

Wobei die persönlich gesetzte Leistungsnorm in der Regel von der in der Gruppe vorhandenen Leistungsnorm (sofern in einer Gruppe gearbeitet wird) abhängig ist. Dies gilt ebenso für das

Anspruchsniveau   intra- und interindividuelle „Anspruchsniveau".

Das Spektrum der einzelnen Motive, die seitens der verschiedenen Motivationstheorien für die kreative Aktivität einer Person als ausschlaggebend bezeichnet werden, reicht von Carl Rogers

„Selbst-Verwirklichung" (self-actualization), die zu den existentialistischen Theorien zählt, und Solvatore R. Maddis „Bedürfnis
nach Qualität und Neuigkeit", die zu den Kommunikationstheorien gehört, bis zu McClelland (1962, S. 153), der schreibt:

„Der zukünftige Wissenschaftler ist einfach ein Junge, der seine Schuldgefühle aus der Liebe zur Mutter und dem Hass gegen
den Vater durch eine frühe und vollständige Identifikation mit
dem Vater, wahrscheinlich in der phallischen Phase, auflöst."
McClelland führt den Ursprung der Kreativität auf die Neugierde
aus der phallischen Phase zurück.

Motivationstheorien könnten danach klassifiziert werden, ob
sie pluralistisch (also von vielen Motiven, von denen jedes ein
klar von anderen Motiven unterscheidbares Ziel hat) oder monis-
tisch (die ein bestimmtes Motiv für ausschlaggebend ansehen)
sind, und ob sie die Motivation als das Vermeiden unerwünsch-
ter Zustände (etwa durch die Verminderung von Spannungen)
oder als das Erstreben erwünschter Zustände (die sich auf
Spannungsvergrößerung und der Suche nach mehr Stimulation
konzentrieren) ansehen.

Es ist immer wieder versucht worden, ein einzelnes Motiv oder
eine besondere Gruppe von Motiven herauszustellen, die für
kreative Menschen besonders charakteristisch sind. Das Problem
liegt vor allem in der empirischen Nachweisbarkeit der Richtig-
keit.

S. R. Maddi nimmt an, dass viele Forscher sich zu sehr an der
Motivation des Kindes orientieren. Diese Arbeiten betonen die
Entspannungen, die spielerischen Wirkungen, die Ziellosigkeit,
die Kuriosität und die Absichtslosigkeit. Die hauptsächliche Pro-
blematik ist, dass diese Studien jene Motivationen nur unzurei-
chend berücksichtigen, die eine Person veranlasst, konsequent –
koste es, was es wolle – eine neue Lösung zu finden. Die bisherigen Aussagen genügen nicht, um die oft langen Perioden der
Erfolglosigkeit zu erklären.

Erika Landau ordnet die verschiedenen Motivationen zur Kreativität drei verschiedenen Theoriekonzepten zu, den reduktionierenden, den existentialistischen und den Kommunikationstheorien:

**Selbst-
Verwirklichung,
Bedürfnis
nach Neuigkeit**

Neugierde

**Motivations-
theorien**

Motive

**Drei
Theoriekonzepte**

reduktionierende   „Die reduktionierenden Theorien führen zur Motivation der
Kommunikations-   Kreativität auf die unakzeptierten, unerfüllten Impulse der Ver-
theorien   gangenheit zurück, was sowohl der Spannungsreduktion oder
                          der Vermeidungstheorie entspricht, als auch dem Drangaspekt
                          der Motivation.

existentialistische   Die existentialistischen Theorien erklären die Motivation zur
Kommunikations-   Kreativität aus der Tendenz des Individuums, sich zu aktualisie-
theorien   ren, was der Annäherungs-/Herausforderungstheorie und dem
                          Zielaspekt der Motivation analog ist!" (1969, S. 52)

Die Kommunikationstheorien wählen auch den Zielaspekt der
Motivation zum Ausgangspunkt. „Das Ziel ist hier zu kommunizieren." (1969, S. 57)

3.1.3 Fähigkeiten

„Im engeren Sinne bezieht sich Kreativität auf die Fähigkeiten
(abilities), die für schöpferische Menschen am meisten charakteristisch sind". (Guilford, J. P., 1950, S. 444)

Zwei Fragen drängen sich auf:

Welche?   ● Um welche Fähigkeiten handelt es sich?

● Wie kann man ermitteln, ob ein Mensch über diese Fähigkeiten verfügt?

Ergänzend ließen sich hinzufügen:

Förderungsfähig?   ● Können diese Fähigkeiten gefördert werden?

● Was kann getan werden, um diese Fähigkeiten zu aktivieren?

Guilford beginnt mit dem Postulat einzelner Fähigkeiten:

„Es wird angenommen, dass bestimmte Arten von Faktoren
gefunden werden, einschließlich Problemsensitivität, Gedanken-
flüssigkeit, Einstellungsflexibilität, gedanklicher Neuheit, synthe-
tisierender Fähigkeit, analysierender Fähigkeit, reorganisierender
und redefinierender Fähigkeit, Spannweite von gedanklicher
Struktur und bewertender Fähigkeit." (Guilford, in Ulmann, G.,
1973, S. 42)

Diesen Ansatz von 1950 hat er weiterentwickelt und in einem
dreidimensionalen Modell zur Systematisierung der Struktur des
Intellekts integriert, welchem die folgende Aufgliederung der intellektuellen Ausrüstung des Menschen zugrunde liegt:

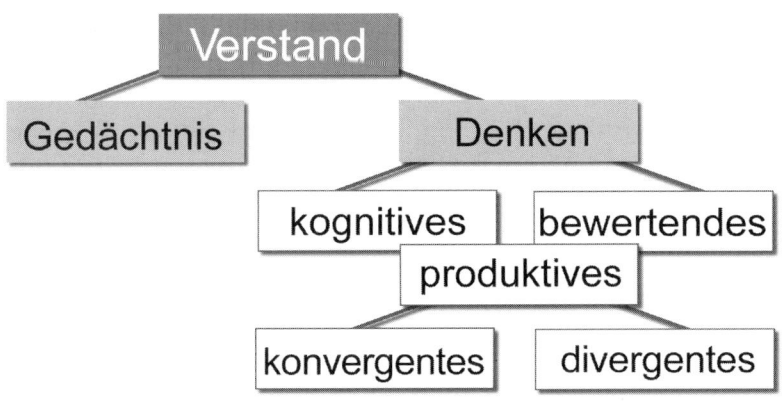

(Guilford, J. P., 1964, S. 354)

Der Faktor des „produktiven Denkens" (= Anwendung bekann-   **produktives**
ter Informationen, bisweilen auch, um dadurch neue Informatio-   **Denken**
nen zu gewinnen) teilt sich wiederum in konvergente und divergente Denkprozesse auf:

- „Das *konvergente* Denken zielt in eine einzige Richtung, man   **konvergentes**
  sucht eine herkömmliche (richtige) Antwort und schöpft eine   **Denken**
  einzige neue Lösung eines Problems,
- beim *divergenten* Denken schreitet man dagegen nach ver-   **divergentes**
  schiedenen Richtungen fort..." (Guilford, J. P., 1964, S. 353)   **Denken**
  „Es wechselt beim Problemlösen die Richtung, sobald dies er-
  forderlich ist, und führt somit zu einer Mannigfaltigkeit von
  Antworten, die alle richtig und angemessen sein können."
  (Guilford, J. P., 1964, S. 374)

Für das divergente Denken („inzwischen ein Synonym für kreatives Denken", Ulmann, G., 1973, S. 17) sind vor allem drei verschiedene Fähigkeiten von Bedeutung: **Drei Fähigkeiten:**

- Flüssigkeit,   **Flüssigkeit,**
- Flexibilität und   **Flexibilität und**
- Originalität.   **Originalität**

Später hat Guilford sein Modell noch durch „die Fähigkeiten
verhaltensdivergenter Produktion" ergänzt, die den Menschen
erst in die Lage versetzen, „soziale Probleme kreativ zu lösen".
(Guilford, J. P., in: Ulmann, G., 1973, S. 122 f.)

Ergänzt man diese Fähigkeiten noch durch jene, die auch in konvergenten Problemlösungssituationen von Bedeutung sind, nämlich:
- Problemsensitivität
- Evaluation (Bewertung)
- Elaboration (= „Details ausarbeiten bei einer Sache, die schon ein vollkommen abgerundetes Produkt ist") und
- Transformation (= eine Art von Informationsveränderung, eine Neudefinition, Guilford, J. P., in: Mühle/Schell, 1970, S. 161 f.), so erhalten wir einen Katalog von Fähigkeiten, die für die Kreativität von Bedeutung sind.

Diese Fähigkeiten lassen sich – und auch darauf hat Guilford hingewiesen – durch Übungen trainieren, die jenen Aufgaben gleichen oder mit ihnen identisch sind, die in den Tests zur Messung der entsprechenden Fähigkeit verwendet werden.

 **Kreis-Test** Betrachten wir zunächst die ersten drei Fähigkeiten etwas näher, indem wir eine in einem Test gestellte Aufgabe heranziehen:

Aufgabenstellung: Versuchen Sie in 3 Minuten so viele Gegenstände wie möglich zu zeichnen, die als wesentliches Formelement einen Kreis aufweisen. Fügen Sie zu den unten abgebildeten Kreisen nur einige wenige Striche hinzu, um anzudeuten, woran Sie denken, etwa Radreifen, Steuerrad usw.

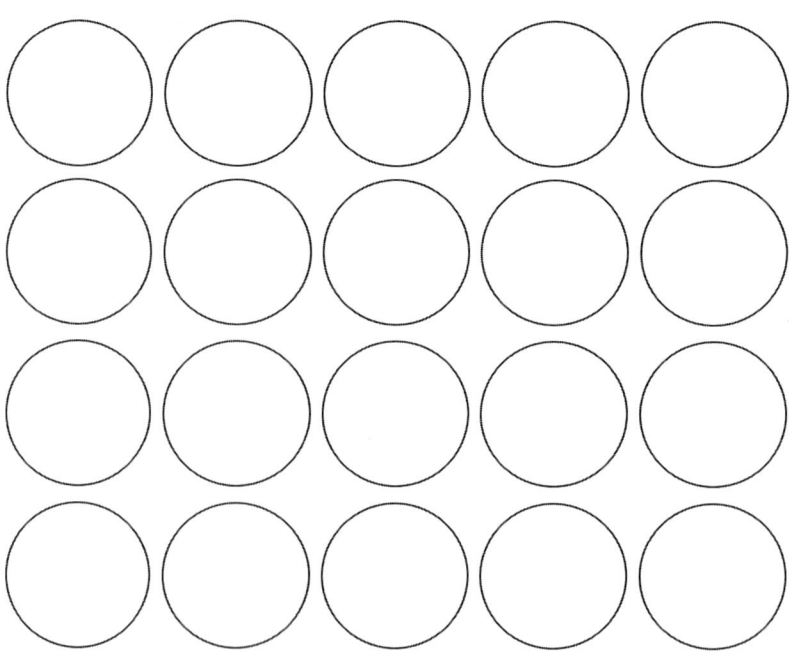

Ein Test-Teilnehmer könnte die folgenden Gegenstände gezeichnet haben: Kuchen, Teller, Sonne, Mond, Planet Venus, Kirsche, Apfel, Stachelbeere, 5-Mark-Stück, Steckdose, Medaille, Verkehrsschild, Knopf, Bullauge, Warteschleife eines Flugzeugs, Brille, Ampel, Lokomotive, Würfel.

Wenn wir dieses Ergebnis unter Anwendung der drei genannten Fähigkeiten: Flüssigkeit, Flexibilität und Originalität analysieren, so könnten wir wie folgt interpretieren:

● Flüssigkeit (= Gesamtzahl der Ideen, die in einem vorgegebenen Zeitraum produziert werden). **Flüssigkeit**

Unsere fiktive Test-Person hat insgesamt 19 Assoziationen in der zur Verfügung stehenden Zeit von 3 Minuten zusammengetragen. Wenn der Durchschnitt der genannten Ideen bei anderen Test-Teilnehmern bei 14 läge, so würde unser Teilnehmer eben über eine überdurchschnittliche Flüssigkeit verfügen.

● Flexibilität (= Anzahl deutlich voneinander zu unterscheidender Kategorien von Assoziationen). **Flexibilität**

Die Nennungen von „Kuchen" und „Teller" könnte zu einer Kategorie gezählt werden, genauso wie „Sonne", „Mond" und „Planet Venus" bzw. „Kirsche", „Apfel" und „Stachelbeere"; danach jedoch verlässt unsere Versuchsperson diese „Serien" und bietet jeweils Assoziationen, die anderen Kategorien angehören. Je größer die Anzahl der verschiedenen Kategorien, desto höher ist (ex definitione) die Flexibilität.

● Originalität (= Seltenheit oder Einzigartigkeit von Nennungen **Originalität** bzw. Assoziationen).

Diese Fähigkeit wird quasi formal durch die geringe Zahl der jeweiligen Nennungen definiert. Wenn in dem angenommenen Test keine weitere Person die Assoziation „Medaille" nennt, so wäre diese als originell zu bezeichnen. Je mehr Personen eine bestimmte Assoziation äußern, desto geringer ist ihr Grad an Originalität.

Wenn die genannten drei Fähigkeiten konstitutiv für die Kreativität eines Menschen sind, so ließen sich diese Fähigkeiten – nach Ansicht von Guilford – durch Übungen weiterentwickeln bzw. fördern, die jenen Testaufgaben gleichen, die zur Erfassung der kreativen Fähigkeiten eingesetzt werden. Guilford wies ebenfalls darauf hin, dass das Training kreativer Fähigkeiten verbunden werden sollte mit Informationen über den schöpferischen Problemlösungsprozess.

Die weiteren vier oben erwähnten Fähigkeiten werden in ihrer Bedeutung für die Kreativität unterschiedlich gewichtet. Sicherlich ist die Fähigkeit des Neudefinierens noch am weitesten mit den erstgenannten Fähigkeiten verknüpft:

Transformation
- Neudefinitionsfähigkeit (Transformation), d. h., Kreative können sich schneller über „Blockierungen" hinwegsetzen, indem sie die Aufgabenstellung variieren oder die stillschweigend gemachten Voraussetzungen erkennen.

Der oben als Beispiel herangezogene „Kreis-Test" führt bei vielen Personen nur zu Assoziationen „in" den Kreisen, sie kommen etwa nicht auf den Gedanken, mehrere Kreise miteinander zu verbinden, z. B. als „Brille", „Lokomotive" oder „Würfel" (wie dies unser fiktiver Testteilnehmer tat).

Als weitere kreative Fähigkeit ist sicherlich die

Problemsensitivität
- Problemsensitivität (= Empfindsamkeit, Offenheit für Probleme) anzusprechen. „Kreative können leichter als Unkreative Dinge und Zusammenhänge „problematisieren", das heißt als Problem herausstellen und so Lösungen initiieren. Sie werden eher auf ungewöhnliche Dinge aufmerksam als Unschöpferische. Dickfellige Leute denken nicht kreativ. Ihnen fehlt das Gespür für Nuancen und Differenzierungen der Wirklichkeit." (Matussek, P., 1974, S. 26)

E. P. Torrance E. P. Torrance (in: Mühle/Schell, 1970, S. 190) weist darauf hin, dass es nach einigen Studien so scheint, „als ob die einzige Eigenschaft geistigen Arbeitens von jugendlichen Straffälligen und Schul-„Dropouts", aufgrund deren sie sich stärkstens von anderen unterscheiden, die Unfähigkeit zur Elaboration sei". Wenn dieser Fähigkeit eine solch große Bedeutung beizumessen ist, dann sollte man

Elaboration
- Elaboration nicht nur als das Ausarbeiten von Details bei einer Sache definieren, die schon ein vollkommen abgerundetes Produkt ist (wie Guilford es tut, vgl. Mühle/Schell, 1970, S. 162 f.), sondern sie allgemeiner als Fähigkeit zu genauer Ausarbeitung begreifen. Keine Idee verwirklicht sich von selbst;

es bedarf vielmehr der sorgfältigen Ausarbeitung und der Entwicklung entsprechender Pläne, um sie in die Tat umzusetzen. Welche Beachtung der Fähigkeit zur

- Bewertung (Evaluation) beizumessen ist, ist noch unklar. Im kreativen Problemlösungsprozess ist die Bewertungsphase jedoch unerlässlich, zumal das Finden der wesentlichsten Bewertungskriterien sowohl für die Herausfilterung der besten Ideen, wie für die schöpferische Weiterentwicklung von Ideen ganz allgemein, eine entscheidende Rolle spielt.

Bewertung, Evaluation

Es handelt sich bei den bisher besprochenen Fähigkeiten jedoch überwiegend um Fähigkeiten im Bereich der Kognition. Auf die ebenfalls notwendigen emotionalen und sozialen Fähigkeiten wird später hingewiesen.

3.1.4 Persönlichkeitsmerkmale

Die Persönlichkeitsmerkmale kreativer Menschen sind in zahlreichen Studien analysiert worden. C. W. Taylor führt in seinem Aufsatz neben den intellektuellen Eigenschaften und motivationalen Merkmalen die folgenden Charakteristika der kreativen Persönlichkeit auf:

- Autonomie, überdurchschnittliche Unabhängigkeit im Handeln und in der Urteilsbildung; **Autonomie**
- leichtere Beeinflussbarkeit durch irrationale Elemente der Persönlichkeit; **Irrationalität**
- größere Entschiedenheit; **Entschiedenheit**
- größere Fähigkeit zum Eingehen eines Risikos in der Hoffnung auf große Vorteile (dieses Risiko baut auf das Engagement der eigenen Kräfte des Individuums und nicht auf den Glauben an einen glücklichen Zufall); **Risiko**
- mehr feminine Züge in Interessen und anderen Eigenschaften; **feminine Züge**
- größere Beweiskraft; **Beweiskraft,**
- größerer Radikalismus und **Radikalismus und**
- größere Introversion, aber mit Mut verbunden. **Introversion**

(C. W. Taylor, in Parnes/Harding, 1962, S. 182)

Komplexes Bündel   Die aufgezählten Eigenschaften bilden kein Konglomerat von isolierten, voneinander unabhängigen Merkmalen. Jede von ihnen hat zwar bei den einzelnen Menschen ihr individuelles Merkmal, aber sie bilden komplexe Konstellationen verschiedener miteinander verknüpfter, einander gegenseitig bedingender Eigenschaften, die die Art und das Niveau der kreativen Leistungen des Individuums bestimmen. Man könnte sich z. B. schwerlich vorstellen, dass allein schon bestimmte kreative Fähigkeiten ohne Persönlichkeitsmerkmale wie Unabhängigkeit oder Beharrlichkeit ausreichen, damit ein originelles Talent in Erscheinung tritt.

Analysiert man die Literatur über die Persönlichkeitsmerkmale Kreativer, so stößt man auf diverse Widersprüche und Unstimmigkeiten. Es ist deshalb unzulässig anzunehmen, es gäbe einen konstanten Satz von Merkmalen, die alle kreativen Personen aufweisen.

Persönlichkeits-   „Im großen und ganzen werden mehr Vermutungen über die
merkmale,   Persönlichkeit des Kreativen angestellt als empirische Befunde
die Kreativität   vorgelegt. Es ist nun auch grundsätzlich verfehlt, ein Bild von der
fördern   kreativen Persönlichkeit zu entwerfen, das als Musterbild auf alle Einzelfälle angewendet werden kann. Man kann nicht genug betonen, dass Kreativität keine einheitliche Funktion ist, sondern sich aus Einzelleistungen zusammensetzt, die zum Gesamtpotential der Intelligenz gehören. Es ist unsinnig, einen solchen Komplex von Einzelleistungen mit einer bestimmten Persönlichkeitsstruktur zu koppeln. Man kann jedoch umgekehrt fragen, welche Persönlichkeitsstruktur Kreativität begünstigt.

Für den Erwachsenen lassen sich folgende fördernde Persönlichkeitsmerkmale nennen:

- Autonomie im Denken und Verhalten (Nonkonformismus),
- Offenheit gegenüber neuen Erfahrungen (Erhaltung der Neugiermotivation),
- Introversion und innere Kontrolle der Denk- und Repräsentationsprozesse (intrinsische oder inhärente Motivation),
- Expression innerer Prozesse (Emotionen, Imaginationen, Denken),
- Widerstand gegen Hemmungsvorgänge beim Lernen (Ver-

hindern von Stereotypen und von überstarken Sets und Habits),
- aktives Verarbeiten von Konflikten.

Als zentrales Moment und zugleich allgemeine Bedingung ist **Spielerische**
das Vorhandensein einer spontanen Aktivität im Sinne des **Fähigkeiten**
„operant behavior" oder der Fähigkeit, mit Elementen zu spielen
(Rogers, C., 1959) zu nennen. (Oerter, R., 1971, S. 378)

Ergänzend sei noch als ein wichtiges Merkmal kreativer Persönlichkeiten die *Ambiguitätstoleranz* erwähnt. „Sie lässt sich als **Ambiguitäts-**
die Fähigkeit definieren, in einer problematischen und unüber- **toleranz**
sichtlichen Situation zu existieren und trotzdem unermüdlich an
deren Bewältigung zu arbeiten. Die meisten Menschen ertragen
die aus der Ungelöstheit entstehenden Spannungen nur für kurze Zeit und verzichten damit auf eine fruchtbare Lösung. Der
Kreative kann dagegen die Ungelöstheit als Problem lange
aushalten, ohne die intensive Arbeit an ihm aufzugeben."
(Matussek, P., 1974, S. 27)

3.2 Prozess

Wer sich mit irgendeiner Aufgabe befasst, erreicht sein Ziel am
leichtesten, wenn er über einen Algorithmus verfügt, d. h., wenn **Algorithmus**
er den genauen Weg kennt, auf dem man zur Lösung gelangt.
Im „Wörterbuch der Kybernetik" wird der Begriff Algorithmus
wie folgt definiert: „Eindeutig bestimmtes Verfahren zur sche-
matischen Lösung einer Klasse von Aufgaben". (Klaus, G., 1971,
S. 22) So umfasst ein Lesealgorithmus Handlungsanweisungen,
die sagen, welche Vorgehensweise bei der Bearbeitung eines
Textes die zweckmäßigste ist.

Was soll man aber in einer Situation tun, in der kein Algorithmus vorhanden ist?

Es gibt Klassen von Aufgaben, die noch auf ihre Algorith-
mierung warten und auch solche, die sich ihr überhaupt entziehen.

Im letztgenannten Fall könnte auf die Methode von „trial and **Versuch**
error" (Versuch und Irrtum) zurückgegriffen werden. Aber selbst **und Irrtum**
in einer solchen Situation wird der Mensch sich darum bemühen,

zumindest eine gewisse Ordnung in der Reihenfolge festzulegen, um die Wahrscheinlichkeit der schnelleren Erreichung einer
Lösung zu vergrößern. So wird er beispielsweise seine Erfahrungen einsetzen, die er bei der Lösung einer ähnlichen Klasse von
Aufgaben gesammelt hat, oder er wird versuchen, das Problem
in Teilaufgaben zu zerlegen usw...

Heuristik Bei der Charakterisierung des menschlichen Verhaltens in derartigen Lagen wird der Mensch mangels untrüglicher Regeln –
bewusst oder unbewusst – versuchen, die Zufälligkeit der Lösungsversuche zu reduzieren und – wenn auch nur wenig dien-
lich – Schablonen heranziehen, die seine Vorgehensweisen ordnen und ökonomisieren. Solche Schablonen, die eben der Er-
leichterung der Suche dienen, aber – zum Unterschied zu den
Algorithmen – keinen Erfolg verbürgen, also in gewissem Sinne
unzuverlässig sind, nennen wir *Heuristiken*. Zwischen einem Algorithmus und einer Heuristik besteht also ein wesentlicher Unterschied. Es gibt Algorithmen, wie man zu telefonieren hat, aber
wer eine gute Kurzgeschichte zu schreiben versucht, kann sich
höchstens auf heuristische Empfehlungen stützen.

Die „Heuristik", vom griechischen „heureka" = ich hab's (gefunden), angeblicher Ausruf des griechischen Mathematikers Ar-
chimedes bei der Entdeckung des hydrostatischen Grundgesetzes
–, bedeutete anfangs die Kunst der Auffindung neuer Erkenntnisse und Entdeckungen, die sich auf verschiedene Fingerzeige stützen und den Geist von Irrwegen weg auf die Spur von notwendigen Tatsachen und erfolgverheißenden Hypothesen führt.

Kybernetik In den letzten Jahrzehnten entsprang eine neue Quelle des In-
teresses für die Heuristik, nämlich die Kybernetik. Eine Maschine,
die über Probleme entscheidet, die weit über das reine Rechnen
hinausreichen, muss ein spezielles Programm besitzen; und die
universellsten Programme sind jene, die heuristische Regeln enthalten. Wegbereitende Arbeiten über das heuristische Program-
mieren verfassten A. Newell, H. Simon und J. Shaw (1958).

Während also die Heuristik als Kunst der Suche früher im Prinzip ein Teil der wissenschaftlichen Methodologie war, wird sie
heute zu einer universellen, sich intensiv entwickelnden wissenschaftlichen Disziplin.

Im „Wörterbuch der Kybernetik" (1969) heißt es unter dem Stichwort „Heuristik": „Wissenschaft von den Methoden und Regeln der Entdeckung und Erfindung... Die heuristische Methode ist keine strenge Beweismethode, sondern nur ein Verfahren, das bei der Suche nach Beweisen behilflich ist. Die Heuristik studiert tatsächlich vorkommende Fälle von Entdeckungen und Erfindungen und versucht aus ihnen allgemeinste Gesetze des Entdeckens und Erfindens abzuleiten, die nicht von der jeweiligen konkreten Aufgabe abhängig sind." (S. 249)

Definition: Heuristik

So aufgefasst ist es also eine faszinierende Wissenschaft von der Lösung von Aufgaben, für deren Lösung es keine Rezepte gibt. Ihr enger Zusammenhang zum Problembereich der Kreativität ist offensichtlich, denn den Definitionen gemäß befasst sie sich mit dem, was den Kern der Kreativität ausmacht.

Beispiele für die ersten Ansätze heuristischer Empfehlung in diesem Jahrhundert bieten die folgenden Hinweise: John Dewey veröffentlichte 1910 die „Analyse eines vollständigen Denkaktes" (in Graumann, C. F., 1965, S. 116 ff.), in welcher er die folgenden fünf Stufen der Reflexion unterschied:

John Dewey, 1910

Analyse eines Denkaktes

- Begegnung mit einer Schwierigkeit
- Abgrenzung der Schwierigkeit (Lokalisierung und Präzisierung)
- Entstehen möglicher Lösungen
- Logische Durcharbeitung einer Idee
- Empirische Bestätigung (Annahme einer Lösung).

Vier Jahre später veröffentlichte Henri Pioncare seinen Bericht über „Die mathematische Erfindung" (in Ulmann, G., 1973, S. 219 ff.). Die darin vorgetragene Auffassung vom Erfindungsprozess machte sich G. Wallas zu eigen und empfahl (1926) die Unterscheidung der folgenden Phasen in der kreativen Produktion:

Henri Pioncare

- Präparation (Vorbereitung, Sammlung von Informationen)
- Inkubation (geistige Arbeit im Unbewussten)
- Illumination (Erleuchtung, Auftauchen der Lösung)
- Verifikation (Prüfung und Ausarbeitung der Lösung)

Diese zwei bzw. drei Darstellungen der Phasenfolge beim Problemlösen bzw. kreativen Prozess können als allgemeinste Heuristiken definiert werden.

Rossmans Stufen bei einem typischen Vorgang des Erfindens stellen bereits eine weitere Differenzierung dar:

- ● Bedürfnis oder Schwierigkeit bemerkt
- ● Problem formuliert
- ● Verfügbare Informationen geprüft
- ● Lösungen formuliert
- ● Lösungen kritisch überprüft
- ● Neue Ideen formuliert
- ● Neue Ideen erprobt

(in Mühle/Schell, 1970, S. 148)

Die meisten der bisher vorgelegten Heuristiken orientieren sich im Prinzip an den oben vorgestellten Modellen.

Da eine exakte Abgrenzung der einzelnen Phasen nicht möglich ist, können ohne Schwierigkeiten weitere Differenzierungen in den vorhandenen Konzeptionen integriert werden.

J. P. Guilford, 1966

Ein umfassenderes Modell hat J. P. Guilford 1966 vorgelegt. Es baut auf dem von ihm entwickelten dreidimensionalen Strukturmodell des Intellekts auf unter Berücksichtigung kybernetischer Prinzipien.

intellektuelle Operationen

Die Rolle von intellektuellen Operationen: Das unten abgebildete Modell skizziert eine generalisierte Problemlösungshandlung. Diese wird als eine geordnete Folge von Ereignissen in einem System angesehen, das sich aus einem Gedächtnisspeicher und einer Reihe von Operationen zusammensetzt, die Kognition, (divergente und konvergente) Produktion und Bewertung von Information einbegreifen. Der Gedächtnisspeicher ist für alle Operationen von grundlegender Bedeutung und beeinflusst sie; deshalb ist er dargestellt durch ein langes, mit Informationsdaten angefülltes Rechteck und zeigt die allgemeine (nicht notwendigerweise in gleichem Maße gegebene) Verfügbarkeit in allen Stadien des Problemlösens.

Die Pfeile zeigen den Informationsfluss innerhalb des Systems an; die Pfeilspitzen weisen in die Richtungen des Informationsflusses. Zwischen jeweils zwei Punkten innerhalb des Modells kann der Informationsfluss in einer Richtung allein oder in beiden Richtungen vor sich gehen. Beispielsweise markieren Pfeilspitzen gegen den Gedächtnisspeicher entweder einen Such- oder Abtastvorgang, wenn gespeicherte Information gebraucht wird, oder eine Informationsüberweisung zum Gedächtnisspeicher in Übereinstimmung mit kognitiven und anderen operativen Geschehnissen.

Obwohl die allgemeine Richtung des Informationsflusses im Modell von links nach rechts geht, verändern zwei wichtige Grundzüge eine so einfache zeitliche Sequenz.

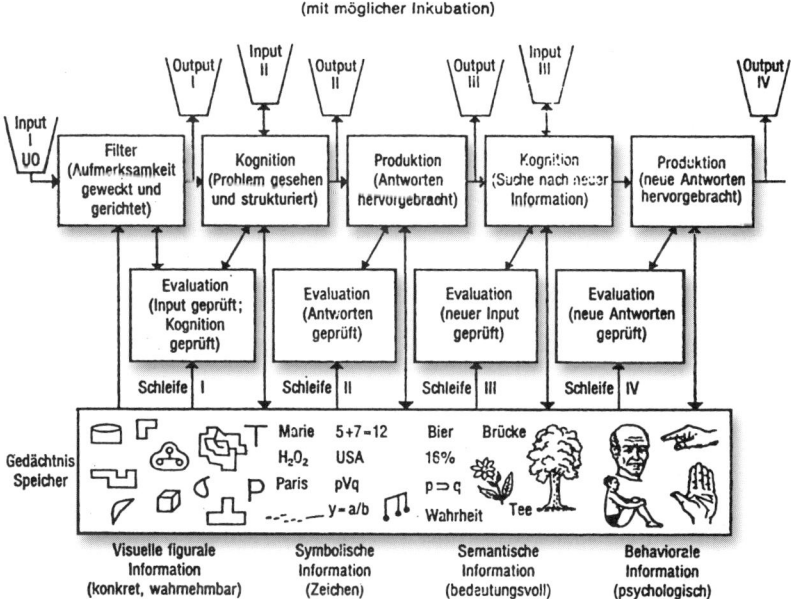

Der eine ist der, dass viele Ereignisse gleichzeitig auftreten. Der andere ist das „Schleifenphänomen" (looping phenomenon), ein in der Kybernetik wohlbekannter Begriff. „Die Schleife ist eine Art Kreis, durch den die Information zu früheren Punkten der Übermittlung zurückgeleitet wird. Vier solcher kreisförmiger Muster sind kenntlich gemacht: zwei, die Schleifen von der Kognition über den Gedächtnisspeicher zur Bewertung und zurück zur Kognition einbeziehen (Schleife I und III), und zwei, die Schleifen von der Produktion zum Gedächtnisspeicher über die Bewertung zurück zur Produktion enthalten (Schleifen II und IV). Größere Kreise umschließen die Kombination von zwei Schleifen

Schleifen-
phänomen

auf der rechten Seite (III und IV), die in der Form der Kombination der zwei vorhergehenden Schleifen (I und II) ähneln. Kleinere Schleifen betreffen das direkte Zusammenspiel zwischen Kognition und Gedächtnisspeicher und zwischen Produktion und Gedächtnisspeicher, ebenso zwischen Kognition und Bewertung und Produktion und Bewertung." (Entnommen: Mühle/Schell, 1970, S. 150 f.)

Phasen-Modell   Die dem Trainingsteil dieses Buches zugrundegelegten heuristischen Phasen orientieren sich an einem von der „Creative Education Foundation", Buffalo-USA, erarbeiteten fünfphasigen Modell. Es handelt sich dabei um empirisch ermittelte Empfehlungen, die sich als effizient zur Lösung unstrukturierter Probleme erwiesen haben.

An dieser Stelle sollen die einzelnen Phasen zunächst vorgestellt und einige allgemeine Voraussetzungen bzw. Implikationen diskutiert werden.

3.2.1 Problem-Wahrnehmung

Was ist ein   „Ein Problem sei dann gegeben, wenn ein Individuum ein be-
Problem   stimmtes Ziel erreichen will, jedoch nicht weiß, wie es zu diesem Ziel gelangen kann, also nicht auf wohlbekannte spezifische Verfahren, spezifische Techniken und Operationen zurückzugreifen vermag. Das Individuum sieht sich einem Hindernis, einer Barriere, einer Schwierigkeit gegenüber, für deren Überwindung die ihm zur Zeit verfügbaren Mittel und Maßnahmen nicht ausreichen." (Süllwold, F. in Graumann, 1965, S.273)

Im Sinne der bisherigen Ausführungen können Probleme als Aufgaben definiert werden, „für die man kein Lösungsschema zur Verfügung hat und daher ein heuristisches (erfinderisches) Programm der Hypothesenstrukturierung, Auswahl und Überprüfung zu entwerfen und durchzuführen hat…". (Fuchs, R., 1974, S. 42)

Wie bereits erörtert, ist die Wahrnehmung einer Person von motivationalen und personalen Faktoren abhängig, die selektierend, organisierend, akzentuierend und/oder fixierend wirken. Neben diesen „inneren" Faktoren tritt noch die äußere Beeinflussung der Wahrnehmung als Folge sozialer Situationen und kultureller Einflüsse.

Die zentrale Frage: Wann wird eine Problemsituation von einem Individuum als solche erkannt?

Dem kybernetisch orientierten Modell Guilfords ließe sich die folgende Darstellung hinzufügen:

Zentrale Frage

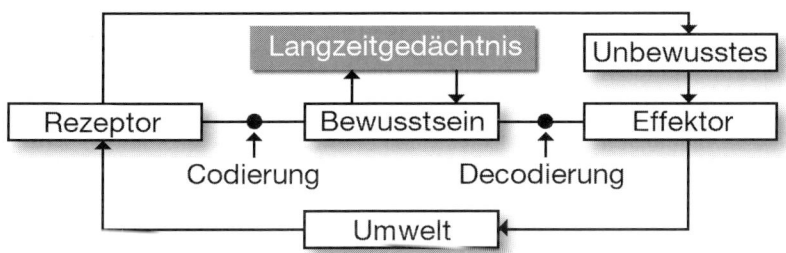

„Der Rezeptor nimmt zwar rein physiologisch die Signale der Umwelt auf, aber die Wahrnehmung als solche konstituiert sich erst, wenn diese Signale von Bewusstsein und Gedächtnis eingeordnet und interpretiert werden können. Ist dies nicht möglich, bleiben die Signale bedeutungslos oder werden nur unbewusst rezipiert. Für das Suchverhalten personaler Systeme ergibt sich daraus die Konsequenz, dass bereits in der Wahrnehmung die Beschränktheit menschlichen Suchverhaltens ihren Ausgang nimmt." (Michael, M., 1973, S. 47)

Wahrnehmungs-Blockaden

Im Prozess der Wahrnehmung erfolgt ein Auswahlvorgang, „bei dem ein erheblicher Teil der Informationen, die zunächst die Gestalt von Reizen, dann von Empfindungen haben, unterdrückt wird, sofern sie für das betreffende organische kybernetische System unwesentlich sind. Das Verhältnis von Wahrnehmung und Empfindung kann man sich schematisch am besten dadurch veranschaulichen, dass man den Gesamtprozess in zwei Teile zerlegt: Die Aufnahme von Reizen und die Umwandlung in die Empfindungen machen die sogenannte Perzeption aus, der Übergang von der Empfindung zur Wahrnehmung die Apperzeption." (Klaus, G., 1969, Bd. 2, S. 705)

Informations-auswahl

In dieser ersten Phase des Problemlösungsprozesses gilt es, die Wahrnehmung zu sensibilisieren.

3.2.2 Problem-Formulierung

Neue Fragen Von Albert Einstein soll die folgende Äußerung stammen: „Die brauchbare Formulierung eines Problems ist in den meisten Fällen wesentlicher als die Lösung ... Neue Fragen bilden die Basis, um alte Probleme aus einer neuen Perspektive zu betrachten; sie fördern die Imagination und markieren die Fortschritte in der Wissenschaft."

John Dewey dürfte Recht haben, wenn er feststellt: „Ein Problem ist halb gelöst, wenn es klar formuliert ist."

Diese allgemeinen Aussagen werden durch eine Reihe von empirischen Untersuchungen gestützt, die K. Duncker bereits **Beispiel:** 1935 publizierte. Als erstes Beispiel wählen wir das „Bestrah-**Bestrah-** lungsproblem". Die Problemstellung lautet: „Gesucht ist ein **lungsproblem** Verfahren, mit dem man Menschen von einer inoperablen Magengeschwulst mit Hilfe von Strahlen befreien kann, ohne gesundes Gewebe zu zerstören."

Denkschritte Der folgende Ausschnitt aus einem Denkprotokoll zeigt, wie die Versuchsperson dieses Problem zu lösen suchte:

1. Strahlen durch die Speiseröhre schicken;
2. Freilegen der Geschwulst durch Operation (inadäquat, da Operation vermieden werden soll);
3. Etwas Unorganisches zu sich nehmen zum Schutz der gesunden Magenwände (inadäquat, da andere Körperteile ebenfalls betroffen sind);
4. Abhärten des gesunden Körpers durch vorausgehende schwache Bestrahlung;
5. Ich sehe eben nur zwei Möglichkeiten: Entweder den Körper schützen oder die Strahlen unschädlich machen;
6. Irgendwie ablenken – diffuse Strahlung – zerstreuen – halt: Ein breites und schwaches Strahlenbündel so durch eine Linse schicken, dass die Geschwulst in den Brennpunkt und also unter intensive Bestrahlung fällt."

(Duncker, K., 1935, S. 2)

Verschiedene Diese „Bestrahlungsaufgabe" hat Duncker in verschiedenen **Formulierungen** Formulierungen angeboten, so wurde in einer Fassung der Versuchsperson das Problem als Beschießung durch Strahlenpartikelchen erklärt. „Doppelt so viele Versuchspersonen lösten das Problem in dieser Fassung wie in der ursprünglichen. Auch kleine Abänderungen, wie die sprachliche Fassung des Sachverhalts der schädigenden Wirkung der Strahlen in aktiver und passiver Form, hatten starke Auswirkungen auf das Lösungsverhalten. Daraus kann man schließen, dass auch die Umformung des Problems auf der gleichen Ebene … bereits zur Lösungsfindung beiträgt." (Oerter, R.1972, S. 143)

Diese Tatsachen belegen die entscheidende Bedeutung der Problemformulierung.

Betrachten wir zur Verdeutlichung noch ein zweites Problem, welches Duncker seinen Probanden vorlegte: Die sogenannte „Pendel-Aufgabe". Es handelt sich dabei um eine Wanduhr, bei der die durch Temperaturschwankungen hervorgerufenen Ver-

Pendel-Aufgabe

Konkre-tisierungs-niveau des

Problems:

Wie kann mann vermeiden, dass die Uhr infolge temperaturbedingter Änderungen der Pendellänge ungleichmäßig geht?

Kann man die Temperatur konstant halten?

Wie kann man die Wirkung der Längenänderung des Pendels auf den Gang der Uhr vermeiden?

Wie kann man vermeiden, dass vorhanden Temperatur-schwankungen die Pendellänge verändern?

Lässt sich die Uhr an einem bestimmten Ort unter-bringen?

Kann man die temperatur-schwankungen kompensieren?

Gibt es Tempe-raturun-empfind-liches Material?

Kann man die Längen-änderung block-ieren?

Kann man die Längen-änderung kompen-sieren?

Lösungs-vorschlag:

Erwärmung und Abkühlung des Raumes

änderungen der Pendellänge ausgeglichen werden soll, damit ein präziser Gang der Uhr erreicht wird. (Die Versuchspersonen wurden eigens darauf hingewiesen, dass es nur auf den Abstand zwischen Aufhängepunkt und Schwerpunkt ankäme. Das Pendel könne im übrigen beliebig aussehen.)

Aus diesem Experiment darf gefolgert werden, dass das Problem möglichst allgemein und umfassend formuliert werden sollte.

Generalisierung   Im Trainingsteil wird von der „Generalisierung" einer Problemstellung gesprochen werden.

Angemerkt sei noch, dass nicht jede Problemstellung mit Hilfe kreativer Methoden gelöst werden kann. Die Frage etwa, ob in unserer Volkswirtschaft der Geldwertstabilität, der Vollbeschäftigung, dem Wirtschaftswachstum oder einer ausgeglichenen Zahlungsbilanz der Vorrang eingeräumt werden sollte, ist eine normative (ethische) Fragestellung, die aus der Sicht des jeweiligen Wertsystems zu beantworten ist.

Es gilt also ebenso zu prüfen, ob die Problemstellung zur Entwicklung von Ideen geeignet ist. Wenn dies nicht der Fall ist, und die Aufgabenstellung trotzdem kreativ bearbeitet werden soll, so muss das Problem entsprechend umformuliert werden. (Weitere Einzelheiten im Trainingsteil.)

3.2.3 Ideen-Findung

Nach der eingangs angebotenen Kreativitätsdefinition sind Ideen Auswirkungen aus der Umstrukturierung von Informationen. Nicht jede Umstrukturierung führt zu einer Idee, sie bildet aber die notwendige Voraussetzung. Dabei bezeichnen wir die gedankliche Konzipierung einer möglichen Problemlösung als Idee. Nicht jede sich aus einer Informationsumstrukturierung ergebende Idee ist neu. Bei der Ideen-Findung geht es aber um die Entwicklung „neuer" Ideen – und zwar möglichst vieler.

zwei   Um die Umstrukturierung von Informationen zu erleichtern, ist
Voraussetzungen   aus der Sicht der Kreativitätsmethoden ein zweifaches zu tun:

- Allgemeine Prinzipien sind möglichst intensiv zu verinnerlichen und

● Methoden zur Stimulation des schöpferischen Denkens sind einzuüben.

Dies klingt allerdings leichter als es tatsächlich ist, denn erfahrungsgemäß bereitet gerade die Internalisierung der Prinzipien, so dass sie zu einer Selbstverständlichkeit des Verhaltensrepertoires werden, erhebliche Schwierigkeiten. Die Probleme liegen weniger im kognitiven, als vielmehr im affektiven Bereich und in den auf beiden aufbauenden Verhaltensänderungen.

3.2.3.1 Prinzipien

Den meisten heuristischen Empfehlungen zur Ideen-Findung liegen zwei Prinzipien zugrunde:
● Prinzip der Verfremdung und
● Prinzip der verzögerten Bewertung.

Unter dem ersten Prinzip sind alle Aktivitäten zu subsumieren, **Prinzip der** die dazu beitragen, ein Problem aus seiner üblichen Betrach- **Verfremdung** tungsweise herauszulösen. Entscheidend ist, dass man sich von einer konkreten Problemstellung lösen kann, um scheinbar unergiebige Assoziationen und Ableitungen zu verfolgen. Aufgabe der methodischen Hilfen in dieser Phase ist es, das Feld der Realität verlassen zu können. Die Verfremdung ermöglicht die Überwindung blockierender Wirkungen von „habits" und „sets".

Das „Prinzip der verzögerten Bewertung" dient der Vermei- **Prinzip der** dung möglichst jeder intra- und interpersonellen Evaluation ins- **verzögerten** besondere während der Ideen-Findungs-Phase des kreativen **Bewertung** Problemlösungsprozesses. Das Prinzip bezieht sich zwar primär auf negative Bewertungen, aber auch positive Bewertungen sollten unterbleiben, insofern sie den Gedankenfluss hemmen bzw. verzögern.

Selbstverständlich müssen die Ideen bewertet werden, jedoch auf keinen Fall während dieser Phase. Die Begründung liegt nahe: Jede Bewertung unterbricht den Prozess der Ideen-Findung.

Während dieser Phase ist es völlig unbedeutend, ob ein vorgetragener Gedanke brauchbar, realistisch, praktikabel oder utopisch, phantastisch oder kurios ist. In der späteren Phase der Ideen-Realisierung werden oft scheinbar unbrauchbare Ideen so modifiziert, dass sie doch noch wertvoll und einsetzbar werden. Dies festzustellen soll also einem späteren Zeitpunkt überlassen bleiben.

intra- und interpersoneller Bewertung Die Unterscheidung zwischen intra- und interpersoneller Bewertung ist deshalb so bedeutsam, weil die letztere durch methodische Hilfen weitgehend eliminiert werden kann; sehr schwer sind nur die intrapersonellen Evaluationen zu beeinflussen. Das ständige „Bewerten" ist inzwischen so sehr in „Fleisch und Blut" übergegangen, dass selbst bei sorgfältiger und bewusster Beachtung dieses Prinzips sich „im Innern" immer wieder „kritische Kommentare" einschleichen.

Ein weiterer Grund, warum interpersonelle Bewertungen unterbleiben müssen, kennt jeder, der in einer Ideen-Findungs-Phase die Betroffenheit erfahren hat, die eine abwertende Bemerkung auslösen kann.

Besonders verheerende Wirkungen haben Äußerungen, die man in der Kreativitätsmethodik inzwischen als „**Killerphrasen**" bezeichnet.
Hier einige Kostproben:

- Das haben wir alles schon versucht!
- Das lässt sich bei uns nicht machen!
- Dafür ist die Zeit noch nicht reif!
- Wohin soll das führen?
- Damit kommen wir nicht durch!
- Wer soll das bezahlen?
- Legen Sie das erst einmal schriftlich vor!
- Da werden unsere Leute aber nicht mitziehen!
- Wie lange beschäftigen Sie sich schon mit diesem Thema?
- Das lässt sich mit den Vorschriften nicht vereinbaren!
- Man wird von uns denken, die sind nicht ganz bei Trost!
- Dafür sind wir nicht zuständig!

Dieser Katalog ließe sich spielend verzehnfachen.

Brief von Friedrich Schiller Illustrieren wir das Gesagte noch durch einen Auszug aus einem Brief von Friedrich Schiller an einen Freund, der sich über mangelnde Schöpferkraft beklagt:

„Der Grund Deiner Klage liegt, wie mir scheint, in dem Zwange, den Dein Verstand Deiner Imagination auflegt. ... Es scheint nicht gut und dem Schöpfungswerke der Seele nachteilig zu sein, wenn der Verstand die zuströmenden Ideen, gleichsam an den Toren schon, zu scharf mustert. Eine Idee kann, isoliert betrachtet, sehr unbeträchtlich und sehr abenteuerlich sein, aber vielleicht wird sie durch eine, die nach ihr kommt, wichtig, vielleicht kann sie in einer gewissen Verbindung mit anderen, die vielleicht ebenso abgeschmackt scheinen, ein sehr zweckmäßiges Glied geben: – Alles das kann der Verstand nicht beurteilen, wenn er sie nicht so lange festhält, bis er sie in Verbindung mit diesen anderen angeschaut hat. Bei einem schöpferischen Kopfe hingegen, deucht mir, hat der Verstand seine Wache vor den Toren zurückgezogen, die Ideen stürzen pele-mele herein, und alsdann erst übersieht und mustert er den großen Haufen." (zitiert nach Stein, in Ulmann, G., 1973, S.67)

Ein drittes Prinzip muss noch hinzugefügt werden, nämlich das des „**spielerischen Experimentierens**". Man könnte es auch mit Edward de Bono als das „Prinzip der zufälligen Anregung" (1971, S. 195) bezeichnen. In einer mehr wissenschaftlichen Terminologie wird von „serendipity pattern" gesprochen. Gary A. Davis (1973, S. 57) definiert die Serendipidität ganz leger als „finding one thing while seeking another". S. A. Mednick bezeichnet Serendipidität als „die Gabe, durch Zufall glückliche und unerwartete Entdeckungen zu machen" (in Ulmann, G., 1973, S. 289). Diesem Zufall die Tore zu öffnen bedeutet jede Information, jede Anregung zuzulassen, gleichviel wie belang- oder zusammenhangslos sie sein mögen. „Je belangloser die Information ist, um so nützlicher kann sie werden". (Bono, E. de,1971, S. 195)

Gerade dieses Prinzip bildet die Basis jener Methoden, die auf einem assoziationstheroretischen Ansatz aufbauen.

3. Prinzip: spielerisches Experimentieren

Serendipidität

3.2.3.2 Heuristische Methoden

An dieser Stelle sollen die einzelnen Methoden nicht im Detail dargestellt und diskutiert werden; es geht vielmehr darum, dem Leser einen systematischen Überblick zu verschaffen – zumal einerseits in den letzten Jahren zu den grundlegenden Methoden vielfache Variationen entwickelt worden sind und andererseits teilweise für ein und dieselbe Methode bzw. Technik verschiedene Bezeichnungen kursieren.

In einer Veröffentlichung des „Batelle-Instituts" (Manager-Magazin, 1972, S. 52 ff.) wurden unter sechs Kategorien die folgenden 43 „Methoden" subsumiert:

A) Brainstorming und seine Abwandlungen

- Klassisches Brainstorming
- Anonymes Brainstorming
- Didaktisches Brainstorming
- Destruktiv-konstruktives Brainstorming
- „And also" Methode
- Creative Collaboration Technique
- Buzz Session (Discussion 66)
- Imaginäres Brainstorming
- SIL-Methode (Sukzessive Integration von Lösungselementen)

B) Brainwriting-Methoden

- Methode 635
- Brainwriting-Pool
- Ideen-Delphi
- Kärtchen-Befragung
- Idea-Engineering
- Collective-Notebook-Methode
- Trigger-Technik

C) Methoden der schöpferischen Orientierung

- Bionik
- Lösungssuche nach heuristischen Prinzipien
- Suchfeld-Auflockerung
- Denkstühle und Denkhüte
- Szenario-Technik

D) Methoden der schöpferischen Konfrontation

- Klassische Synektik
- Synektische Konferenz
- Visuelle Synektik
- Reizwortanalyse
- Batelle-Bildmappen-Brainwriting
- Force-Fit-Spiel
- Tilmag-Methode
- Methode der Nebenfeldintegration
- Semantische Intuition
- Forced Relationship
- Katalog-Technik

E) Lösungsfindung durch systematische Strukturierung

- Morphologischer Kasten
- Funktionsanalyse
- Attribut-Listing
- Problemfeld-Darstellung
- Sequenzielle Morphologie
- Problem-Lösungsbaum
- Ablaufanalyse
- Mind Mapping

F) Methoden der systematischen Problemspezifizierung

- Progressive Abstraktion
- Epistomologische Analyse
- K-J-Methode
- N-M-Methode
- Hypothesen-Matrix
- Relevanzbaum

Diese Aufstellung fügen wir noch eine weiter Kategorie hinzu:

G) Methoden für (Klein-) und Großgruppen

- Zukunftswerkstätten
- Zukunftskonferenzen
- Open-Space-Methodik

Einteilungs-
systeme
Häufig begegnet man einer Einteilung der Methoden nach den Kriterien „intuitiv" und „analytisch". Eine Auffächerung nach dem Grad der Formalisierung bzw. der Strukturierung wäre eine andere Alternative. Die Methoden lassen sich nicht eindeutig zuordnen. Welches Einteilungssystem auch immer gewählt wird, es wird stets Überschneidungen geben und eine gewisse Willkürlichkeit unvermeidbar sein.

Methoden-
Stammbaum
Für den nachfolgenden „Methoden-Stammbaum" wurde als Orientierungsmarke der Schwierigkeitsgrad der Vermittlung bzw. Beherrschung der Basismethode gewählt. Je mehr Trainingsaufwand notwendig ist, um eine Methode zu beherrschen, um so höher ist ihr Schwierigkeitsgrad. Am wenigsten aufwendig dürfte die Vermittlung der Methode „Force Relationship" sein; etwas aufwendiger das „Brainstorming" – vor allem dann, wenn der Einsatz der Checkliste nicht unterschlagen wird; gefolgt vom „lateralen Denken".

Die Feldüberdeckung in der „Morphologie" gestaltet diese Methode recht komplex. Am aufwendigsten ist die „Synectic", da sie sowohl von der Identifizierungsfähigkeit wie auch vom Gruppenprozess her höchste Ansprüche an die Teilnehmer stellt.

gering	**Trainingsaufwand**			umfangreich
Forced Relationship	Brain- storming	Laterales Denken	Morpho- logie	Synectics

Selbstverständlich können diese Basis-Methoden durch zusätzliche Techniken so modifiziert werden, dass der notwendige Trainingsaufwand erheblich gesteigert wird.

Methode/
Technik
Auf eine begriffliche Unterscheidung soll noch hingewiesen werden, nämlich die Trennung zwischen Methode und Technik: Von einer Methode soll immer dann die Rede sein, wenn es sich um eine grundsätzlich andere Vorgehensweise handelt. Werden diese Vorgehensweisen durch neue Details erweitert bzw. modifiziert, so sprechen wir von einer Technik.

In diesem Sinne stellt das „Brainstorming" eine Strategie dar; wenn nun beispielsweise von der in dieser Strategie vorgesehenen verbalen Kommunikation abgegangen und diese durch schriftliche Kommunikation ersetzt wird, so handelt es sich um eine Technik. Wobei es innerhalb der Techniken Vorgehensweisen gibt, die sich ihrerseits wiederum in der Literatur als „Methoden" ausweisen.

Die Basis-Methoden und ihre Variationen sollen nachfolgend kurz vorgestellt werden.

Forced Relationship (= ungewohnte Verknüpfung)

Forced Relationship

Diese Methode wurde von Charles S. Whiting (1958) publiziert. Sie besteht in ihrer einfachsten Form aus der „In-Beziehung-Setzung" von Objekten:

Eine Liste verschiedener Gegenstände aus naheliegenden und/oder entfernten Bereichen wird zusammengestellt und anschließend miteinander kombiniert (z. B. Buch, Zeitung, Kartei, Ordner usw. führen zu „Kartei-Buch", „Kartei-Zeitung" etc; oder Worte wie Kaffeekanne und Elefant werden in Teilbereichen verknüpft, z. B. der Rüssel des Elefanten führt zu einer flexiblen Kannentülle etc.)

Eine Variation dieser Methode wird in der französischen Literatur als „Superpositon" bezeichnet: „Wenn die Problemstellung klar ist (bei unserem Beispiel soll es sich um einen Vergaser handeln), stellt man eine vom Zufall bestimmte Reihe von Dingen zusammen, die in keinem direkten Zusammenhang mit dem zu behandelnden Vergaser stehen. Dabei kann man sich eines Wörterbuches bedienen, in dem man wahllos blättert, vielleicht auch Listen benutzen, die im vorhinein angefertigt wurden: Ein Koffer, ein Waschbär, eine Bibliothek, ein Reißverschluss, ein Buch, eine Kathodenröhre, ein Büstenhalter, ein Polizist …

Gut zehn Wörter sollen auf diese Weise ausgesucht werden; keines von ihnen darf wieder gestrichen werden, weil es nicht passen würde. Jetzt geht es darum, jedes der auf der Liste enthaltenen Objekte dem zu Untersuchenden anzunähern und zu untersuchen, welche seiner Eigenschaften übernommen werden könnten. Beim Koffer kämen zum Beispiel die leicht zu öffnenden Verschlüsse oder der Deckel in Frage, vielleicht auch die Vorstellung, dass man ihn in jeder Stellung unterbringen kann. Beim Waschbär kommt vielleicht die Vorstellung von irgendei-

Methoden-Stammbaum

Basis-Methode	Techniken	Variationen
Forced Relationship	■ Reizwortanalyse	■ Katalogtechnik
	■ Superposition	
	■ Force-Fit-Spiel	
	■ Methode der Nebenfeld-integration	
Brainstorming mit Check-Liste	■ Team-Collaboration-Technique	■ Trigger-Technik ■ Buzz-Session ■ (auch Methode 66 oder Philipps 66) ■ Anonymes Brainstorming ■ SIL-Methode
	■ Stop-and-go Technique	■ Destruktiv-konstruktives Brainstorming
	■ Methode 635	■ Ideen-Delphi ■ Brainwriting-Pool ■ Collective-Notebook ■ Kärtchen-Befragung ■ Batelle-Bildmappen-Brainwriting
	■ 4 x 3 Technik	
	■ Imaginäres Brainstorming	
	■ Didaktisches Brainstorming	
Laterales Denken	■ Entwicklung von Alternativen	
	■ Zweifel an den Voraussetzungen	
	■ Ermittlung der Leitidee	
	■ Zerlegung	
	■ Umkehrung	
	■ Analogien	
	■ Zufall	■ Denkhüte und Denkstühle
	■ Mentale Provokation	
Morphologisches Denken	■ Funktionsanalyse	
	■ Attribut-Listing	
	■ Problemfeld-Darstellung	

Basis-Methode	Techniken	Variationen
(Morphologisches Denken)	■ Sequenzielle Morphologie	
	■ Lullische Kunst	
	■ Circumrelation	■ Mind Mapping
Synectics	■ Visuelle-Synectics	■ Bionik
	■ Synectische Konferenz	
	■ Tilmag-Methode	
	■ N-M-Methode	
Großgruppen	■ Zukunftswerkstätten	
	■ Zukunftskonferenzen	
	■ Open-Space-Methode	

nem besonderen Schwimmer, der beim Vergaser die Brennstoff-zufuhr regelt. Bei der Bibliothek die Idee von Kartotheken oder Kräftereservoir ... Manche Objekte tragen nichts bei, manche nur Gedanken, die nicht brauchbar sind. Aber das gehört zum Spiel, und es genügt schon, wenn auf einer Liste eine ganz vage Möglichkeit einer neuen Idee auftaucht, dass es wert war, ge-spielt zu werden, zumal es kaum Zeit erfordert." (Kaufmann, A. u. a., 1972, S. 56 f.)

Außerhalb Frankreichs wird diese Variation auch als „**Reiz-wort-Analyse**" bezeichnet. Das Prinzip der Reizwort-Analyse ist die Konfrontation der Problemlösungsgruppe mit problem-fremden Bildern und Begriffen. Die möglichen Übertragungen und Analogien sollen zu neuen Lösungsansätzen führen. Die ge-fundenen Begriffe werden – wie oben beschrieben – nach Merk-malen, Strukturen und Ausprägungen, nach Anwendungsmög-lichkeiten und Funktionsweisen untersucht und Verknüpfungen zwischen den gefundenen Aussagen und dem gestellten Pro-blem hergestellt. Diese Verknüpfungen dienen der Lösungs-findung.

Bei der Reizwortanalyse geht man üblicherweise in vier Schrit-ten vor:

– Das Problem wird so definiert, dass jeder in der Teilnehmer-runde die gleiche Vorstellung davon hat. Beispiel: Wie kann das „Proprium" der Einrichtung am „Markt" verdeutlicht werden?

Reizwort-Analyse

–   Es werden bis zu zehn Reizwörter nach dem Zufallsprinzip zu-
    sammengestellt. Beispiel: Esel, Taschenrechner, Urlaub, Fah-
    ne, Radrennen, Nachrichten, Windel, Diät, Brieftasche, Lotte-
    rie.
–   Jedes Reizwort wird analysiert.
–   Das Ergebnis der Reizwortanalyse wird mit verschiedenen Ele-
    menten des Problems in Verbindung gesetzt.

Wenn nach dem Zufallsverfahren aus dem Katalog eines Ver-
sandhauses verschiedene Objekte ausgewählt werden und anschließend in der gezeigten Form miteinander kombiniert wer-
Katalog- den, (etwa nach dem Kriterium der Gemeinsamkeit), so spricht
Technik man von einer „**Katalog-Technik**".

Geschieht die Verknüpfung der einzelnen Objekte in einer Art
„Wettkampf", indem zwei oder mehr Gruppen gebildet werden,
die sich jeweils entsprechende „Verknüpfungsworte" zurufen,
um anschließend in einer vorgegebenen Zeit mit Hilfe dieses
Force-Fit-Spiel Wortes Ideen zu produzieren, so spricht man von einem „**Force-
Fit-Spiel**". Während die eine Gruppe ein Reizwort nennt, wel-
ches keine erkennbare Beziehung zum Problem haben soll, sucht
die zweite Gruppe die unterschiedlichsten Verknüpfungen zum
Problem und versucht Lösungsansätze abzuleiten. Nach einer
gewissen Zeit (6 Minuten), wird ein Rollentausch vorgenommen.

Eine weitere Vorgehensweise, die diesem methodischen Be-
Methode der reich zuzuzählen ist, ist die sogenannte „**Methode der Neben-
Nebenfeld-** **feldintegration**". Hier werden tangierende Randbereiche oder
integration andere Gegebenheiten, die in Beziehung zum Problem stehen,
aufgeschrieben und anschließend sukzessive mit dem Problem in
Verbindung gebracht.

„Forced Relationship" ist die methodische Wiederspiegelung
der eingangs gegebenen Kreativitätsdefinition. Verschiedene
Begriffe werden zerlegt und diese Elemente dann beliebig miteinander kombiniert.

Brainstorming (= Ideenwirbel)

Das zugrundeliegende Konzept wurde von Alex F. Osborn in den
dreißiger Jahren entwickelt und 1963 in dem Buch „Applied Imagination" veröffentlicht.

Die Brainstorming-Sitzung soll aus zwei Phasen bestehen. In der ersten Phase werden Ideen unter Einhaltung der folgenden vier Spielregeln entwickelt:

Brainstorming

● Jede Kritik ist verboten!
● Jede Idee ist willkommen!
● Soviel Ideen wie möglich!
● Die Weiterentwicklung von Ideen ist erwünscht!

Regeln

(Osborn, 1963, S. 156)

In der zweiten Phase können die vorliegenden Ideen unter Verwendung einer Check-Liste verbessert und weitere Ideen hinzugefügt werden. Osborn empfiehlt die Anwendung der folgenden Fragekategorien: *(1963, S. 286 f.)*

● Anders verwenden?
● Adaptieren?
● Modifizieren?
● Magnifizieren?
● Minifizieren?
● Substituieren?
● Rearrangieren?
● Umkehren?
● Kombinieren?

Checkliste

Die Effizienz einer Brainstorming-Session ist wesentlich von der gekonnten Handhabung dieser (im Original umfangreichen) Check-Liste abhängig. Dieser Teil der Methode wird in den meisten Fällen jedoch nicht angewendet; vielfach ist sie überhaupt nicht bekannt.

(Weitere Einzelheiten werden im Trainingsteil dieses Buches dargestellt.)

Wenn wir von der ersten Phase – als dem üblichen Brainstorming – ausgehen, so lassen sich leicht die folgenden Spielarten entwickeln:

Spielarten des Brainstorming

● Die Gruppenarbeit wird durch Einzelarbeit oder Inter-Gruppen-Kontakte ergänzt und/oder ersetzt;

- die verbale Kommunikation wird durch schriftliche Kommunikation ergänzt und/oder ausgetauscht;
- die Ideensammlung ohne Bewertung wird durch eingeblendete Bewertungsphasen unterbrochen;
- der Beginn ohne bereits vorliegende Ideen wird durch einen Start mit einem Ideenpool modifiziert;
- die konstruktive Sammlung von Anregungen wird durch eine destruktive Zusammenstellung von Nachteilen ergänzt;
- anstelle einer präzisen Problemstellung kann eine bewusst vage gehaltene Problemstellung treten;
- die spontane Integration von Ideen kann durch eine sukzessive ergänzt und/oder ersetzt werden;
- die Check-Liste kann ergänzt und/oder ausgetauscht werden gegen visuelle Stimuli;
- die zeitlich geschlossene Brainstorming-Sitzung kann durch Intervall-Einheiten variiert werden;
- das räumlich integrierte Brainstorming lässt sich durch räumliche Trennung modifizieren.

Mit anderen Worten: Die einzelnen Bestandteile einer Brainstorming-Sitzung lassen sich spielend verändern. Der einzig konstante Part sind die vier oben genannten Regeln. Sie bilden das Grundgerüst einer jeden Sitzung, alles andere lässt sich modifizieren und variieren.

Variationen Nummeriert man die eben genannten Kriterien durch, so lassen sich die im „Stammbaum" aufgeführten Techniken und Variationen sehr schnell lokalisieren und gleichzeitig charakterisieren:

- Einzelarbeit (1)
- Gruppenarbeit (2)
- Plenum (3)
- verbale Kommunikation (4)
- schriftliche Kommunikation (5)
- ohne eingeschobene Bewertung (6)
- mit eingeschobener Bewertung (7)
- ohne Ideenpool (8)
- mit Ideenpool (9)
- nur konstruktive Phasen (10)

- mit destruktiven Phasen (11)
- mit präziser Problemformulierung (12)
- mit vager Problemformulierung (13)
- spontane Ideenintegration (14)
- sukzessive Ideenintegration (15)
- mit Check-Liste (16)
- mit visuellen Stimuli (17)
- zeitlich geschlossene Sitzung (18)
- Sitzung in verschiedenen Zeitintervallen (19)
- räumlich konzentriert (20)
- räumlich getrennt (21).

Die in dieser Liste aufgeführten Kriterien, die sich ohne Schwie- **Methodische** rigkeit noch erweitern ließen, können in beliebiger Form mitein- **Varianten** ander kombiniert werden, und jedesmal hat man es im Grunde mit einer neuen methodischen Variante zu tun. Hier kann jeder nach Belieben sein eigenes methodisches Design entwerfen und – vor allem – auf die jeweilige Situation, Problemstellung, Gruppen- und Umweltkonstellation hin, die Schritte und Arbeitstechniken auswählen und zusammenstellen, die der jeweiligen Aufgabenstellung am besten entsprechen.

Dieses Entwerfen eines spezifischen Design für einen kreativen **Kreatives Design** Prozess selbst ist ein sehr schöpferischer Vorgang, den man durchaus kultivieren sollte.

Tabelle Techniken

Technik	Für diese Technik besonders charakteristisch:	In der Regel treffen auch noch die folgenden Kriterien zu:
Team-Collaboration-Technique	Wechsel zwischen 1 und 2	4, 6, 8, 10, 12, 14, 16, 18 und 20
Trigger-Technik	Erst 1 dann 2. Die individuell erarbeiteten Ideen werden vorgetragen. Die Teilnehmer notieren sich dabei weitere Ideen, die ihnen während der Verlesung einfallen. Mehrfache Wiederholung möglich.	4, 6, 8, 10, 12, 14, 16, 18 und 20

Technik	Für diese Technik besonders charakteristisch:	In der Regel treffen auch noch die folgenden Kriterien zu:
Buzz-Session	Erst 3, dann 2, mehrmals hintereinander	4, 6, 8, 10, 12, 14, 16, 18 und 20
Anonymes Brainstorming	Erst I, dann 2, dann 15 mit 9 (Der Chairman trägt die individuell erarbeiteten Ideen vor; sie werden gemeinsam weiterentwickelt).	4, 6, 10, 12, 14, 18, 20
SIL-Methode	Erst 1, dann 2, Spezifikum: Ein Teilnehmer trägt eine Idee vor, dann ein zweiter Teilnehmer. Aus beiden Ideen sollen neue Ideen entwickelt werden.	4, 5, 6, 9, 10, 12. 14, 18, 20
Stop-and-go-Technique	10 und 11 wechseln sich ab	2, 4, 7, 8, 12, 14, 18, 20
Destruktiv-konstruktives-Brainstorming	Erst 11, dann 10. In der ersten Phase werden die negativen Seiten eines Problems zusammengestellt; in der zweiten Phase geht es um Ideen zur Überwindung der Schwächen.	2, 4, 6. 8, 12, 14, 18, 20
Methode 635	1 und 5 Die Zahlen bedeuten: 6 Teilnehmer schreiben je 3 Ideen auf und haben dazu 5 Minuten Zeit. Jeder Teilnehmer erhält die Bögen der anderen und soll jeweils 3 neue Ideen hinzufügen.	6, 8, 10, 12, 14, 18 sowohl als auch 19, 20, 21
Ideen-Delphi	1 und 5 Die individuell notierten Ideen werden zusammengestellt und allen zugeleitet, die dies wie 9 betrachten und noch weitere Ideen hinzufügen sollen. Mehrfache Wiederholung!	6, zunächst 8, 10, 12, 14, 18 sowohl als auch 19, 20, 21
Brainwriting-Pool	I, 5 und 9 Eine Liste von Ideen wird bereits vorgegeben, der einzelne soll neue hinzufügen. Die Liste legt er in den Pool zurück und nimmt sich eine neue.	10, 12, 14 sowohl 18 als auch 19, sowohl 20 als auch 21

Technik	Für diese Technik besonders charakteristisch:	In der Regel treffen auch noch die folgenden Kriterien zu:
Collective- Notebook	1, 5, 19 und 21 Jeder Teilnehmer erhält ein Heft mit der Problembeschreibung. Über eine bestimmte Zeit, z. B. einen Monat, soll er seine Ideen zu diesem Problem in das Heft eintragen.	6, 8, 10, 12 und 15
Kärtchen-Befragung	Erst 1, dann 2, erst 5, dann 4. Die Ideen werden auf Kärtchen notiert, geordnet und anschließend gemeinsam weiterentwickelt.	6, quasi mit 9 in der zweiten Phase, 10, 12, 15, sowohl 18 als auch 19, sowohl 20 als auch 21.
BBB-Methode	17 und 1 Den Teilnehmern werden Bild-Motive vorgelegt, die zur Ideen-Findung anregen sollen.	5 dann 4, 6, 8, 10, 12, 18, 21
4 x 3-Technik	Brainstorming kombiniert mit Elementen aus Forced-Relationship	2, 4, 6, 8, 10, 12, 14, 18 und 20
Imaginäres Brainstorming	13 Verfremdung der Problemstellung	Alle Alternativen möglich
Little-Technik	13 für die Teilnehmer, der Sitzungsleiter kennt die exakte Problemstellung	2, 4, 6, 8, 10, 14, 18, 20
Organized Random Search	15 Der Suchraum wird in Teilprobleme aufgeteilt.	2, 4, 6, 8, 10, 12, 18, 20

Creative-Cocktail

In fast allen der oben genannten Techniken ist der Einsatz der Check-Liste (16) möglich und empfehlenswert.

Wie bereits betont, lassen sich durch Kombination dieser oder weiterer Faktoren eine Vielzahl neuer „Techniken" kreieren. Dies ist der entscheidende Grund, warum es nicht so wesentlich ist, die einzelnen Techniken ausführlich zu diskutieren; es kommt vielmehr darauf an, die grundlegenden Methoden zu beherrschen. Wer dies kann, wird sowieso zu jeder Problemstellung einen eigenen methodischen „Creativ-Cocktail" mixen.

3 Gründe Es gibt drei Gründe, warum es nicht so wesentlich ist, einzelne Techniken zu studieren:

- Aus den hier genannten Kriterien (1 bis 21) ließen sich ohne Schwierigkeiten vielfältigste Variationen ableiten,
- der Kriterienkatalog ließe sich ohne große Mühe um eine Reihe von Punkten erweitern,
- Elemente aus den verschiedenen Methoden können wiederum miteinander kombiniert werden (wie dies etwa bei der 4 x 3-Technik der Fall ist).

Warum beschäftigen wir uns trotzdem mit den Techniken?

Für die in der jeweiligen Technik gewählte Kombination liegen Erfahrungen vor, d. h., sie haben sich in der Praxis bereits bewährt.

Was jedoch fehlt, das sind Kriterien dafür, welche Methode bzw. welche Technik für welche Problemstellung besonders geeignet ist. Damit wird ein generelles Problem angesprochen, auf das an späterer Stelle noch ausführlich eingegangen werden soll.

Laterales Denken *Laterales Denken (= spielerisches Denken)*

Edward de Bono wählte als Ausgangspunkt die Erkenntnisse der Informationstheorie und -psychologie. Der Verstand ist für ihn ein musterbildendes System. „In einem sich selbst erweiternden System mit Speicherungseigenschaften kann die Anordnung der Informationen niemals die bestmögliche sein." (Bono, E. de, 1971, S. 54) Das laterale Denken (Synonym für kreatives Denken und als Alternative zum logischen = vertikalen Denken gesehen) versucht, unter Verwendung verschiedener Techniken Denkstrukturen zu verändern, um Informationen neu zu strukturieren.

Definition „Laterales Denken bezieht sich in erster Linie auf die Veränderung von Konzepten und Wahrnehmungen. Es basiert auf dem Verhalten selbstorganisierender Informationssysteme. In diesem Sinn ist laterales Denken auch mit der Erforschung von Konzepten und Wahrnehmungen befasst, aber die spezifische oder kreative Bedeutung beschränkt sich auf deren Veränderung. ... Der Begriff ‚laterales Denken' bleibt den speziellen Methoden und Techniken vorbehalten, die planvoll, methodisch und systematisch eingesetzt werden können, um neue Ideen und Konzepte zu erarbeiten." (Bono, Edward de, 1996, S. 53 f.)

Ziele des lateralen Denkens sind: **Ziele**
- Entwicklung von neuen Ideen
- Verhinderung von Wertungen
- Verhinderung von scharfen Trennungen und Polarisierungen
- Auflösung von verfestigten Denkmustern
- Abbau von Denkblockierungen

Um diese Ziele zu erreichen, stehen dem lateralen Denker die   **Techniken**
folgenden Techniken zur Verfügung:

- Entwicklung von Alternativen   **Alternativen**
  „Das laterale Denken baut auf dem Prinzip auf, dass jede be- **entwickeln**
  stimmte Art der Anschauung von Dingen nur eine von vielen
  möglichen Arten ist." (Bono, E. de, 1971, S. 65) Die Formulierung eines Problems bedeutet bereits eine Festlegung auf
  eine bestimmte Anschauung. Durch die Entwicklung von Alternativen in der Problemformulierung und im Problemlösungsprozess wird nach verschiedenen Möglichkeiten der
  Anschauung gesucht.
  Die Suche nach Alternativen stellt den Kern der Kreativität dar.
  „Sie beinhaltet den festen Willen, innezuhalten und nach anderen Möglichkeiten Ausschau zu halten, und zwar dann,
  wenn keine dringliche Notwendigkeit besteht oder der nächste Schritt logisch und realisierbar ist. Sie setzt die Bereitschaft
  voraus, weiterzuforschen und sich nicht mit dem Vorgefunde-
  nen zufriedenzugeben, neue Möglichkeiten durch eine Veränderung der Gegebenheiten zu entwerfen, statt sich mit einer Situationsanalyse zu begnügen. Sie beinhaltet die Erkenntnis, dass wir Fixpunkte definieren müssen, auf die sich
  die Alternativen beziehen." (Bono, Edward de, 1996, S. 296 f.)

- Zweifel an den Voraussetzungen / Kreative Herausforderung   **Zweifel an den**
  Beim Lösen von Problemen pflegt man stets bestimmte An-   **Voraussetzungen**
  nahmen stillschweigend als Selbstverständlichkeit vorauszu-
  setzen. Gibt man diese Voraussetzung auf, so erreicht man

eine Umstrukturierung. Unter einer Voraussetzung versteht de Bono eine Annahme, die nicht unbedingt gültig oder beweisbar ist. Diese Annahmen sind notwendige Grenzen, die die Lösung von Problemen erleichtern, insofern sie das Gebiet eingrenzen. Jedoch dürfen sie niemals als absolut verbindlich angesehen werden. „Die Tradition hält die meisten Annahmen aufrecht – nicht die wiederholte Prüfung ihrer Gültigkeit." (Bono, Edward de, 1971, S.93)

„Die kreative Herausforderung zählt zu den grundlegenden Prozessen des lateralen Denkens. ... Hier wird lediglich ihre Einzigartigkeit in Frage gestellt: ‚Ist das der einzig mögliche Weg?' ... Die mentale Herausforderung kann auch auf die Faktoren abzielen, die unser Denken maßgeblich beeinflussen, zum Beispiel vorherrschende Konzepte, Hypothesen, Grenzen, Bestimmungsfaktoren, Vermeidungsstategien und Entweder/Oder-Polarisierungen. Die mentale Herausforderung bewirkt, dass wir diese Faktoren genau unter die Lupe nehmen, um zu sehen, ob sie wirklich notwendig sind." (Bono, Eward de, 1996, S. 296)

Leitideen finden ● Herausfinden der Leitidee

Um Alternativen entwickeln und die stillschweigenden Voraussetzungen, an denen man zweifeln will, erkennen zu können, muss man erst einmal genau wissen, wovon gesprochen wird, d. h., man muss die Leitidee aus einer Information herauskristallisieren können. Dies setzt voraus, dass Informationen darauf geprüft werden, ob sie einem bestimmten Denkmuster (Superzeichen) zugeordnet werden können. „Die Leitidee bestimmt, nach welchem Organisationsschema eine Situation betrachtet wird." (S. 127)

Zerlegung ● Zerlegung

Bei der Zerlegung wird ein bereits vorhandenes Muster auf kleinere, ursprünglichere Muster zurückgeführt. Es findet also ein umgekehrter Vorgang wie bei der Superzeichen- bzw. Denkmusterbildung statt. Die Superzeichen werden wieder in Einzelinformationen aufgegliedert. Dadurch wird die Möglichkeit zur Umstrukturierung gegeben, indem die zerlegten Muster neu kombiniert werden.

● Umkehrung   **Umkehrung**

Darunter versteht de Bono die provokative Neuanordnung von Informationen, indem man die Dinge, so wie sie sind, in ihr Gegenteil verkehrt. Der Irrtum wird bewusst eingesetzt, um die panische Angst vor dem Irrtum zu überwinden und überkommene Muster infrage zu stellen.

● Analogien   **Analogien**

Die Schwierigkeit beim lateralen Denken besteht darin, einen Gedankengang zu beginnen, um dem Üblichen, Klischeehaften zu entgehen. Durch die Bildung von Analogien wird ein Prozess in Gang gesetzt, der das Problem verfremdet. Der Verfremdungsprozess ermöglicht, Abstand von dem Problem zu gewinnen, und erhöht dadurch die Möglichkeit einer neuen Sichtweise. Dabei muss die Analogie nicht völlig „passen".

● Ansatzpunkt und Aufmerksamkeitsbereich   **Aufmerksamkeits-**
                                                        bereich

Der „Aufmerksamkeitsbereich" bezeichnet jenen Teil einer Situation oder eines Problems, der im Augenblick betrachtet wird. Der „Ansatzpunkt" ist wiederum jener Teil des Aufmerksamkeitsbereiches, der zuerst beachtet wurde. Durch einen Wechsel des Ansatzpunktes und eine gleichzeitige Veränderung des Aufmerksamkeitsbereiches wird wiederum eine Umstrukturierung möglich.

● Zufall   **Zufall**

Einsatz des Zufalls, um die Informationen auf eine neue Art zu strukturieren.

● Hutwechsel-Methode   **Hutwechsel-**
                                                        methode

„Jeder grundlegende Denkmodus erhält einen eigenen Hut mit einer bestimmten Farbe zugeordnet. Auf diese Weise kann man nahtlos, wie auf Kommando, von einem Modus in einen andern überwechseln. Kritisches Denken wird dadurch produktiver, da es auf den richtigen Moment beschränkt bleibt. Die sechs Hüte bieten ein konkretes Rahmenwerk, um aus den Schablonen herkömmlicher Debatten und kontroverser Denkweisen auszubrechen und ein Thema kooperativ zu erforschen.

- Weißer Hut: Informationsdenken
- Roter Hut: Intuition und Gefühl
- Schwarzer Hut: Vorsicht und logisch begründbare, negative Aspekte
- Gelber Hut: logisch begründbare, positive Aspekte
- Grüner Hut: kreatives Bemühen und kreatives Denken
- Blauer Hut: die Kontrolle über den Denkprozess selbst." (Bono, Edward de, 1996, S. 295)

PO Diese Methoden und Techniken, die teilweise aus anderen Konzepten entlehnt sind, werden zu einer Methode durch den Einsatz des neuen Wortes „PO".

„PO" ist das Werkzeug des lateralen Denkens, so wie „NEIN" das Werkzeug des vertikalen (logischen) Denkens ist. Laterales Denken ist die Handhabung des Wortes „PO", so wie logisches Denken die Handhabung des Wortes „NEIN" ist. „NEIN" dient der Beurteilung, „PO" der Anti-Beurteilung.

Das Wort „PO" ist ein Kürzel, dass für provokative Operation steht. Es signalisiert, daß eine Aussage bewusst als Reiz eingesetzt wird, um das kreative Potential zu aktivieren.

„PO" hat die Funktion, eine provokative Informationsanordnung einzuleiten, ohne über diese Anordnung etwas auszusagen und um alte Informationsanordnungen anzufechten.

zwei Gesetze „PO" ist „ein neues funktionales Wort zu dem Zweck, die Funktion Diskontinuität in das Denken einzuführen, um kreative und intuitive Veränderungen zu ermöglichen." (Bono, E. de, 1972, S. 202)

De Bono fasst seine Erkenntnisse in zwei „Gesetzen" zusammen:

1. Gesetz ● De Bonos erstes Gesetz:
„Ein Gedanke kann niemals den besten Gebrauch von den vorhandenen Informationen machen."

(Da die Information im Lauf einer bestimmten Zeit langsam in den Verstand eindringt, können die aufgestellten Gedankenmuster nicht so gut sein, wie wenn die ganze Information auf einmal verfügbar gewesen wäre).

● De Bonos zweites Gesetz:
„Beweis ist oft nicht mehr als Mangel an Phantasie – beim Ersinnen einer Alternativerklärung."
Wenn Sie sich keine bessere Erklärung ausdenken können, sind Sie überzeugt, dass die, die Sie haben, richtig ist. (Bono, E. de, 1972, S. 202)

2. Gesetz

Morphologisches Denken

Morphologisches Denken

Das morphologische Denken (Morphologie bedeutet soviel wie: das Gebilde, die Gestalt, die Struktur betreffend) ist von dem Astrophysiker Fritz Zwicky entwickelt worden. Der aus einer analytisch-auflösenden und einer synthetisch-konstruktiven Phase bestehende morphologische Prozess bedient sich dreier verschiedener Methoden:

3 Methoden

● Methode der totalen Feldüberdeckung
● Methode des Morphologischen Kastens
● Methode der Negation und Konstruktion

Für Zwicky ist das morphologische Denken nur innerhalb des morphologischen Weltbildes möglich, bei dem es sich „um das Erschauen und Erkennen von Zusammenhängen in Gesamtheit von materiellen Objekten, von Phänomenen und von Ideen und Vorstellungen, sowie der für ein konstruktives Schaffen einzusetzenden menschlichen Betätigung handelt". (Zwicky, F., 1971, S. 10) Das Ziel seiner Methode besteht in der Herleitung aller möglichen Lösungen vorgegebener Probleme. Dabei sind folgende Voraussetzungen zu beachten:

Voraussetzungen

● Undogmatisches Denken
● Vorurteilslosigkeit
● Umfassendes Wissen

„Unter den verschiedenen von der Morphologischen Forschung entwickelten Methoden ist es insbesondere die Kon-

Morphologischer Kasten struktion und Auswertung des Morphologischen Kastens, die der Art von universeller Forschung ihre größte Tiefe und Durchschlagskraft verleiht und mit erstaunlicher Sicherheit zu Entdeckungen und Erfindungen, zur Erweiterung unserer Kenntnisse über das Wesen und die Zusammenhänge aller materiellen Gebilde, der sie beherrschenden physikalischen, chemischen und biologischen Phänomene sowie der Vorgänge in der den Menschen eigenen Gedankenwelt Anlass gibt. Die Konstruktion eines Morphologischen Kastens und die Auswertung der in ihm enthaltenen Informationen geht folgendermaßen vor sich:

Vorgehensweise Erster Schritt: Genaue Umschreibung oder Definition sowie zweckmäßige Verallgemeinerung eines vorgegebenen Problems.

Zweiter Schritt: Genaue Bestimmung und Lokalisierung aller die Lösung des vorgegebenen Problems beeinflussenden Umstände, d. h. in anderen Worten, Studium der Bestimmungsstücke oder, wissenschaftlich ausgedrückt, der Parameter des Problems.

Dritter Schritt: Aufstellung des Morphologischen Kastens oder des morphologischen vieldimensionalen Schemas, in dem alle möglichen Lösungen des vorgegebenen Problems ohne Vorurteile eingeordnet werden.

Vierter Schritt: Analyse aller im Morphologischen Kasten enthaltenen Lösungen auf Grund bestimmt gewählter Wertnormen.

Fünfter Schritt: Wahl der optimalen Lösung und Weiterverfolgung derselben bis zu ihrer endgültigen Realisierung oder Konstruktion." (Zwicky, F., 1971, S. 89 f.)

Bescheidene Morphologie Werden nicht alle Kombinationen eines Morphologischen Kastens analysiert, sondern begnügt man sich damit, „einige wenige Wege zur Lösung eines gegebenen Problems zu durchmustern", so spricht man von einer „bescheidenen Morphologie". (Zwicky, F., 1971, S. 203) Sind die Bewertungskriterien bereits im voraus festgelegt worden, so spricht man von einer **„sequenziellen Morphologie"**. In der „Funktionsanalyse" wird ein Objekt oder eine soziale Situation in eine bzw. ihre Funktionen zerlegt. (Vgl. „Zerlegung" bei de Bono). Für jede Einzelfunktion werden Listen mit allen möglichen Funktionsträgern in einer Art Morphologischem Kasten dargestellt. Durch die Verknüpfungen ergeben sich neue Lösungen.

Das „**Attribut-Listing**" von R. Crawford bedingt die Zerlegung eines Gegenstandes (oder einer sozialen Situation) in seine einzelnen Elemente. So könnte man etwa einen alten Schraubenzieher mit Holzgriff in die folgenden Elemente zerlegen: Runder Stahlstiel; vernieteter Holzgriff; keilförmiges Ende, um die Nute in die Schraube einzuführen; Handbetätigung; Drehbewegung der Hand … **Attribut-Listing**

Jedes dieser Elemente wird durch eine oder mehrere neue Elemente ausgetauscht, mit dem Ziel, einen besseren Schraubenzieher zu entwerfen. Bei komplexen Problemen kann nicht jedes einzelne Element aufgeführt werden, man beschränkt sich dann darauf, die Problemfelder darzustellen, diese Technik nennt man „Problemfeld-Darstellung".

Beim „**Problem-Lösungsbaum**" wird ein Problem stufenweise nach Alternativen zerlegt. Dabei sind die Alternativen einer untergeordneten Ebene jeweils den verschiedenen Alternativen der höheren Ebene zugeordnet. **Problem-Lösungsbaum**

Mind Mapping (Geistige Landkarte) **Mind Mapping**

In vielen Publikationen zur Methodik der geistigen Arbeit findet man den Hinweis, dass Texte, die der Leser bearbeiten möchte, nicht unterstrichen oder markiert werden sollten, sondern die wirksamste Methode zur Erarbeitung eines Textes sei das „Strukturexzerpt". Dies bedeutet nichts anderes als die Erfassung der Zusammenhänge und des Aufbaugefüges eines Textes und dessen Visualisierung, indem die textlichen Zusammenhänge auch durch Linien verbunden, die zentralen Begriffe eingerahmt und so der Textfluss optisch dargestellt wird. Das Mind Mapping macht sich diese Technik zu eigen, indem hier nicht Texte analysiert (das kann man zwar auch damit machen) werden sollen, sondern die eigenen gedanklichen Entwürfe zu Papier (oder in den Computer – Vgl. Kommer, Isolde u.a., München 1999) gebracht werden sollen. **Strukturexzerpt**

Schlüsselbegriff   Die vor rund 30 Jahren entwickelte Methode des Mind Mapping (Buzon, Tony) fördert während ihrer Entwicklung sowohl das konvergente wie das divergente Denken. Es visualisiert unsere Gedankengänge. Das typische Bild: ein Schlüsselbegriff steht im Zentrum eines großen Blattes, und wie bei einem Baum wachsen von dort Äste und Zweige, jeweils mit möglichen weiteren Verzweigungen. In diesem Buch sind ausreichend Beispiele zur Verdeutlichung eingefügt.

Vorgehensweise   Wie wird nun „gemappt"? Hier einige allgemeine Hinweise:

– Struktur: Ein großer Bogen blanko Papier wird quergelegt und das Thema, der Schlüsselbegriff, mit dem man sich befassen möchte, in die Mitte des Blattes geschrieben. Alle weiteren Verzweigungen gehen nun von dort aus. Die Vorgehensweise ist in der Regel „deduktiv", d.h., man geht vom allgemeinen Ausgangsbegriff zu den Details. Die Zusammenhänge werden auf einen Blick erkennbar, ebenso die Hierarchien in den einzelnen Punkten.

– Schlüsselbegriff: Es soll jeweils möglichst ein einziger, präziser Begriff verwendet werden, dies gilt für das Thema insgesamt wie für die nachfolgenden Knotenpunkte und Unterbegriffe. Man ist „gezwungen", das Anliegen „auf den Punkt zu bringen". Die Begriffe sollten deutlich lesbar sein.

Linien   – Linien: Die einzelnen Begriffe werden durch Linien miteinander verbunden. Von den Knotenpunkten führen weitere Linien zu den Untergliederungen. Nach und nach verknüpfen sich die Gedanken zu einem dichten Netz mit immer mehr Details. Die Linien können unterschiedlich „dick" sein, in verschiedenen Farben dargestellt und schließlich noch durch Symbole bereichert werden.

Symbole   – Symbole: Durch den Einsatz von Symbolen kann die Mind Map noch weiter akzentuiert werden. Das kann ein Ausrufe- oder Fragezeichen sein, ein „Kalender-Symbol" für Termine, ein „Bleistift" für Notizen oder vieles andere mehr.

Farben   – Farben: Auch mit diesen kann man schöpferisch in einer Map umgehen, wie uns jeder Stadtplan verdeutlicht, um gewünschte Akzente zu setzen, z.B. indem die wichtigsten Elemente in roter Farbe hervorgehoben werden.

„Mit dieser genauso erfolgreichen wie zeitsparenden Visualisierungsmethode werden Sie beispielsweise
- Informationen rasch darstellen beziehungsweise erfassen,
- Situationen und Probleme schnell analysieren und
- Aufgaben zeitig planen und besser organisieren.

Je häufiger Sie die Mind-Mapping-Methode anwenden, desto deutlicher werden Sie die Vorteile im Vergleich zum linear strukturierten Konzepten bemerken. Außerdem ist Mind Mapping kinderleicht anzuwenden.

Die Grundidee des Mind Mapping besteht darin, ausgehend **kreatives** von einem konkreten, zentralen Thema frei zu assoziieren und so **Geflecht** ein kreatives Geflecht um dieses Thema aufzubauen.

Auf diese Weise können Ideen konkretisiert und analysiert, weitere Ideen entwickelt werden. Das Betrachten von Ideen aus verschiedenen Blickwinkeln wird erleichtert." Commer, Isolde, u.a., 1999, S. 83)

Synectics/Synektik

Synectics/Synektik

Das Wort selbst stammt aus dem Griechischen („synechein") und bedeutet so viel wie: Das Zusammenfügen von verschiedenen, scheinbar unzusammenhängenden Elementen; etwas miteinander in Verbindung bringen, verknüpfen.

Autor der Methode Synektik ist der Amerikaner William J.J. **William J.J. Gordon** Gordon, der diese Methode auf der Grundlage intensiver Studien über Denk- und Problemlösungsprozesse entwickelte. Bei der Erforschung der psychischen Bedingungen dieses Prozesses wurden Faktoren gefunden wie: Einfühlung, Aktivität, Spielcharakter, Möglichkeit der Ablösung, Toleranz gegenüber dem scheinbar Bedeutungslosen und Gebrauch des Unwichtigen.

Diese Faktoren lassen sich aber nicht verbindlich erfahrbar machen, da sie sich je nach Situation anders darstellen.

Daher wurde der Versuch unternommen, den unbewusst ab- **Phasen** laufenden schöpferischen Prozess bewusst zu simulieren. Dabei sind wiederum zwei verschiedene Phasen zu beachten:

● In der ersten Phase kommt es darauf an, sich mit dem Fremdartigen vertraut zu machen und

Analogien   ● in der zweiten Phase das Vertraute zu verfremden.

Durch diese wechselnden Sichtweisen werden neue Einsichten erschlossen. Als wesentlichstes Hilfsmittel auf dem Wege zu neuen Erkenntnissen werden Analogien bzw. Metaphern verwandt. Dabei werden die folgenden Analogiearten unterschieden:
● Direkte Analogien;
● persönliche Analogien;
● symbolische Analogien;
● phantastische Analogien.

12 Phasen   Eine Synectics-Sitzung kann sich in die folgenden zwölf Phasen aufgliedern:

Einleitung   ● Problem as Given (PAG) – Einleitung und Problemanalyse
Den Teilnehmern wird die Vorgehensweise von synektischen Sitzungen erläutert. Eine allgemeine Einführung in die Problemstellung wird gegeben; Verständnisfragen werden diskutiert; erste Informationen werden gesammelt.

Experte   ● Analysis and Explanation by Expert/Erklärung durch einen Experten
Die Analyse und Erklärung des Problems durch einen Experten hat die Funktion, die Teilnehmer mit der Aufgabenstellung noch intensiver vertraut zu machen. Kann – je nach Problemstellung auch unterbleiben, da diese Erläuterungen möglicherweise auch blockieren können.

spontane Lösungen   ● Purge/Erfassung spontaner Lösungen
Während der Analyse des Problems fallen einzelnen Teilnehmern spontan Lösungen ein. Diese Lösungen sollen direkt geäußert werden. Damit verbindet sich eine doppelte Funktion: Einmal sollen die Teilnehmer unbelastet in den anschließenden Synektik-Prozess gehen und zum anderen kann der Experte direkt darauf eingehen, was wiederum der Teilnehmerrunde zu einem besseren Problemverständnis verhelfen könnte.

Neuformulierung   ● Generation of Problems as Understood (PAU)/Neuformulierung des Problems

Aus der vermittelten Einsicht in das Problem werden neue Problemdefinitionen abgeleitet. Die Gruppe einigt sich auf das Problem oder es bleiben mehrere Problemdefinitionen nebeneinander bestehen, die dann im weiteren Verlauf ebenfalls bearbeitet werden sollen.

● Direct Analogies (DA)/Entwicklung direkter Analogien **direkte Analogien**
Es geht um ein sachliches Vergleichen und Finden von Analogien aus anderen Wissensbereichen, beispielsweise aus der Natur.

● Personal Analogies (PA) / Entwicklung persönlicher Analogien
Die Teilnehmer sollen sich mit direkten Analogien (oder Teilen davon) identifizieren, d.h., die Teilnehmer versuchen sich in den Gegenstand hineinzuversetzen: Wie fühle ich mich als/ verhalte ich mich als …?

● Symbolic Analogies (SA)/Entwicklung symbolischer Analogien **symbolische**
Symbolische Analogien bestehen aus einem Substantiv und ei- **Analogien**
nem Adjektiv, einer möglichst paradoxen Analogie. Im Substantiv soll das Wesentliche der persönlichen Analogie erfasst werden. Das Adjektiv soll dazu im Widerspruch stehen oder eine Überraschung enthalten. (Beispiele: Intime Offenheit, simple Komplexität, erbauender Zerfall, rasende Langsamkeit). Die symbolischen Analogien werden auch als „Buchtitel" bezeichnet.

● Direct Analogies from Symbolic Analogies (DA from SA)/ Entwicklung einer zweiten direkten Analogie
Zu einer weiteren ausgewählten direkten Analogie werden wiederum Verknüpfungen gesucht. Wurde bei der ersten direkten Analogie ein Beispiel aus der Natur als Analogie gewählt, so wird jetzt ein technische oder soziale Analogie gewählt.

● Fantasy Analogies (FA)/Entwicklung von Fantasie-Analogien
Hier ist der Teilnehmer an keinerlei Realität mehr gebunden. Er soll das äußern, was er in seiner „wildesten Fantasie" mit dem Problem verbindet.

● Examination (Exam)/Überprüfung der entwickelten Analogien
Hier werden die Analogien unter der Perspektive untersucht, ob ihre Strukturen als Lösungsansätze tauglich sind und zu Lösun-

gen anregen. Dieser Schritt stellt die eigentliche schöpferische Konfrontation dar.

Force fit ● Force fit (FF)
Unter Einsatz dieser Technik werden die ausgewählten Lösungen auf die Ausgangsproblematik zurückbezogen.

● Viewpoint (VP)
Die Problemlösungen werden in ihren Einzelheiten ausgearbeitet. Diese Basis-Methode hat nun wiederum einige Variationen **Bionik** erfahren. Von „**Bionik**" spricht man, wenn Analogien ausschließlich aus dem Bereich der Biologie gewählt werden.

visuelle Synectics Bei der „**visuellen Synectics**" werden die Analogien durch Bilder stimuliert.

Tilmag- und N-M-Methode Die „**Tilmag**"- und „**N-M-Methode**" stellen Abwandlungen des oben beschriebenen synektischen Prozesses dar, zu denen es eigens ausgearbeitete Vorgehensweisen gibt.

Dieser Übersicht der grundlegenden Methoden und ihrer vielfältigen Variationen folgt nun noch die Darstellung der letzten beiden Phasen des kreativen Problemlösungsprozesses.

3.2.4 Ideen-Bewertung (Evaluation)

Unter Evaluation wird der Prozess der Festlegung des möglichen Wertes einer Idee im Hinblick auf die Problemstellung verstanden. In diesem Prozess soll möglichst wenig dem Zufall überlassen bleiben, deshalb muss das Bewerten mit System geschehen. Dies bedingt zunächst die Erarbeitung von Bewertungskriterien. Bewertungskriterien sollten objektive Standards sein, die dazu dienen, jene Ideen zu entdecken, die die größten Erfolgsaussichten zur Lösung des speziellen Problems bieten.

Was benötigt wird, das ist so etwas wie ein „Maßstab". Der Maßstab soll jene Ideen herausfiltern, die für die Problemlösung am geeignetsten sind.

Generelle Regel Als generelle Regel gilt dabei: Je mehr Kriterien für die Evaluation zur Verfügung stehen, desto besser wird man in der Lage sein, den Wert einer Idee zu taxieren.

Diese Phase darf auf keinen Fall „mit der linken Hand" erledigt werden. Auf einzelne Probleme und methodische Hilfen zu ihrer Überwindung wird ausführlich im Trainingsteil eingegangen.

3.2.5 Ideen-Realisierung

Nur wenige Ideen sind als solche unmittelbar praktikabel. Es gehört zur aktiven Imagination, die Anwendungsmöglichkeiten mit zu bedenken, die eine Idee erst zum eigentlichen Erfolg führen. „Der kreative Prozess endet nicht mit einer Idee – er beginnt mit ihr." (John Arnold)

Selbst von „perfekten" Lösungen darf nicht erwartet werden, dass sie sich quasi von selbst verwirklichen. Zu den Lösungsvorschlägen gehören wiederum Realisierungsideen. Die Lösungsvorschläge müssen maßgerecht zugeschnitten werden. Bevor ein Kleidungsstück vom Modell in die Produktion übernommen wird, wird man sich auch Gedanken machen, wer wohl die potentiellen Käufer sein würden und was sie zum Kauf veranlassen könnte.

Realisierungs-ideen

Auch bei Lösungsvorschlägen ist es ratsam, noch so lange Veränderungen an ihnen vorzunehmen, wie sich dies ohne Schwierigkeiten bewerkstelligen lässt. Von dieser Phase hängt es weitgehend ab:
- Ob Ideen überhaupt übernommen werden und
- inwieweit sie sich in der Praxis bewähren werden.

3.3 Produkt

„Unabhängig davon, was für andere positive Qualitäten ein Produkt haben kann, bestehen wir im allgemeinen darauf, dass es neu ist, bevor wir bereit sind, es kreativ zu nennen. Tatsächlich ist die Verbindung von Neuheit und Kreativität so tief verwurzelt in unserem Denken, dass die beiden Begriffe manchmal wie Synonyme behandelt werden". (Jackson/Messick, in Ulmann, G., 1973, S. 95 f.)

Stein nennt in seiner Kreativitätsdefinition (in Ulmann, G., 1973, S. 65) neben dem Kriterium der Neuheit des Produktes, dass dies „als haltbar, nützlich oder befriedigend von einer Gruppe zu einem bestimmten Zeitpunkt anerkannt wird".

Fünf Ebenen   Er weist damit darauf hin, dass das Ergebnis des kreativen Prozesses anderen vermittelt wird, somit das kreative Produkt als ein Element der Kommunikation betrachtet werden kann. Auch für I. Taylor liegt der Weg der Kreativität in der Kommunikationseffektivität. Auf dieser Basis unterscheidet er fünf Ebenen:

Expressive   ● Die expressive Kreativität
Kreativität   Sie ist die fundamentalste Form der Kreativität (z. B. frühe Kinderzeichnungen). Sie sind charakterisiert durch Spontaneität und Freiheit ohne besondere Fähigkeiten.

Produktive   ● Die produktive Kreativität
Kreativität   Hier verfügt das Individuum bereits über bestimmte Fähigkeiten und Fertigkeiten, mit deren Hilfe Empfindungen und Phantasien gestaltet werden. Es ist die Ebene der technischen Konstruktion, die nur von Wenigen überschritten wird. Spontaneität und Freiheit werden durch Wissen und Material eingeengt; das Individuum misst sich an der Realität.

Erfinderische   ● Die erfinderische Kreativität
Kreativität   Hier wird bereits mit eigenen Komponenten operiert, die in neue, bisher ungewohnte Beziehungen gebracht werden. Charakteristisch für diese Ebene sind Erfindungen und Entdeckungen. Es werden noch keine neuen Ideen gefunden, sondern die Erfindung liegt in der Herstellung neuer Beziehungen und weiterer symbolischer Interpretationen. Dank einer Flexibilität, die das kreative Individuum auf dieser Ebene entwickelt, können neue Wege, alte Dinge zu sehen, entdeckt werden.

Innovative   ● Die erneuernde (innovative) Kreativität
Kreativität   Diese Ebene schließt ein tiefes Verständnis der fundamentalen Grundsätze des Problembereiches ein. Nur nach dem Erfassen der Grundsätze kann es zu bedeutsamen Änderungen kommen, die die Neuerung mit sich bringen. Die Produkte

dieser Kreativität werden nicht mehr an der Erfahrungswelt des Individuums gemessen, sondern an viel weiteren Bereichen der Kultur.

● Die emergentive Kreativität
Hier blühen die Ideen der neuen „Schulen" auf. Auch hier handelt es sich um die Umstrukturierung von Erfahrungen, denn jede neue Idee hat ihre historischen Wurzeln. Doch sind die Fähigkeiten, Erfahrungen aufzunehmen, zu reorganisieren, zu abstrahieren und zu synthetisieren, auf diesem Niveau so überragend, dass es jenseits des Verständnisses der anderen bisher beschriebenen Ebenen bleibt. „Der Wert eines kreativen Produkts liegt im Grad der Umstrukturierung unserer Verständniswelt, durch die Einsicht in dieses Produkt. Je größer die Umstrukturierung der Verständniswelt, umso höher die Ebene der Kreativität." (Landau, E., 1969, S. 74)

Emergentive Kreativität

3.4 Umwelt

Umwelt

Gemeint sind hier wohl die Bereiche, die man unter dem Oberbegriff „physische Umwelt" zusammenfassen kann, als auch jene Faktoren, die die „soziale Umwelt" darstellen.

3. 4. 1. Physische Umwelt

Physische Umwelt

Salvatore R. Maddi hält es für ein Ammenmärchen, „dass eine Person wahrscheinlich nicht kreativ sein kann, wenn die Umgebung, in der sie arbeitet, in hohem Maße strukturiert und geregelt ist". (in Ulmann, G., 1973, S.180)
Natürlich kann man auch in einer ungünstigen Umgebung kreativ sein, doch hier geht es – wie bei allen bisherigen Überlegungen – darum, ob durch eine günstige Gestaltung der Umwelt die Kreativität gefördert werden kann. Unsere Fragestellung ist also nicht, was hindert die Kreativität, sondern: Was fördert sie? Was die physische Umwelt betrifft, so ist es eben nicht unwesentlich, ob sie anregend gestaltet ist, so dass die Inspiration gefördert und schöpferische Verknüpfungen erleichtert werden.

Die assoziationsfördernd gestaltete Umwelt allein wird nicht ausreichen, um einem „Blockierten" über seine Hürden zu helfen; für den mit einer kreativen Einstellung Imprägnierten wird sie jedoch eine Quelle für neue Einfälle sein. Dafür lassen sich vielfache Belege aufweisen: Etwa Galilei, der das in Holland erfundene Spielzeugteleskop ernsthaft und mit Erfolg für astronomische Beobachtungen verwandte; oder Mendelejew, dessen periodisches System der Elemente einer Patience seine Entstehung verdankt. Die physische Umwelt sollte bisoziationsfreundlich gestaltet sein. Dies kann noch durch das Angebot von Materialien und Medien erheblich gesteigert werden.

Soziale Umwelt ## 3.4.2 Soziale Umwelt

Wenn wir Kreativität als die Neustrukturierung von Informationen zu sinnvollen Einheiten beschrieben haben, so könnte man die Anforderungen an die verschiedenen sozialen Umwelten wie folgt skizzieren:

- Gruppen sollten das Individuum stimulieren,
- Organisationen sollten zu Innovationen bereit sein und
- Kulturen sollten den Non-Konformisten tolerieren.

Gruppe ### 3.4.2.1 Gruppe

Die Arbeit in der Gruppe wird dann (besonders, wenn die Gruppe mit den Prinzipien und Methoden zur Stimulation des schöpferischen Denkens vertraut ist) von Vorteil sein, wenn die miteinander agierenden Individuen mit ihren unterschiedlichen Einstellungen, Motivationen, Fähigkeiten und Persönlichkeitsmerkmalen nicht als störend oder gar als bedrohend erlebt, sondern die Gruppensituation als eine Chance begriffen wird, die die Auflösung vorhandener Informationsstrukturen erleichtert und dadurch die Erarbeitung neuer Problemlösungen ermöglicht.

Anspruchsniveau Für Kreativgruppen ist die Frage des „Anspruchsniveaus" bzw. der sich entwickelnden Leistungsnormen von besonderer Bedeutung, denn diese Leistungsnormen sollen:

● Einerseits das einzelne Gruppenmitglied anspornen und
● andererseits eine ökonomische Arbeit der Gruppe nicht verhindern sowie
● die Atmosphäre in der Gruppe nicht belasten.

Ein individueller Ansporn ist so lange vorhanden, wie keine konstante kognitive und/oder affektive Überforderung eintritt.

Ist das Anspruchsniveau zu hoch, so wird man sich wahrscheinlich zu breit und ausführlich mit der Entwicklung und Ausarbeitung von Details beschäftigen, ohne dabei Aufwand und Ertrag in einer „vernünftigen" Relation zu belassen.

Die Atmosphäre wird in einer Gruppe dann sicherlich belastet **Atmosphäre** werden, wenn die Leistungsansprüche in Leistungsdruck übergehen. Um dies zu vermeiden, sollte die Kreativgruppe in regelmäßigen Abständen über ihre Leistungsnormen diskutieren.

Die Regeln der „themenzentrierten interaktionellen Methode" (einer von R. C. Cohn aus Elementen der Gruppendynamik und der Kommunikationstheorie entwickelten Methode) könnten bei der Besprechung derartiger Gruppenaspekte sehr behilflich sein.

3.4.2.2 Organisation   Organisation

Organisationen sind durch die folgenden Merkmale charakterisiert:
● Das Zusammenwirken mehrerer Subsysteme, die durch
● Kopplung wechselseitig miteinander verbunden sind, die
● spezifische Ziele verfolgen, sich aber auch
● an die Umwelt anpassen.

H. A. Shepard (1971, Heft 4, S. 375 ff.) geht davon aus, dass Organisationen „per se" innovationsfeindlich sind (Ausnahme: Die Anweisungen kommen von „oben").

Die sich daraus ergebenden Probleme sind dreifacher Art: **Probleme**
● Wie kann eine Innovation in einem innovationsresistenten Rahmen induziert werden?
● Wie müsste eine Organisation aussehen, die eher innovationsfördernd als -resistent ist?

● Welche besondere Klasse von Innovationen ist notwendig, um eine innovationsresistente Organisation in eine innovationsfördernde umzuwandeln?

Innovationsagent Der Innovationsagent benötigt zumindest ein Zweifaches:

● Nämlich „adäquates Wissen über menschliches – individuelles und soziales – Verhalten sowie über „Humantechnologien", um mit den menschlichen Aspekten absichtlicher Veränderungen wirkungsvoll umgehen" zu können (Chin/Benne, 1961, S. 344) und

ungewöhnliche Fähigkeiten ● „ungewöhnliche Fähigkeiten": „Eine kreative, aber pragmatische Vorstellungskraft, psychologische Sicherheit und einen autonomen Charakter, die Fähigkeit, anderen vertrauen und das Vertrauen anderer gewinnen zu können, große Energie und Entschiedenheit, ein Gefühl für den richtigen Augenblick, Organisationstalent, die Bereitschaft und Fähigkeit, sich machiavellistisch zu verhalten, wenn die Situation es verlangt."

(Shephard, H. A., 1971, S. 278)

Erfolgreiche Innovateure nehmen oftmals eine marginale Position in der Organisation ein.

Kulturdefinition ### 3.4.2.3 Kultur (Gesellschaft)

Wenn man mit J. Wössner (1970, S. 91) Kultur als „die Gesamtsumme der Verhaltensschemata im Sinne von Denk-, Gefühls- und Handlungsformen, die vom Menschen erfunden und von einer Generation zur anderen weitergegeben und weiterentwickelt worden sind, einschließlich der Gegenstände und der Techniken (Objektivationen), die sich der Mensch im Umgang mit der Natur und aufgrund seines geistigen Wesens geschaffen hat", definiert, so ist damit der verhaltensprägende Charakter der Kultur angesprochen. Wössner weist weiter **Wandel** darauf hin, dass ein kultureller Wandel eintreten kann durch (S. 94):

● „Innovationen, d. h. Änderungen von Denkinhalten und Verhaltensweisen;

- Erfindungen, d. h. Tätigkeiten, die sich auf Gegenstände und Verfahren beziehen, die der praktischen Nutzung dienen;
- Entdeckungen, d. h. Handlungen, die sich auf etwas beziehen, was schon vorhanden ist, jedoch bisher unbekannt war."

A. Toynbee macht der amerikanischen Gesellschaft den Vorwurf, dass sie kreative, nicht konform denkende Individuen als Außenseiter betrachtet. Er sieht die Ursache dafür in den sozialen Attitüden der gesellschaftlichen Institutionen und meint, es sei die Pflicht der Demokratie, die potentielle Kreativität aufkommen zu lassen. **A. Toynbee**

„Toleriert eine Kultur z. B. Abweichungen von der Tradition und dem Status quo, oder besteht sie auf Konformität gleichermaßen in Politik, Wissenschaft oder Schule? … Noch weiter, bis zu welchem Grad akzeptiert oder belohnt und somit unterstützen die Erwachsenen die kreativen Erlebnisse, die das Individuum gehabt hat?" (M. I. Stein, in Ulmann, G., 1973, S. 72 f.) **Abweichungen**

„Originalität ist in erster Linie kulturell bedingt. Eine Kultur, die Neues verabscheut, zwingt den Kreativen auf andere Wege. Bekannt ist das bis in die Renaissance reichende Kommentieren bereits vorhandener Werke. In der Musik erfand man nicht neue Melodien, sondern verwendete vorhandene Melodien (z. B. bei den Messen und Motetten). In der Wissenschaft kommentierte man vorhandene Werke (vor allem Aristoteles). In der Malerei hielt man sich an religiöse Themen und befolgte bestimmte Regeln. Die Originalität der Künstler jener Zeit lag auf anderem Gebiet als heute." (Oerter, R., 1972, S. 341) **Originalität in Kulturen**

Hier schließt sich nun der Kreis der Kreativitätsparameter, denn die Kultur einer Gesellschaft wird der nachwachsenden Generation in einem komplexen Sozialisationsprozess subtil vermittelt.

Die kulturellen Normen prägen die Person, mit der wir uns zu Beginn dieses Abschnittes beschäftigt haben.

Die Zusammenhänge zwischen Person und Kultur können in Anlehnung an ein Schema von A. F. C. Wallace (zitiert nach Fend, H., 1974, S. 63) verdeutlicht werden:

Kulturelle Muster

„Die Totalität des Verhaltens und Erlebens eines oder mehrerer Individuen bildet den Ausgangspunkt für die Erschließung von „kulturellen Mustern" und von Persönlichkeitszügen."

Die „kulturellen Muster" zum Bereich der Kreativität bestimmen maßgeblich die Einstellungen, Motivationen, Fähigkeiten und Persönlichkeitsmerkmale.

Fassen wir die bisherigen Ausführungen in Form eines Strukturexzerpts zusammen:

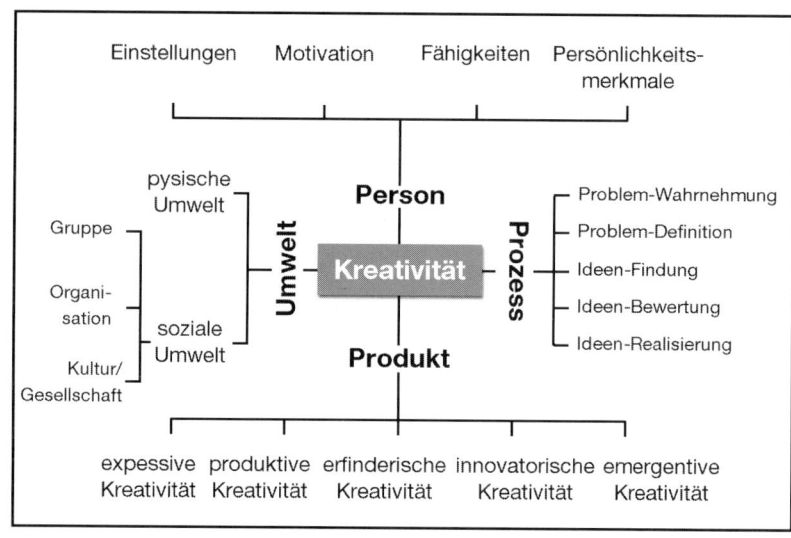

4. Blockierungen

Von „sets" und „habits" war bereits die Rede, also jenen Informationsbindungen, die eine Umstrukturierung erschweren bzw. in manchen Fällen ganz verhindern.

Jedem einzelnen der oben aufgeführten Parameter der Kreativität ließen sich bestimmte Blockierungen zuordnen; so könnten etwa (unter Hinzuziehung der jeweiligen Fachwissenschaft) sozialisationsbedingte, motivationale, persönlichkeitsabhängige, wahrnehmungsmäßige, methodische, umweltbedingte, gruppenbezogene, organisatorische und/ oder kulturelle Blockierungen nachgewiesen werden, wobei gegenseitige Abhängigkeiten und Überschneidungen berücksichtigt werden müssten. **Blockierungsarten**

Da eine differenzierte Darstellung der einzelnen Blockierungen eine subtile wissenschaftliche Analyse bedingen würde, beschränken sich die folgenden Ausführungen auf drei verschiedene Bereiche, wohl wissend, dass es sich dabei weder um eine abgeschlossene Aufzählung noch um eine eindeutige Abgrenzung aller blockierenden Faktoren handelt, sondern lediglich um eine exemplarische Verdeutlichung des Gemeinten. **Drei Typen**

Im folgenden soll auf kognitive, emotionale und kulturelle Barrieren hingewiesen werden.

Diese Einteilung lehnt sich an einen Vorschlag von Alvin L. Simberg an (in Davis, G. A. u. Scott, J. A., 1971, S. 119), der zwischen „perzeptuellen", „kulturellen" und „emotionalen" Blockierungen unterscheidet.

4.1 Kognitive Blockierungen

Bei dieser Art der Blockierungen handelt es sich in der Regel um Schwierigkeiten mit intellektuellen Fertigkeiten, die das Finden neuer (oder überhaupt einer) Lösungen behindern. Umgangssprachlich heißt es dann, dass der „Wald vor lauter Bäumen" nicht gesehen wird. **Kognitive Blockierungen**

Die auffälligste Form kognitiver Barrieren sind die
● wahrnehmungsmäßigen (perzeptuellen) Blockierungen. **Perzeptuelle Blockierungen**
„Unsere Sinnesorgane haben die Aufgabe, die Verbindung

mit der Außenwelt herzustellen. Sie geben ihre Meldungen an eine im Gehirn gelegene Zentrale weiter, die sie ordnet und auswertet. Wie in jedem technischen Nachrichtenübertragungs- und -auswertungssystem entstehen auch bei der Signalverarbeitung im menschlichen Organismus Fehler. Sie können einmal durch Verzerrung der übermittelten Botschaft in den Nervenleitungen verursacht werden, dann aber auch durch Störsignale, die in der Leitung selbst oder in der zentralen Schaltstelle auftreten. Solche Störungen sind grundsätzlich nicht vermeidbar." (Schober/Rentschler, 1972, S. 5)

Am bekanntesten sind die

Optische Täuschungen ● geometrisch-optischen Täuschungen des Gesichtssinnes, etwa die Müller-Lyer'sche Streckentäuschung (zwei gleichlange Strecken sind durch entgegengesetzte Winkel begrenzt)

● oder die Titchener'sche Vergleichstäuschung, bei der der von kleineren Kreisen umschlossene Mittelkreis größer zu sein scheint, als der in Wirklichkeit gleich große, aber von großen Kreisen umschlossene Mittelkreis:

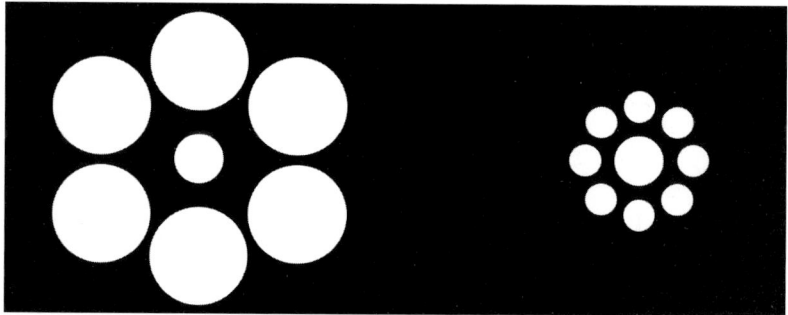

Mehrdeutigkeit ● die Mehrdeutigkeit der dritten Dimension.
Eines der wichtigsten Erkennungsmerkmale ist die Größe *bekannter* Dinge. Wenn ein Objekt uns klein erscheint, dessen absolute Größe wir ungefähr kennen, so muss es fern von uns sein.

Die perzeptuellen Täuschungen – hier ausschließlich an visuellen Beispielen erläutert – werden zu Blockierungen durch das „Bild", welches sich der Betrachter von der Szene macht. Dieses „Bild" besteht darin, dass der Empfänger die eingehende Zeichenfolge zu einer „Gestalt" organisiert. Die Redundanz (als Maß für die Vorhersagbarkeit einer Zeichenfolge) wäre somit gleichzeitig ein Maß für Blockierung.

Das vielstrapazierte „Neun-Punkte-Problem" sei zur Verdeutlichung des Zusammenhanges herangezogen: **Neun-Punkte-Problem**

Unter Verwendung von nur vier geraden Linien sollen – ohne den Stift abzusetzen – alle neun Punkte verbunden werden:

• • •

• • •

• • •

Die Anordnung der neun Punkte in quadratischer Form verursacht jenes „Figur-Erlebnis", welches viele daran hindert, die Aufgabe zu lösen.

Eine weitere (zweite) Gruppe kognitiver Blockierungen läuft unter der Bezeichnung:

🔘 funktionale Gebundenheit: **Funktionale Gebundenheit**

An zwei Experimenten von N. R. F. Maier (1970, S. 185 ff.) sei ihre Wirkung verdeutlicht:

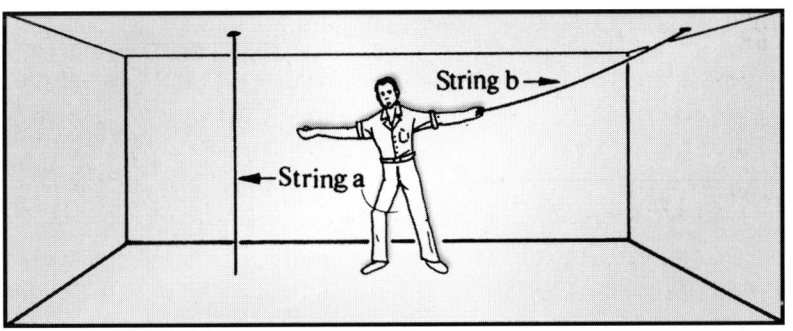

Beim ersten Experiment besteht die Aufgabe darin, die freien Enden zweier von der Decke bis zum Boden eines Flures herab- **Experiment**

hängenden Bindfäden zusammenzubinden. Die Entfernung der beiden Bindfäden ist so gewählt, dass die Versuchsperson einen Faden nicht erreichen kann, wenn sie den anderen in der Hand hält.

Lösung Das Problem lässt sich nur dann lösen, wenn der Problemlösende an das Ende eines Bindfadens ein Gewicht befestigt und das Ganze wie ein Pendel in Schwingung versetzt, um es dann im Hochschwingen zu fassen. Dieser Problemstellung geht ein Versuch voraus, bei dem den Versuchsteilnehmern die Aufgabe gestellt wird, einen auf einem Brett befestigten Stromkreis unter Verwendung eines *Schalters* (Gruppe 1) bzw. eines *Relais* (Gruppe 2) zu schließen.

Nach diesem Vorversuch wird den Teilnehmern das „Zwei-Kordel-Problem" mit der Auflage gestellt, es mit den Gegenständen zu lösen, die vor ihnen auf einem Tisch liegen. Es handelt sich dabei um einen Schalter und ein Relais, beide mit den im Vorversuch benutzten identisch. Die im Vorversuch gemachten Erfahrungen mit Schalter bzw. Relais führten dazu, dass diejenigen, die eingangs geübt hatten, einen Stromkreis mit einem Relais zu schließen, diesen Gegenstand als Pendelgewicht zur Lösung der Aufgabe überhaupt nicht verwendeten; sie wählten also ausschließlich den Gegenstand (in diesem Fall also den Schalter), mit dem keine Vorerfahrungen vorlagen. Jene Personen, die den Stromkreis mit Hilfe des Schalters geschlossen hatten, reagierten überwiegend umgekehrt, sie verwendeten nunmehr das Relais als Pendelgewicht.

Vorerfahrungen Die Art der spezifischen Vorerfahrungen beeinflussen das Verhalten in Problemlösungssituationen derart, dass dasselbe Objekt in neuen Situationen überhaupt nicht in Erwägung gezogen wird.

Als zweites Experiment zur Verdeutlichung der funktionalen **Kleiderständer-** Gebundenheit sei der „Kleiderständer"-Versuch zitiert:
Versuch Ein standfester Kleiderständer soll in der Mitte eines Raumes gebaut werden. Als Material stehen nur zwei 1,50 m lange Holzleisten und eine Tischklammer zur Verfügung. Das Experiment von N. R. F. Maier zeigt, dass die Lösungsversuche der Versuchspersonen durch ihre Vorerfahrungen mit Kleiderständern maß-

geblich beeinflusst werden. Das zur Verfügung stehende Material ist dazu aber unangemessen. Etwa drei Holzleisten wären notwendig, um einen standfesten Kleiderständer zu konstruieren. Von 25 Versuchspersonen lösten nur sechs das Problem im unten abgebildeten Sinne.

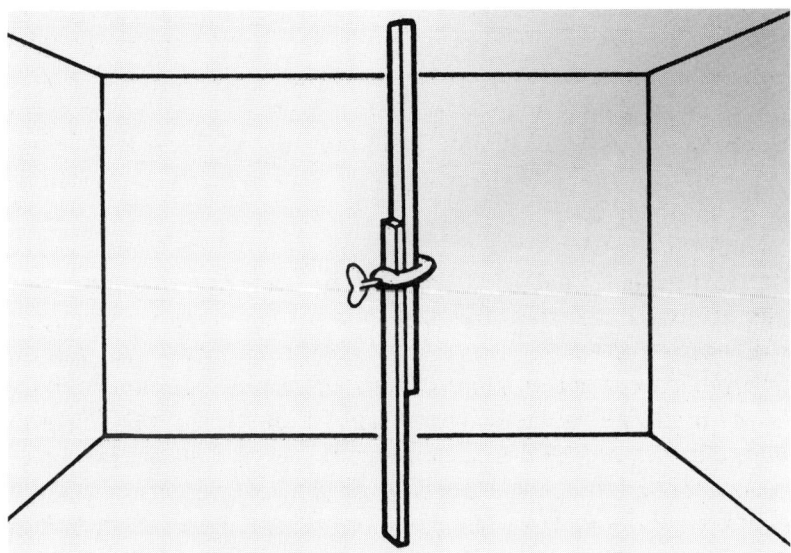

Neben den perzeptuellen Barrieren und der funktionalen Gebundenheit kann als dritter Faktor der kognitiven Blockierungen die

● Lösungsweg-Fixierung genannt werden:

Lösungsweg-Fixierung

Darunter versteht man die mechanische, unreflektierte, starre Vorgehensweise bei der Lösung von Aufgaben. Hat man einmal einen Lösungsweg gefunden, so wird dieses Verfahren beibehalten, ohne groß nach effizienteren Vorgehensweisen Ausschau zu halten. Zur Verdeutlichung sei ein ebenfalls „klassisch" zu nennendes Experiment von A. S. Luchins (in Graumann, 1965, S. 171 f.) zitiert:
Die Aufgabe: „Schreiben Sie bitte nieder, wie man eine gewünschte Wassermenge erhalten kann, wenn bestimmte leere Messgefäße zur Verfügung stehen".

Aufgaben

Aufgabe Nr.	Gegeben sind die folgenden leeren Wasserkrüge zum Abmessen (Fassungsvermögen der Krüge)			Gefordert sind die folgenden Wassermengen	Lösungsweg
	A	**B**	**C**		
1	29	3		20	A – 3B
2	21	127	3	100	
3	14	163	25	99	
4	18	43	10	5	
5	9	42	6	21	
6	20	59	4	31	
7	33	49	3	20	
8	15	39	3	18	
9	28	76	3	25	
10	18	48	4	22	
11	14	36	8	6	

Um die zweite Aufgabe zu lösen, füllt man zuerst den B-Krug und gießt dann aus ihm einmal den A-Krug und zweimal den C-Krug ab. Im B-Krug bleiben dann die gewünschten 100 Einheiten übrig. Der Lösungsweg lautet also: B – A – 2C Dieser Lösungsweg bleibt bei den Aufgaben 3 bis 6 genau der gleiche. Es findet eine Gewöhnung an diesen Lösungsweg, also eine Lösungsweg-Fixierung, statt.

Lösungsweg   Dieser Lösungsweg (B – A – 2C) kann auch in der Aufgabe 7 und 8 eingesetzt werden. Doch lässt sich die Aufgabe 7 viel einfacher lösen, indem man C von A abzieht (A – C); Aufgabe 8 wird einfacher gelöst, indem man A + C rechnet. Die meisten Personen, denen diese Aufgabe vorgelegt wird, wählen den umständlicheren Weg, weil sie sich bereits so sehr an eine bestimmte Vorgehensweise gewöhnt haben. Die einfachere Möglichkeit wird einfach nicht gesehen.

Aufgabe 9 kann nur nach der A – C-Methode gelöst werden. Wird spätestens diese Aufgabe die Neigung beseitigen, ohne Überlegung die umständlichere Methode zu benutzen? Eine Antwort geben die Aufgaben 10 und 11, die genauso wie 7 und 8 auf zwei Arten gelöst werden können.

Was Luchins nun feststellte, war, dass von 11 Versuchspersonen alle den umständlicheren Weg wählten. Bei den Versuchen von Luchins stieg nach der Aufgabe 9 die Zahl der kürzeren Lösungen um 15%.

Zu den kognitiven Blockierungen sind – viertens – die
● „Wenn–dann"-Sätze zu zählen.   **Wenn–dann-Sätze**
Es soll selbstverständlich nicht bestritten werden, dass es Ursache-Wirkung-Relationen gibt. Hier sollte man sich beispielsweise die Erkenntnisse der Demoskopen zu eigen machen, die ihre Befragungsergebnisse ständig darauf zu überprüfen haben, ob einem aufgezeigten Zusammenhang nicht eine Schein-Korrelation zugrunde liegt. Etwa so: Frauen, die einen Lippenstift benutzen, interessieren sich mehr als ihre Geschlechtsgenossinnen für Politik!
Da es kein Umfrage-Ergebnis gibt, das man nicht interpretieren könnte, so lässt sich sicherlich auch dafür eine Erklärung finden. Diese Tatsache zwingt zu einer sorgfältigen Analyse des zur Verfügung stehenden Materials, erst dann kann eine Interpretation angeboten werden.
Bei dem Befund, dass Frauen, die einen Lippenstift benutzen, sich mehr für Politik interessieren, handelt es sich um eine sogenannte Schein-Korrelation. Der Stör-Faktor ist in diesem Fall die bessere Schulbildung. Frauen, die eine höhere Schulbildung genossen haben, interessieren sich mehr für Politik.

Im Katalog der kognitiven Blockierungen seien noch die
● „dominanten Theorien" – wie Edward de Bono sie nennt –   **Dominante**
erwähnt: „Sich darüber klar zu werden, dass eine beherr-   **Theorien**
schende Idee ein Hindernis statt eines Vorteils sein kann, ist das oberste Gebot des lateralen Denkens." (de Bono, E., 1968, S. 38).
Verdeutlichen wir den Fall einer „dominanten Theorie" am Beispiel der „Keynes'schen Revolution" in der Wirtschaftswissenschaft. In der nationalökonomischen Theorie der dreißiger Jahre galten die neoklassischen Doktrinen eines Alfred Marshall, die unter anderem ein kunstvoll aufgebautes Gebäude zur Rechtfertigung des Profits beinhalteten. John Maynard Keynes zeigte nun in seiner „General Theory", „dass das Kapitel einen

Ertrag abwirft, nicht weil es produktiv, sondern weil es knapp ist. Noch schlimmer: Die Vorstellung, das Sparen sei die Ursache der Unterbeschäftigung, traf die Rechtfertigung der ungleichen Einkommen als Quelle der Akkumulation an der Wurzel. Dass die „General Theory" so schwer zu akzeptieren war, lag nicht an ihrem geistigen Gehalt, der in einer ruhigen Stimmung leicht zu bewältigen ist, sondern an ihren anstößigen Implikationen.

Schlimmer als der Umstand, dass private Laster öffentliche Wohltaten sein sollten, war, dass die neue Doktrin auch noch die weit mehr Unruhe stiftende Version zu enthalten schien, private Tugenden (Sparsamkeit und sorgfältige Haushaltführung) seien öffentliche Laster.

Heute haben wir den Weg aus diesem Dilemma erkannt. Soll zukünftig Vollbeschäftigung aufrechterhalten werden, dann ist, vom Standpunkt der Allgemeinheit aus, das Sparen sicher wünschenswerter als das Ausgeben. Sparen ist nur dann schlecht, wenn die Investition von der Ersparnis nicht in vollem Umfang Gebrauch macht (wenn die Investition geringer ist als die Ersparnis)." (Robinson, J., 1965, S. 93 f.)

Dass es bei der Überwindung „dominanter Theorien" nicht nur um rein kognitive Faktoren geht, das lässt sich an der Besprechung der „General Theory" durch Pigou zeigen, denn seine Ausführungen waren barsch und ungezügelt im Tonfall und, wie er später zugab, unkorrekt in der Logik. Schuld an dieser unfreundlichen Besprechung war, dass Pigou durch die Art und Weise, in der Keynes die Theorien Alfred Marshalls attackierte, tief gekränkt und beleidigt war.

„Pigou spuckte es aus, und zwar nicht wegen der darin enthaltenen unfreundlichen Bemerkungen über ihn selbst, sondern weil seine Loyalität gegenüber Marshall beleidigt wurde.

Als er das Buch dreizehn Jahre später zur Hand nahm und mit Ruhe las, stellte er zu seinem Erstaunen fest, dass er in den meisten Punkten gleicher Meinung war und dass er Keynes mit seiner Besprechung Unrecht getan hatte. Pigou hatte sich zurückgezogen und Keynes war tot; aber er bat darum, den Undergraduates zwei Vorlesungen halten zu dürfen, um Keynes für seine unfaire Besprechung Genugtuung zu leisten… .

Uns gibt das heute ein außergewöhnlich klares Beispiel davon, wie die Verteidigung der alten Ideen gegenüber den neuen auf persönlichen Gefühlen basieren kann.

Natürlich hat das auch eine rein intellektuelle Grundlage. Neue Ideen sind schwierig, gerade weil sie neu sind. Die ständige Wiederholung hat die Lücken und Widersprüche der alten Ideen auf irgendeine Weise übertüncht, und die neuen können nicht durchdringen. Sie brauchen einen so ungestümen Bulldozer, wie Keynes es war, um sich ihren Weg zu bahnen." (Robinson, I., 1965, S. 98 f.)

Die letzten Bemerkungen von Joan Robinson weisen auf den zweiten Bereich der Blockierungen hin, nämlich den emotionalen.

4.2 Emotionale Blockierungen

Emotionale
Blockierungen

Unter dem Oberbegriff der emotionalen Blockierungen werden all' die individuellen Ängste, Befürchtungen, Unsicherheiten verstanden, die den einzelnen daran hindern, schöpferisch tätig zu werden. Nicht die durch den sozialen Kontakt mit anderen Menschen ausgelösten Ängste sind gemeint, sondern die individual-psychologisch bedingten.

Wer etwa davon überzeugt ist, dass er „von Natur aus" kein schöpferischer Mensch sei, der wird sich erst gar nicht um neue Ideen bemühen.

Aber unabhängig davon erzeugt bereits die Aufforderung, Neues finden zu sollen, Unsicherheit und Angst, etwa die Angst davor, keine Lösungen zu finden, die Angst vor dem weißen Blatt Papier, die Angst vor dem Schweigen, die Angst vor der Verfremdung, die Angst vor der eigenen Einbildungskraft, die Angst, ein intellektuelles Risiko einzugehen.

Auf einige besonders ausgeprägte emotionale Blockierungen sei besonders hingewiesen:

● Die Furcht davor, Fehler zu machen. **Furcht vor Fehlern**
Spätestens in der Schule lernten wir dieses Fürchten, wenn uns die Klassenarbeiten oder Hausaufgaben zurückgegeben

wurden, und aus dem ursprünglich mit blauer Tinte beschriebenen Blatt inzwischen ein rotes Blatt geworden war. Wer dann noch zur Tafel musste, um seine mathematische Unfähigkeit vor aller Öffentlichkeit zu demonstrieren, der wird verstehen, wieso hier von einer emotionalen Blockierung gesprochen wird.

Rasche Lösungen ● Das Bedürfnis, möglichst rasch eine Lösung zu finden.
Üblicherweise steht der Problemlösende unter Zeitdruck. Er soll so schnell wie möglich Lösungsvorschläge entwickeln. Dieses Gefühl, dass hinter einem jemand steht, der auf das Ergebnis wartet, blockiert.
Für die übliche Kommunikation gilt, dass in einer Viertelstunde ungeheuer viel gesagt werden kann, wenn sich damit das Gefühl verbindet, dass der Gesprächspartner Zeit hat. Weiß man jedoch von vornherein, dass nur 15 Minuten zur Verfügung stehen, dann wird auf einmal zuviel gesagt, so dass die Ausführungen mehr verwirren als klären. Dieses Gefühl wird bei der Suche nach Lösungen noch potenziert.

Streben nach ● Übertriebenes Streben nach Sicherheit.
Sicherheit Wer sich auf den Prozess der Ideen-Findung einlässt, der verliert zumindest für eine geraume Zeit den festen Boden unter den Füßen. Er bewegt sich in Bereichen und Dimensionen, für die der Ablauf nicht vorhergesagt werden kann. Diese Situation kollidiert mit dem verständlichen Bedürfnis nach Sicherheit. Ein gewisses Mindestmaß an Sicherheit benötigt jedes Individuum. Wer das Wagnis des „In-Frage-Stellens" nicht unternimmt, der treibt nach Prof. Zwicky, den Schöpfer der morphologischen Methode, „Küstenschifffahrt entlang den Ufern sicheren Festlandes und entdeckt dabei nie auf hoher See den unbegrenzten Horizont".

Mangelndes ● Mangelndes Vertrauen in die eigenen schöpferischen Fähig-
Vertrauen keiten.
Viele Menschen trauen sich überhaupt nicht zu, kreativ zu sein. Schöpferisch zu denken, halten sie für eine besondere Gnade, die eben nur wenigen Auserwählten zuteil wird. Die folgende Aussage Fritz Zwickys würden sie sicher nicht unterschreiben,

sondern bestenfalls für die schrulligen Gedanken eines weltfremden Professors halten: „... kann das Leben ungeheuer entfaltet und bereichert werden, falls nur allgemein anerkannt wird, dass die Idee von der Würde jedes einzelnen Menschen im Grunde gleichbedeutend ist mit der Überzeugung, dass jeder Mensch, wörtlich genommen, ein Genie ist, das heißt: Er ist unersetzlich, einzigartig und unvergleichlich. Denn jeder Mensch besitzt seine ganz besondere schöpferische Eigenart. Es genügt deshalb nicht, dass in den freien Ländern viel von der Würde des Individuums gesprochen wird und in den Verfassungen jeder Bürger jedem anderen gleichgestellt ist. Eine wirkliche Gleichstellung ergibt sich vielmehr erst dann, wenn die schöpferische Eigenart jedes Menschen erkannt und alles getan wird, ihn diese Eigenart erkennen zu lassen und sie zur Blüte zu bringen." (Zwicky, F., 1971, S. 28 f.)

Ähnlich formuliert es E. de Bono im Vorwort zum „Lateralen Denken" (1971, S. 7):

„Ist Kreativität die Gabe einer guten Fee, die nur wenige beschenkt? Oder ist Kreativität eine Art des Denkens, die in der herkömmlichen Erziehung nicht ausgebildet, ja sogar untersagt wird?

Ich glaube, dass viele Menschen schöpferische Fähigkeiten besitzen – nur erkennen sie ihre Begabung nicht, da sie nie geübt und ausgebildet wurde."

4.3 Kulturelle Blockierungen

Kulturelle Blockierungen

Mit kulturellen Blockierungen sind vor allem jene Normen und Werte gemeint, die in einem komplexen Prozess der Sozialisation der jeweils nachwachsenden Generation vermittelt werden, und für deren Einhaltung ein ausgefeiltes System sozialer Sanktionen und Kontrollen sorgt.

Vielleicht sehen wir die Situation ein wenig besser, wenn wir den eigenen Kulturkreis verlassen. Deshalb sei eine kurze Passage über die Sozialisation der Manus auf Neuguinea eingeblendet:

Beispiel: Manus

„In manchen Gesellschaften bedeutet es für die Erwachsenen mehr Arbeit, wenn ein Kind laufen kann. Sobald das Kind läuft, stellt es eine ständige Bedrohung der Dinge dar: Es zerbricht Teller, verschüttet die Suppe, zerreißt Bücher, bringt die Strickwolle durcheinander. Auf Manus dagegen, wo Besitz als heilig gilt und man um verlorene Dinge jammert wie um einen Toten, wird den Kindern Respekt vor dem Besitz von den ersten Jahren an beigebracht. Ehe sie noch laufen können, werden sie getadelt und bestraft, wenn sie irgend etwas anfassen, was ihnen nicht gehört. – Nie werden Dinge, die das Kind nichts angehen, aus seiner Reichweite genommen. Die Mutter breitet ihre kleinen, hell schimmernden Perlen neben dem herumkriechenden Kind auf einer Matte, in einer flachen Schale oder auf dem Boden aus, und dem Kind wird beigebracht, sie nicht zu berühren. –

Jedes Zerbrechen von Sachen, jede Unachtsamkeit wird bestraft. Einen Fischschwanz, eine halbverfaulte Betelnuss darf man sich ebenso wenig ungestraft aneignen wie eine Schüssel Festmahlzeit. Mit gleicher Unerbittlichkeit werden Diebstähle untersucht.

Von der kleinen zwölfjährigen Mentun hieß es, sie sei eine Diebin, und manchmal wurde sie deshalb von anderen Kindern verhöhnt. Warum? Sie war dabei beobachtet worden, wie sie auf dem Wasser schwimmende Gegenstände, etwas Essbares, eine Banane, an sich nahm, die offenbar aus einem der nahegelegenen Häuser heruntergefallen waren. Solche Beute sich anzueignen, ohne vorher die Runde bei den etwaigen Eigentümern zu machen, wird als Diebstahl angesehen. Mentun musste in den folgenden Monaten die größte Sorgfalt walten lassen, wenn ihr nicht in Zukunft jedes Verschwinden einer Sache zur Last gelegt werden sollte. Auch der geringste Bruchschaden wird erbarmungslos bestraft.

Einmal lief ein Kanu eines anderen Dorfes in der Nähe einer der kleinen Inseln vor Anker. Drei achtjährige Mädchen kletterten in das Boot und warfen einen Topf ins Wasser, der auf einem Stein aufschlug und zerbrach. Die ganze Nacht hindurch klangen im Dorf Trommelwirbel und erregte Ansprachen, in denen die unachtsamen Kinder beschuldigt, ihr Tun missbilligt und der Schaden bedauert wurde. Die Väter zeigten sich von zorniger Scham erfüllt und beschrieben, wie sie die kleinen Bösewichte verhauen hatten. Die Spielgefährten der Kinder (weit entfernt davon, eine so kühne Untat zu bewundern), zogen sich in hochmütiger Missbilligung von ihnen zurück und verspotteten sie im Chor." (Margaret Mead, zitiert nach Rückriem, G. M., in: Klafki, W., 1970, S. 263 f.)

Die in unserer Gesellschaft sozialisierten Normen und die dahinterstehenden Werte weichen zwar von dem zitierten Beispiel ab, doch werden auch bei uns mit erheblichem emotionalen und sozialen Aufwand bestimmte Verhaltensweisen verinnerlicht, deren Einhaltung belohnt, während ein Verstoß ihnen gegenüber bestraft wird. Der Sozialisationsprozess zielt auf eine Reproduktion des Bestehenden. Das bringt den Mitgliedern einer Gesellschaft den Vorteil der Sicherheit, „man" weiß, was zu tun bzw. was zu unterlassen ist.

Wer von den überkommenen Verhaltensmustern abweicht, **Nonkonformismus** verunsichert hingegen seine Umwelt. Konformismus wird belohnt, Nonkonformismus (von wenigen Ausnahmen abgesehen) negativ sanktioniert. Außerdem erfolgt sehr häufig und rasch die unzulässige Gleichstellung von abweichend = abnorm.

„Genie und Irrsinn sind lange Zeit miteinander verknüpft worden. Beinahe alle Erfinder, Komponisten, schöpferische Wissenschaftler und andere kreative Menschen wurden als geisteskrank angesehen. Obwohl diese Überzeugung schon vor langem angezweifelt wurde, hat sich doch der Gedanke gehalten, dass jede Abweichung von Verhaltensnormen ungesund und unmoralisch sei und korrigiert werden müsse." (Torrance, E. P., in: Mühle/ Schell, 1970, S. 185 f.)

Wie sehr die Verhaltensweisen des einzelnen von den Erwar- **Asch-Experiment** tungen der anderen abhängig sind, das hat *Asch* in einer Reihe von Versuchen zu erforschen versucht, bei denen der Einfluss einer (instruierten) Mehrheit auf einen Einzelnen untersucht wurde. Was passiert, wenn die Einzelperson ihr Urteil für richtig hält und alle anderen Gruppenmitglieder einstimmig gegenteiliger (und bewusst falscher) Meinung sind?

Asch setzte Gruppen zusammen, die aus 'echten' Versuchspersonen und mehreren (drei bis zehn) anderen 'Versuchspersonen' bestanden, letztere waren in Wirklichkeit mit dem Versuchsleiter verbündet. Diese 'Verbündeten' des Versuchsleiters wurden vor dem Experiment angewiesen, zu bestimmten Zeitpunkten *einstimmig* falsche Urteile bei einem Wahrnehmungsversuch abzugeben. Der Versuch bestand darin, anzugeben, welche von drei auf einem Schirm projizierten Linien genau so lang wie eine Vergleichslinie war.

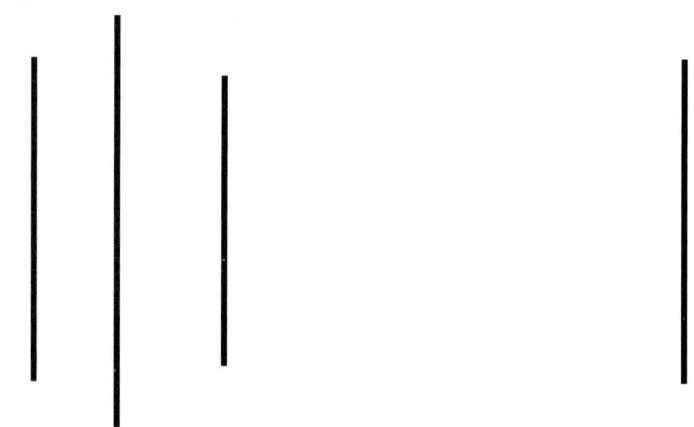

Man wollte feststellen, wie die eine 'echte' Versuchsperson (die ihr Urteil jeweils als letzte abzugeben hatte) reagieren würde; ob sie sich dem von der Gruppe ausgeübten Druck unterwerfen würde.

Gruppendruck   Die Auswirkungen des Gruppendruckes erwiesen sich als sehr beträchtlich. Etwa ein Drittel aller 'echten' Versuchspersonen gaben Urteile ab, die merklich in Richtung des fälschlichen Gruppenkonsensus verzerrt waren. Dies traf auch dann noch zu, wenn die Diskrepanz zwischen der richtigen Länge und der Strecke, die von den Verbündeten des Versuchsleiters ausgewählt wurde, so groß war, dass buchstäblich niemand (d. h. außerhalb dieser Gruppensituation) einen derartigen Fehler machen würde. Systematische experimentelle Variationen zeigten, dass die zahlenmäßige Größe der einstimmigen Gruppe einen bedeutsamen Faktor darstellte. Bestand die Gruppe nur aus einem 'Verbündeten' des Versuchsleiters und einer 'echten' Versuchsperson, so blieb der Proband völlig unabhängig; waren zwei gegen ihn, ergab sich schon merklich Konformität und stimmten drei andere gegen den Probanden, so erreichte die Konformität ein hohes Niveau. Jenseits dieses Punktes – selbst bei 15 Gegenstimmen – ergab sich keine weitere Konformitätszunahme. Wurde der 'echten' Versuchsperson ein 'Partner' zur Seite gegeben, der stets die richtige Antwort gab, so verschwanden alle Zeichen von Konformität. Offenbar war die soziale Hilfestellung auch nur eines anderen Gruppenmitgliedes ausreichend, um den Widerstand gegen den sonst übermächtigen Gruppendruck hinreichend zu stärken. Die Stärke der Reizstruktur (bei der Aufgabe selbst) war ebenfalls ein Faktor: Wurden nämlich die wahrnehmungsmäßigen Unterschiede zwischen den richtigen und ‚falschen' Linien verringert, so nahm die Konformität beträchtlich zu.

Viele Probleme, denen wir uns gegenüber sehen, treten in Gruppen auf und/oder werden in Gruppen gelöst. Ein Gruppenmitglied muss über eine erhebliche „Ich-Stärke" verfügen, wenn es seine Vorstellungen bzw. Vorschläge gegenüber der Gruppe durchsetzen will.

Das eben dargestellte Experiment von Asch weist sowohl auf Problemstellungen der Gruppenpsychologie als auch auf die ihnen zugrundeliegenden kulturellen Einflüsse hin.

Ein weiterer kulturspezifischer Bereich der Blockierungen stellt die „Arbeit-Spiel-Dichotomie" dar. **Arbeit-Spiel-Dichotomie**

Wird das Spiel als eine geistige und/oder körperliche Tätigkeit begriffen, bei der kein unmittelbarer praktischer Zweck verfolgt und deren entscheidendes Motiv die Freude an ihr selbst ist, so rückt diese Vorstellung des Zwecklosen das Spiel in die Nähe des Kreativen.

Im „Homo ludens" hat Huizinga (1956) den detaillierten Beweis zu führen versucht, dass alle Kultur im Spiel ihren Ursprung hat.

Umso erstaunlicher ist die Tatsache, dass für die Einsicht erst wieder Terrain erobert werden muss, dass die Entwicklung neuer Konzepte die Freiheit voraussetzt, „mit Ideen und Materialien zu spielen, die Ermunterung, sich mit Belanglosigkeiten abzugeben, und die Erlaubnis, in Phantasie und Schein einzutauchen". (Hallmann, R. J., in: Mühle/ Schell, 1970, S. 177)

Wer in unserer Gesellschaft Arbeit und Spiel in Verbindung zu bringen wagt, dem wird im positivsten Fall mangelnder Wirklichkeitssinn bescheinigt.

Gerade die Trennung dieser beiden Sphären ist eine der grundlegenden Ursachen für mangelnde Kreativität im Berufsleben.

Arbeit bedeutet die mehr oder minder routinierte Handhabung erlernter Methoden und Techniken. Hilflosigkeit tritt ein, wenn man dabei auf ein Problem stößt, bei dem die gewohnten Lösungswege nicht mit Erfolg eingesetzt werden können.

Erfolgsorientierung Eine weitere kulturspezifische Blockierung dürfte die übertriebene Erfolgsorientierung sein. „Erfolgsorientierung ist, wenn sie stark überbetont wird, ein Feind kreativer Entwicklung." (Torrance, E. P., in: Mühle/Schell, 1970, S. 183) Sicher braucht auch der schöpferisch Tätige den Erfolg, jedoch muss er vorab Risiken auf sich nehmen und zum Experimentieren bereit sein.

Auch hier sollen die Aussagen noch einmal in einem Strukturexzerpt zusammen- gefasst werden:

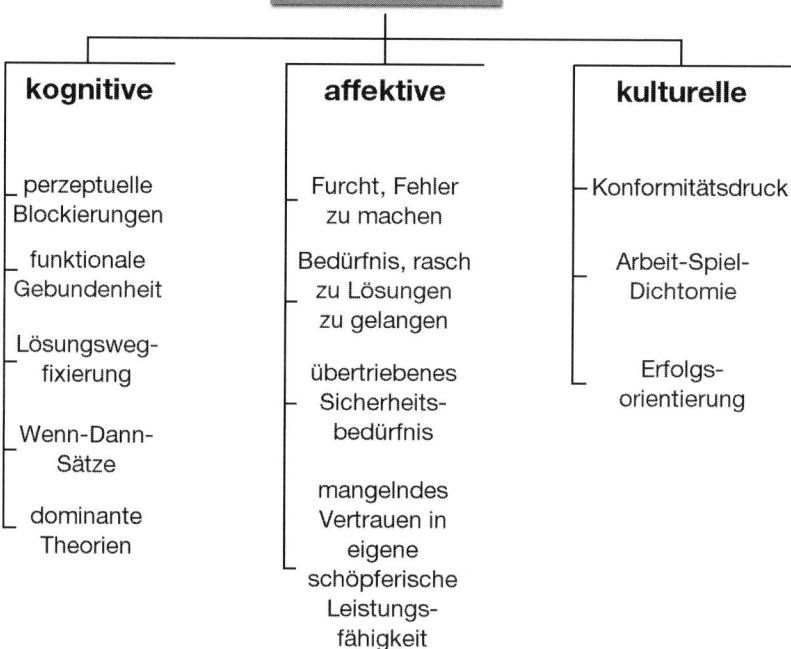

kognitive	**affektive**	**kulturelle**
perzeptuelle Blockierungen	Furcht, Fehler zu machen	Konformitätsdruck
funktionale Gebundenheit	Bedürfnis, rasch zu Lösungen zu gelangen	Arbeit-Spiel-Dichtomie
Lösungswegfixierung	übertriebenes Sicherheitsbedürfnis	Erfolgsorientierung
Wenn-Dann-Sätze	mangelndes Vertrauen in eigene schöpferische Leistungsfähigkeit	
dominante Theorien		

5. Kreativität und Gruppe

In der Regel wird Kreativität individualisiert. Kreativität und Gruppe, das scheint ein Widerspruch in sich zu sein. Darum wollen wir uns zunächst den Fragen zuwenden, welche Vorteile die Gruppenarbeit ganz allgemein bringt und welche Bedingungen zu berücksichtigen sind, wenn in einer Gruppe schöpferisch gearbeitet werden soll.

Vorteile der Gruppenarbeit

Es sind bisher verschiedene Experimente ersonnen worden, die die Leistungsvorteile der Gruppe ermitteln sollten. Mit Sicherheit lässt sich behaupten, dass die Arbeit in der Gruppe für bestimmte Arten von Leistungen von Vorteil ist. P. R. Hofstätter (1971) nennt zunächst die Leistungen vom „Typus des Tragens und Hebens", also alle jene Leistungen, die aufgrund der Kräfteaddition erbracht werden können; sodann die Leistungen vom „Typus des Suchens", bei denen das statistische Prinzip des Fehlerausgleichs der Gruppe einen Vorteil verschafft; neben diesen beiden tritt eine dritte Vorteilskategorie, nämlich Leistungen vom „Typus des Bestimmens", d. h., die Gruppe ist in der Lage, eine unklare Situation per Definition zu klären.

Leistungstypen

Die beiden letztgenannten Leistungstypen sind für die Methodik im kreativen Problemlösungsprozess von entscheidender Bedeutung, für die Kreativität selbst wäre jedoch ein anderer Maßstab zu wählen, etwa der, inwieweit Gruppen in der Lage sind, mehr und bessere Ideen zu entwickeln.

Die Gruppe verfügt hier nicht per se über einen Leistungsvorteil. Im Leistungsvorteil findet sich nicht die Gruppe schlechthin, wohl die *trainierte* Gruppe. In einem Vergleich zwischen kreativer Einzel- und Gruppenarbeit (wobei in beiden Fällen die gleiche Fertigkeit in der Handhabung kreativer Methoden angenommen wird) wird die Gruppe nur dann besser abschneiden, wenn sie – neben der Beherrschung entsprechender Kreativitätsmethoden – auch über ausreichende gruppendynamische Kenntnisse verfügt. Wobei es sich nicht um globale gruppendynamische Informationen handelt, sondern um gezielte Erfahrungen im Hinblick auf den Gruppenprozess.

trainierte Gruppe

Partizipation Um eine optimale Partizipation jedes Gruppenmitgliedes zu ermöglichen, sollten in gruppendynamischen Trainings vor allem die folgenden Fähigkeiten geübt werden:

Autonomie ● Personale Unabhängigkeit und Autonomie des einzelnen Gruppenmitgliedes,

Spontaneität ● Spontaneität, d. h. die Fähigkeit zur Zusammenarbeit mit einem geringen Maß an „Sperrungen in der Persönlichkeit des einzelnen" (Claessens, D., 1962, S. 497),

Kommunikations- ● Kommunikationsfähigkeit, d. h. die Fähigkeit, die verbalen
fähigkeit und nichtverbalen Stimuli sowie ihren semantischen und affektiven Hintergrund angemessen zu deuten sowie die eigenen verbalen und nichtverbalen Stimuli angemessen zu artikulieren. (Spangenberg, K., 1970,S.33)

Anzustreben sind Gruppen, die neben theoretischen und methodischen Kenntnissen aus dem Bereich der Kreativität auch über entsprechende gruppendynamische Informationen und Methoden verfügen.

Missverständnissen vorgreifend, soll direkt betont werden, dass hier nicht eine falsche Alternative zwischen Einzel- und Gruppenarbeit gemeint ist, sondern ein ,sowohl-als-auch'.

Neben den oben bereits angesprochenen allgemeinen Leistungsvorteilen der Gruppe sei hier noch auf drei weitere Vorteile hingewiesen, die insbesondere für den kreativen Problemlösungsprozess von großer Bedeutung sind:

Info-Pool, ● Die Gruppe als Informationspool,
Energiequelle ● als Energiequelle und
Selbstläufer ● kreativer „Selbstläufer" unter besonderen methodischen Rahmenbedingungen

5.1 Die Gruppe als Informationspool

Zur Verdeutlichung des Gemeinten sei eine im Trainingsteil ver-
NASA-Übung wendete Übung (1. Einheit) herangezogen. Sie läuft unter der Bezeichnung „NASA-Übung". Bei dem zu lösenden Problem handelt es sich darum, 15 verschiedene Gegenstände nach ihrer Bedeutsamkeit in eine Rangordnung zu bringen. Da sich das

Ganze nach einer Notlandung auf dem Mond abspielt, herrscht Unsicherheit über die Verwendbarkeit so verschiedener Gegenstände wie einem Magnetkompass, einem Erste-Hilfe-Koffer mit Injektionsnadel, 30 m^2 Fallschirmseide und anderem.

Die zunächst zu erarbeitende individuelle Rangordnung erbringt üblicherweise unter mehreren Teilnehmern eine durchschnittliche Abweichung von 40 und mehr Punkten von dem als richtig vorausgesetzten Auswertungsschlüssel. Die sich daran anschließende Kleingruppenentscheidung führt in der Regel zu einer Verbesserung um zehn Punkte, also eine durchschnittliche Abweichung um ca. 30 Punkte. Haben mehrere Kleingruppen an der Erstellung der Rangordnung gearbeitet, so besteht die Möglichkeit anschließend eine „mixed group" aus je ein oder zwei „Delegierten" der Kleingruppen zu bilden, die eine weitere Rangordnung erarbeitet. Erfahrungsgemäß vermindert sich die Punktzahl der Abweichung um weitere zehn Einheiten, sie liegt nunmehr bei ca. 20 Punkten.

Der dafür entscheidende Grund liegt nahe: Die fortgesetzten Gruppendiskussionen ermöglichen die Integration der Detailinformationen der einzelnen Gruppenmitglieder. Fast jeder verfügt über die Kenntnisse einzelner Fakten, die eine Verbesserung des gesamten Informationsstandes ermöglichen. Dieses Zusammentragen von Detailinformationen durch den mehrfachen Gruppenprozess ermöglicht nicht nur ein besseres Gesamtergebnis, sondern bietet auch einen höheren Grad an Sicherheit, als dies in der Einzelarbeit der Fall ist. (Bei dieser Übung wird vorausgesetzt, dass kein Experte anwesend ist. Es wird bewusst eine außergewöhnliche Situation gewählt, um möglichst viele Imponderabilien zu haben.)

Angemerkt sei, dass dieser (theoretisch durchaus einsichtige) Ablauf in der konkreten Übungssituation keineswegs zu einem besseren Gruppenergebnis führen muss. Fällt das Gruppenergebnis ungünstiger aus, so machen sich jene für den Kreativitätsprozess – aber auch für die alltägliche Gruppenarbeit – so **Störfaktoren** bedeutsamen gruppendynamischen Prozesse bemerkbar („Störfaktoren"), die nicht auf der kognitiven, sondern auf der affektiv-sozialen Ebene liegen.

Das bis hierher Erläuterte ist mit dem oben erwähnten statistischen Prinzip des Fehlerausgleichs identisch. Dieser „selbstverständlichste" Effekt des Informationspools illustriert die für die Kreativität bedeutsame Tatsache, dass jedes Gruppenmitglied über eine individuelle Informationsstruktur, verbunden mit unterschiedlicher Wahrnehmung, anderen Fähigkeiten, verschiedenartigen Vorerfahrungen und andersgearteten Denkstilen verfügt, was zur Folge hat, dass unterschiedliche Assoziationen ausgelöst werden.

Nicht so sehr der quantitative Effekt der Informationskumulation ist das eigentlich Interessante bei der Betrachtung des Informationspools, sondern mehr jener Effekt, der sich aus der unterschiedlichen Informationsstruktur und -dynamik ergibt.

Die Bedeutung des Informationspools liegt nicht primär auf der Quantität der Informationen, sondern vielmehr auf ihrem Verarbeitungsprozess.

Pooling-Effekt Der „Pooling-Effekt" hat neben der Addition von Informationen noch einen synergetischen Effekt, d. h., durch den Transfer von Informationen werden neue Assoziationen und Kombinationen ermöglicht. So wird beispielsweise die Idee eines Gruppenmitgliedes von anderen Mitgliedern unter neuen Perspektiven aufgegriffen. Es kommt zu Gedankenverbindungen, durch die die Informationen plötzlich in anderen Zusammenhängen stehen. So kann ein „unsinnig" erscheinender Vorschlag Assoziationen stimulieren, die zu neuen Lösungsansätzen führen.

Der „Pooling-Effekt" (Kelly, H. H. und Thibaut, J. W., 1969, S. 61 ff.) bewährt sich in allen Phasen des kreativen Problemlösungsprozesses: Aufgrund der größeren Informationsmenge müssten mehr Aspekte eines Problems wahrgenommen, mehr Problem-Formulierungen erarbeitet, eine größere Anzahl von Assoziationen während der Ideen-Findung ermöglicht, mehr Bewertungskriterien und Realisierungsvorschläge zusammengestellt werden.

Die Forderung, Gruppenarbeit einzusetzen, ist keine Modeerscheinung, sie ist vielmehr die eindeutige Konsequenz aus den Erkenntnissen der Informationstheorie. Die Kreativitätsmethodik zielt – diese Erkenntnisse nutzend – auf die Arbeit in der Gruppe ab, vorausgesetzt, die Gruppe ist sich vor allem über die zu schaffenden internen Bedingungen im klaren, auf die weiter unten näher eingegangen wird.

5.2 Die Gruppe als Energiequelle

In einem Kreativteam kommt es nicht nur darauf an, individuelle Energien zu mobilisieren, sondern sie möglichst auch zu potenzieren. Die Gruppe sollte wie ein Schmelztiegel sein, in welchem sich Energien konzentrieren und dadurch Spannung und Dynamik erzeugen.

Durch die Arbeit in der Gruppe sollten die einzelnen Gruppenmitglieder zu „einzigartigen und besseren Leistungen" angeregt werden. (Kelly, H. H. und Thibaut, J. W., 1969, S. 68)

A. Kaufmann u. a. bezeichnet deshalb die Gruppe als „soziales Stimulans" (1972, S. 40). Dieses Stimulans dürfte weniger die Folge eines Wettbewerbsmechanismus sein, als vielmehr die Entwicklung dessen, was C. Rogers die „psychologische Sicherheit" und „psychologische Freiheit" nennt (siehe Ausführungen unter 5.3.12). **Soziales Stimulans**

In einem trainierten Kreativteam, in welchem das einzelne Gruppenmitglied psychische und soziale Sicherheit erfährt, wird die Bereitschaft zum intellektuellen Risiko wesentlich gesteigert.

In der Fachsprache spricht man von einem „risky-shift"-Phänomen, d. h., bei Problemstellungen, die Lösungsalternativen mit einem unterschiedlichen Grad an Ungewissheit aufweisen, gehen Gruppen eher ein größeres Risiko ein als Einzelpersonen. Die Differenz zwischen dem Risikoniveau von Einzelpersonen und dem Risikoniveau einer anschließenden Gruppenentscheidung mit denselben Personen wird als „shift" bezeichnet. Die Feststellung, dass von Einzel- zu Gruppenentscheidungen ein „Risikoschub" (Irle, M., 1971, S. 173) zu verzeichnen ist, führt zum Begriff des „risky-shift"-Phänomens. **risky-shift-Phänomen**

Wenn jedes Gruppenmitglied weiß, dass es seiner Phantasie freien Lauf lassen kann, dass andere in den Imaginations-Prozess mit einsteigen, dass man sich gegenseitig fördert, dass jeder mit den Gedanken des anderen weiterspielen kann, dass das Kon-

strukt ein gemeinsames ist, dann wird dadurch Energie freige-
setzt, die die Gruppenmitglieder oft selbst gar nicht vermutet
hätten.

5.3 Charakteristika einer „idealtypischen" Kreativitätsgruppe

Um auf die Kriterien aufmerksam zu machen, die für eine
Kreativitätsgruppe von Bedeutung sind, ist den folgenden Ausführungen so etwas wie eine „idealtypische" Kreativitätsgruppe
zugrundegelegt worden. Dabei wird an allgemeine Kriterien der
Gruppenstruktur und des Gruppenprozesses angeknüpft.

Die Aussagen beziehen sich überwiegend auf die Binnen-
struktur bzw. den Binnenprozess, nur gelegentlich werden externe Komponenten angesprochen.

5.3.1 Zielsetzung

Zielklarheit „1957 wurde von Raven und Rietsema an der Universität von
Nijmwegen eine Untersuchung durchgeführt. Man wollte den
Effekt von verschiedenen Klarheitsgraden bezüglich des
Gruppenzieles auf Gruppenmitglieder und auf ihr Verhältnis zur
Gruppe feststellen… . Die Ergebnisse zeigten:

- Je größer die Klarheit der Gruppensituation ist, umso mehr
  wird sich ein Gruppenmitglied von einer Aufgabe, die in en-
  gem Zusammenhang mit dem Gruppenziel steht, angezogen
  fühlen.
- Je größer die Klarheit des Zieles ist, umso weniger wird das
  Individuum die Spannung, die von einer nicht auf dieses Ziel
  gerichteten Tätigkeit stammt, empfinden.
- Je größer die Klarheit der Gruppen-Situation ist, umso weniger werden Individuen feindselige Gefühle entwickeln.
- Es scheint, dass die Klarheit der Gruppensituation die
  Gruppenmitglieder dazu veranlasst, ihre eigene Arbeit posi-
  tiver einzuschätzen.
- Ebenso verhält es sich mit dem Gefühl der Gruppenzuge-
  hörigkeit beim Individuum, d. h., mit wachsender Klarheit der

Gruppensituation erhöht sich die Identifikation mit der Gruppe, die Mitverantwortung an der Arbeit und die Sympathie für die Gruppe." (Sbandi, P., 1973, S. 110 f.)

Für die Kreativitätsgruppe ist es von besonderer Bedeutung, neben den Gruppenzielen auch die individuellen Zielsetzungen zu klären. Was soviel bedeutet wie, die Motivation der einzelnen Gruppenmitglieder abzuklären. Ist jemand beispielsweise aus Neugierde dabei und versteht sich selbst mehr als Beobachter, der diesen Prozess einmal miterleben will, so kann dies für die Gruppe sehr belastende Auswirkungen haben. Jeder in der Gruppe sollte vor allem daran interessiert sein, Ideen zu entwickeln und Lösungen zu finden. **Individuelle Zielsetzung**

Erst wenn in der Gruppe Sachzielsetzung und individuelle Zielsetzungen gleichgerichtet sind, wird die Gruppe überdurchschnittliche Leistungen erbringen.

Was die Zielsetzung im Hinblick auf die konkret vorliegende Problemstellung betrifft, so kann nur die Empfehlung von P. Rosenthal (1974, S. 44) zitiert werden: „Ich warne davor, dass man mehr als die allgemeine Richtung bestimmt; man darf die wilden Sprünge der Kreativen nicht zu sehr bremsen. Als Bergsteiger würde ich sagen; eine Kreativitätsrichtung muss sein… . Aber zur Aufstiegsroute darf man den Kreativen nichts, aber auch gar nichts sagen. Das wäre schon das erste Hemmnis."

5.3.2 Gruppengröße

Die bisher vorliegenden empirischen Untersuchungen erlauben keine allgemeinen Rückschlüsse auf eine optimale Gruppengröße.

„Gibb (1951) verglich Gruppen aller Größen von 2–96 Mitgliedern, von denen jede eine halbe Stunde lang ein Problem diskutierte. Er wies nach, dass die Produktivität der Gruppe mit zunehmender Gruppengröße, gemessen an ihrem erreichten Resultat, abnahm". (Sjolund, A., 1974, S.81)

Die Erfahrungen und Experimente im Hinblick auf Kreativgruppen lassen eine Größe von fünf bis sieben Mitglieder als empfehlenswert erscheinen. **5–7 Mitglieder**

Weniger Gruppenmitglieder bedeutet eine überproportionale Leistungsanforderung an den einzelnen. Mehr Gruppenmitglieder behindern vor allem die Spontaneität und führen deshalb leicht zur Bildung von Subgruppen. Außerdem besteht bei einer größeren Mitgliederrunde viel leichter die Möglichkeit für den einzelnen, sich dem Prozess zu entziehen. Was auch auf eine zeitweilige gedankliche Abwesenheit bezogen ist. Der Kreativitätsprozess erfordert eine ständige Anwesenheit und Gegenwart aller; selbst wenn das einzelne Gruppenmitglied eine Zeitlang schweigt, so muss es doch die Aktivitäten der anderen verfolgen. Die Nicht-Mitarbeit eines Gruppenmitgliedes ist nicht nur ein sachlicher Verlust, genauso wesentlich ist die Tatsache, dass dadurch auch die Arbeit der anderen behindert werden **Passive** kann. Meist fühlen sich die übrigen Gruppenmitglieder veran-**Mitglieder** lasst, den „Passiven" wieder zu aktivieren. Dies bedeutet nicht nur eine zeitliche Verzögerung, vor allem kann es passieren, dass der Gedankenfluss unterbrochen wird und eine erneute Fortsetzung, wenn überhaupt, so erst nach erheblichen Anstrengungen möglich ist. Eine im Prozess sich befindende Kreativgruppe ist ein äußerst sensibles Instrument, jede Regression führt leicht zu einer Verstimmung, zumindest aber zu einer Reduktion der konstruktiven Spannung.

Die Begrenzung der Gruppe auf fünf bis sieben Mitglieder ist auch aus visuellen Gründen ratsam. Jeder Teilnehmer soll möglichst jeden anderen ständig sehen können.

5.3.3 Heterogenität

Kreativgruppen sollten im Hinblick auf die Individual- wie auch die Sozialmerkmale möglichst heterogen sein. Mit den Individualmerkmalen sind die oben bereits dargestellten Persönlichkeitsmerkmale gemeint. Unter den Sozialmerkmalen werden vor allem die unterschiedlichen, bildungsmäßigen Voraussetzungen und die Verschiedenartigkeit der beruflichen Tätigkeitsmerkmale verstanden.

Eine Gruppe, in der der Mediziner neben dem Maler, der Chemiker neben dem Musiker und der Ingenieur neben dem Sozio-

logen sitzt, verfügt über ein umfangreicheres Informationspotential und dürfte deshalb schöpferischer sein als ein Team,
das sich ausschließlich aus Architekten zusammensetzt, wenn es
etwa darum geht, Probleme des Städtebaues zu bewältigen.

Die heterogen zusammengesetzte Gruppe verfügt aber nicht
nur über die größere Informationsmenge, ihre Mitglieder verfügen auch über unterschiedliche Denkstile. Aufgrund der Ausbil-
dung und der Eigenarten der einzelnen Berufe werden verschiedene Arten und Weisen in der Gruppe integriert, wie man etwa
ein Problem bearbeitet:

Der Mediziner, der an eine Diagnose gewöhnt ist; der Maler,
der Formen und Raumaufteilungen beherrscht; der Chemiker,
der Analysen erstellt... .

Neben der beruflichen Vielschichtigkeit sollte auch auf Unter- **Hobbies**
schiedlichkeit im Hinblick auf die Interessen und Hobbys geach-
tet werden. Neben der Vielfalt der Charaktere und der beruflichen Tätigkeiten agiert so der Numismatiker (Münzsammler)
neben dem Hobbyarchäologen, der Reiter neben dem Antiquitä-
tensammler.

Weiterhin sollten eine Parität der Geschlechter sowie eine brei- **Alter**
te Streuung der Altersgruppen vorhanden sein.

Neben der Notwendigkeit der Heterogenität in der Zusam- **Grenzen**
mensetzung einer Gruppe bestehen aber auch deutliche Grenzen: Die Teilnehmer müssen über alle Unterschiede hinweg in
der Lage sein, den anderen zu verstehen. Der zeitliche Aufwand
zur Entwicklung einer gemeinsamen Sprachregelung muss in einer vernünftigen Relation zur Aufgabenstellung stehen.

Im Falle eines professionellen Kreativitätsteams ist äußerste
Sorgfalt auf die Auswahl und Zusammensetzung der Gruppe zu
legen. W. J. J. Gordon beschreibt einen solchen Prozess bei der
Auswahl der Mitglieder einer Synectic-Gruppe.

5.3.4 Hierarchie

Mit Hierarchie ist der Unterschied des verschiedenen Status und
der Rollen der Gruppenmitglieder gemeint. Es geht dabei nicht
allein um den gesellschaftlich bedingten Status und die ihm ent-

sprechenden Rollen, sondern ebenso nur Status und Rollen *innerhalb* der Gruppe, obgleich die gesellschaftlich bedingten Zuweisungen nicht davon getrennt werden können.

Zum ersten Aspekt schreibt P. Rosenthal (1974, S. 46): „Wer eine Kreativitätsgruppe zusammenstellt, muss nach meiner Erfahrung den hierarchischen Grad der Mitglieder bis zum Extrem ignorieren … .“

Status Der entscheidende Nachteil der statusmäßigen Differenzierung in einer Kreativitätsgruppe ist, dass die statusmäßig „Unterprivilegierten“ bei der Äußerung ungewöhnlicher und ausgefallener Ideen stark beeinträchtigt sind.

Weiterhin konnte ermittelt werden, dass die Beiträge der rangniedrigeren Gruppenmitglieder den geringeren Einfluss auf die von der Gruppe letztlich vorgeschlagenen Ideen haben. (Hoffmann, R. L., 1965, S. 108) Auch Untersuchungen von E. P. Torrance bei der Air Force bestätigten die Aussage, dass rangniedrigere Mitglieder die Gruppenentscheidungen am wenigsten beeinflussten. (1955, S. 482 ff.)

Für die Verteilung von Rollen in der Gruppe sollte der Zweck bzw. das Ziel ausschlaggebend sein. Aus den verschiedenen Versuchen, die Rollenfunktionen in einer Gruppe zu unterscheiden, dürfte für das Kreativteam vor allem die Unterscheidung „zwischen Rollen, die vorwiegend Aufgabenrollen sind und solchen die vorwiegend Erhaltens- und Aufbaurollen sind“ (Antons, K., 1973, S. 226 f.), von besonderer Bedeutung sein:

Aufgabenrollen *Aufgabenrollen*

● Initiative und Aktivität = Lösungen vorschlagen, neue Ideen vorbringen, neue Definitionen eines gegebenen Problems versuchen, neues In-Angriff-Nehmen des Problems, Neu-Organisation des Materials
● Informationssuche = Frage nach genauerer Klärung von Vorschlägen nach ergänzenden Informationen oder Tatsachen.
● Meinungserkundung = Versuche, bestimmte Gefühlsäußerungen von Mitgliedern zu bekommen, die sich auf die Abklärung von Werten, Vorschlägen oder Ideen beziehen.
● Informationen geben = Angebot von Tatsachen oder Gene-

ralisierungen. Verbinden der eigenen Erfahrungen mit dem Gruppenproblem, um daran bestimmte Punkte und Vorgänge zu erläutern.

- Meinung geben = Äußern einer Meinung oder Überzeugung, einen oder mehrere Vorschläge betreffend, speziell eher hinsichtlich seines Wertes als der faktischen Basis.
- Ausarbeiten = Abklären, Beispiele geben oder Bedeutungen entwickeln, Versuche, sich vorzustellen, wie ein Vorschlag sich auswirkt, wenn er angenommen wird.
- Koordinieren = Aufzeigen der Beziehungen zwischen verschiedenen Ideen oder Vorschlägen; Versuch, Ideen und Vorschläge zusammenzubringen; Versuch, die Aktivitäten verschiedener Untergruppen oder Mitglieder miteinander zu vereinigen.
- Zusammenfassen = Zusammenziehen verwandter Ideen oder Vorschläge; Nachformulierung von bereits diskutierten Vorschlägen zur Klärung.

Erhaltungs- und Aufbaurollen　　　　　　　　　　　　**Aufbaurollen**

- Ermutigung = Freundlichsein, Wärme, Antwortbereitschaft gegenüber anderen; andere und deren Ideen loben; Übereinstimmen und Annehmen von Beiträgen anderer.
- Grenzen wahren = An die gemeinsam akzeptierten Gruppennormen von Zeit zu Zeit erinnern, um dadurch der Gruppe die Möglichkeit einzuräumen, die selbstgesetzten Grenzen zu verändern.
- Regeln bilden = Formulierung von Regeln für die Gruppe, die für Inhalt, Verfahrensweisen oder Entscheidungsbewertungen gebraucht werden sollen; Erinnerung der Gruppenmitglieder, Entscheidungen zu vermeiden, die mit den Regeln kollidieren.
- Folge leisten = Den Gruppenentscheidungen folgen, nachdenklich die Ideen anderer annehmen und anhören.
- Ausdruck der Gruppengefühle = Zusammenfassung, welches Gefühl innerhalb der Gruppe zu spüren ist. Beschreiben der Reaktionen der Gruppenmitglieder, Mitteilungen von Beobachtungen und unbewussten Reaktionen von Gruppenmitgliedern geäußerten Ideen oder Lösungen gegenüber.

● Auswerten = Überprüfen der Gruppenentscheidungen im Vergleich zu den Regeln; Vergleich der Bemühungen im Verhältnis zum Gruppenziel.

● Diagnostizieren = Bestimmen der Schwierigkeitsquellen und der situationsgerechten nächsten Schritte; Analysieren der Haupthindernisse, die sich dem weiteren Vorgehen entgegenstellen.

● Übereinstimmung prüfen = Versuchsweise nach der Gruppenmeinung fragen, um herauszufinden, ob die Gruppe sich einer Übereinstimmung für eine Entscheidung nähert. Versuchsballon loslassen, um die Gruppenmeinung zu testen.

● Vermitteln = Harmonisieren, verschiedene Standpunkte miteinander versöhnen, Kompromisslösungen vorschlagen.

● Spannungen vermindern = Negative Gefühle durch einen Scherz ableiten, beruhigen, eine gespannte Situation in einen größeren Zusammenhang stellen.

Welche Rollen in den verschiedenen Phasen der kreativen Problemlösungsprozesse zum Tragen kommen, ist nicht zuletzt von dem gewählten methodischen Vorgehen abhängig. Entscheidend ist jedoch, dass die Gruppenmitglieder diese Rollenfunktionen kennen und flexibel anwenden können. Um eine Rollenfixierung zu vermeiden, sollte es in einem Kreativteam keinen ständigen Leiter geben. Diese Rolle sollte von den Gruppenmitgliedern abwechselnd wahrgenommen werden.

5.3.5 Aktivität

Gemeint ist mit diesem Stichwort zweierlei: Zum einen der Zeitaufwand und zum anderen die „Strapazen" (Anstrengungen), die sich mit der Arbeit in einem Kreativteam verbinden.

Für eine einzige Sitzung des Kreativteams wird man einen Zeitaufwand von drei bis vier Stunden veranschlagen müssen; wobei die notwendige Zeit auch von der gewählten Methode abhängig ist.

Es hat sich als zweckmäßig erwiesen, eine zweistündige Sitzung für die Problem-Formulierung und Ideen-Findung sowie weitere zwei Stunden für die Evaluierung und Realisierung vorzusehen. Nach etwa einer Stunde erreicht die Leistungsfähigkeit ihren Höhepunkt, danach tritt eine gewisse Müdigkeit ein, die kurz vor dem Ende einer Sitzung noch einmal durch einen starken Leistungsanstieg abgelöst wird. Während der Ermüdungsphase werden häufig die originellsten Ideen geäußert. Der Grund dafür scheint darin zu liegen, dass in dieser Phase die „innere" Bewertung auf ein Minimum reduziert ist. Darum sollte die Ideen-Findung nicht zu früh abgebrochen werden. **Ermüdungsphase**

Neben diesen drei- bis vierstündigen Sitzungen haben sich auch zwei- bis dreitägige Klausurtagungen bewährt, bei denen dann mehrere Probleme bearbeitet werden können. In diesem Fall liegt ein weiterer Effekt darin, mit zwei Gruppen und je einem Moderator/in zu arbeiten. Für die Evaluierung und Realisierung werden die Ideenlisten gegenseitig ausgetauscht.

Diese Hinweise sollten verdeutlichen, dass der kreative Prozess als eine Anstrengung erfahren wird. Die Teilnehmer haben anschließend das Gefühl, ziemlich „ausgelaugt" zu sein; vergleichbar einem Sportteam, das alle seine Kräfte einsetzt, um ein Turnier zu gewinnen.

5.3.6 Integration

Unter Integration soll verstanden werden, wie leicht oder wie schwer es einer Gruppe fällt, ein neues Gruppenmitglied aufzunehmen. Dass eine Kreativgruppe ein sensibles Instrument ist, haben wir bereits betont. Ein Gruppenmitglied kann nicht ohne weiteres durch ein anderes ausgewechselt werden. Dem steht gegenüber, dass die Gruppe flexibel bleiben soll. Um die Dynamik zu erhöhen und gleichzeitig Neulinge mit den Bedingungen der Praxis vertraut zu machen, sind zwei Vorgehensweisen besonders zu empfehlen: **Definition**

● Es wird von vornherein vereinbart, dass bei jeder Sitzung ein Gruppenmitglied pausiert (z. B. nach jener Sitzung, in welcher das betreffende Gruppenmitglied die Leitungsfunktion inne hatte) und dafür ein neues Mitglied hinzugenommen wird, oder

● das Team bleibt in der Besetzung unverändert und ein weiterer Teilnehmer nimmt als „Praktikant" an den Sitzungen teil, wobei ein Gruppenmitglied den „Praktikanten" vorab mit der „Geschichte" des Teams und seinem Arbeitsstil vertraut macht.

Eine weitere Variante besteht darin, möglichst viele Personen mit den Prinzipien und Methoden der Kreativität sowie mit den entsprechenden gruppendynamischen Kenntnissen auszurüsten, um dann je nach Problemstellung eine Gruppe von Personen zusammenzustellen, die sich besonders für die Lösung dieses Problems interessieren. Praktisch kann dies so geschehen: Die verschiedenen Probleme werden per Aushang den Interessenten mitgeteilt; diese tragen sich in eine beigefügte Liste ein. Sind fünf oder sechs Personen beisammen, so einigt man sich über Arbeitsstil und Methoden, und die Ideen-Findung kann beginnen.

5.3.7 Autonomie

Unter diesem Stichwort wird sowohl die Unabhängigkeit der Gruppe im Hinblick auf externe Kontakte als auch das interne Beziehungsgeflecht angesprochen.

Die Frage der Autonomie ist für die konkrete Arbeit von besonderer Bedeutung. Es würde den Rahmen dieser Arbeit sprengen, wollte man auch nur Teilbereiche zureichend erörtern. So hat der Hinweis auf die Autonomie hier mehr die Funktion eines Merkpostens. Ein Aspekt sei jedoch kurz diskutiert: Die Autonomie der Gruppe im Hinblick auf ihr „Innenleben".

Was sich während eines kreativen Problemlösungsprozesses in einer Gruppe abspielt, hat Außenstehende nicht zu interessieren. Der Prozess gehört der Gruppe und nur ihr allein. Die Ergebnisse erhalten möglicherweise andere Leute, aber es hat keinen Außenstehenden zu interessieren, wie die Gruppe zu diesen Ergebnissen gelangt ist. Wenn die Gruppe es wünscht, so werden die Aufzeichnungen vernichtet und die Tonbänder anschließend gelöscht.

Zu einer der grundlegenden Übereinkünfte, die zu Beginn der Zusammenarbeit in einer Kreativgruppe getroffen werden sollten, gehört die Norm: Was während der Kreativitätssitzungen passiert, das bleibt in der Gruppe.

5.3.8 Normen

Die Prinzipien der Kreativität im allgemeinen und die der einzelnen Methoden im besonderen bedingen die Einhaltung bestimmter heuristischer Empfehlungen. Dabei handelt es sich zum Teil um Normen, die das Verhalten der Gruppenmitglieder in bestimmten Situationen regulieren. Die meisten Methoden stecken lediglich einen Rahmen ab, in dem sich die Gruppe während des Prozesses bewegen soll. Das Feld möglicher Verhaltensweisen wird bewusst offen gehalten. Dies stellt jedoch besondere Anforderungen an die Gruppenmitglieder, die über eine große Toleranzbreite verfügen müssen.

Die in der Kreativgruppe geltenden Normen sind so etwas wie ein Orientierungsrahmen, der von den Gruppenmitgliedern allerdings als wertvoll und nützlich definiert werden sollte, um dadurch eine bessere Verinnerlichung der Normen zu ermöglichen. Ein Kreativteam arbeitet dann zufriedenstellend, wenn niemand mehr andere Gruppenmitglieder auf die Einhaltung bestimmter Normen aufmerksam zu machen braucht.

Es ist zu erwarten, dass die verinnerlichten Normen zur kreativen Gruppenarbeit auch auf „alltägliche" Situationen ausstrahlen; dies kann im Umgang mit unvorbereiteten Zeitgenossen zu einigen Schwierigkeiten führen. Darüber sollte sich der Einzelne im klaren sein.

5.3.9 Flexibilität

Unter Flexibilität soll die Art und Weise verstanden werden, wie die Aktivitäten in der Gruppe durch formelle oder informelle Verfahren geregelt werden.

Gruppenmitglieder, die ein Kreativitätstraining absolviert haben, sind in der Lage, selbst zu entscheiden, nach welcher Methode sie im Hinblick auf eine konkrete Problemstellung vorgehen wollen, d. h., die Gruppe stellt ihr heuristisches Design selbst zusammen. Es kann ihr also nicht vorgeschrieben werden, mit welcher Methode sie an ein gegebenes Problem heranzugehen hat. Auch wenn man sich in der Gruppe zu einem gemeinsamen Vorgehen entschlossen hat, sind methodische Umstellungen und Variationen nicht außergewöhnlich. Die Methode hat eine Vehikel-Funktion, sie ist Werkzeug und Hilfsmittel und keineswegs ein einengendes Korsett.

Es kann also leicht zu einem Konflikt kommen, der durch die methodische Flexibilität einzelner Gruppenmitglieder ausgelöst wird. Im Zweifel zugunsten des Angeklagten, hier also der Flexibilität. Die Einigung auf eine Vorgehensweise hat für eine Kreativgruppe den Sinn, von Formalismen und sonstigen Gewohnheiten befreit zu werden. Man sollte sich von Zeit zu Zeit ins Bewusstsein rufen, wie rasch eine Methode sich verselbständigen kann.

Besonders sei auf informelle Prozesse aufmerksam gemacht, wie beispielsweise bestimmte verbale und non-verbale Kommunikationsstile, die sich leicht in einer Gruppe entwickeln und dadurch die Flexibilität entscheidend hemmen können. Die Reflexion der Verhaltensweisen der Gruppenmitglieder wird erleichtert, wenn von Zeit zu Zeit Gäste oder die oben erwähnten „Praktikanten" ihre Beobachtungen zur Diskussion stellen.

5.3.10 Stabilität

„Eine Gruppe kann als stabil betrachtet werden, wenn durch längere Zeit die wesentlichen Elemente ihrer Struktur unverändert bleiben. Zu diesen gehören die Mitglieder, das Normen- und Rollensystem, die allgemeinen und spezifischen Zielsetzungen." (Sbandi, P., 1973, S. 146)

Es ist auch für eine Kreativgruppe schwer, Gewohnheiten zu vermeiden und Erstarrungen zu verhindern. Es empfiehlt sich, eine konstante Kreativgruppe nicht länger als zwei Jahre bestehen zu lassen, danach sollte die Gruppe aufgelöst und ihre Mitglieder in neu zusammengestellten Teams integriert werden.

5.3.11 Kommunikation

Watzlawick, Beavin und Jackson (1972, S. 50 f.) bezeichnen als Kommunikation die einseitige Mitteilung von einer Person an eine andere. Ein wechselseitiger Ablauf von Mitteilungen zwischen zwei oder mehr Personen wird als Interaktion definiert. Außerdem betonen die Autoren, dass „das ‚Material' jeglicher Kommunikation keineswegs nur Worte sind, sondern auch alle para-linguistischen Phänomene (wie z. B. Tonfall, Schnelligkeit oder **Paralinguistische** Langsamkeit der Sprache, Pausen, Lachen und Seufzen), Körper- **Phänomene** haltung, Ausdrucksbewegungen (Körpersprache usw.) innerhalb eines bestimmten Kontextes umfasst – kurz, Verhalten jeder Art".

Jedes Verhalten in zwischenmenschlichen Beziehungen hat Mitteilungscharakter. Watzlawick et al. (1972, S. 53) fassen die- **Watzlawick-** sen Tatbestand in dem Axiom zusammen: „Man kann nicht nicht **Axiom** kommunizieren." Zur Verdeutlichung dieses Axioms ein Beispiel der Autoren: (S. 51) „Der Mann im überfüllten Wartesaal, der vor sich auf den Boden starrt oder mit geschlossenen Augen da-sitzt, teilt den anderen mit, dass er weder sprechen noch ange-sprochen werden will, und gewöhnlich reagieren seine Nachbarn richtig darauf, indem sie ihn in Ruhe lassen. Dies ist nicht weniger ein Kommunikationsaustausch, als ein anregendes Gespräch."

Wie kann die Kommunikation in einer Kreativgruppe verbes-sert werden?

Zunächst einmal, indem man die Gruppenmitglieder für die Schwierigkeiten der Kommunikation bzw. der Interaktion sensi-bilisiert. Dies kann geschehen, indem sie die Störanfälligkeit sol-cher Prozesse erfahren.

„Gerade aufgabenzentrierte Gruppen, die von längerem Be- **Doppeltes** stand sind, sind ständig mit einem doppelten Kommunikations- **Problem** problem konfrontiert: Einerseits hat die Gruppe eine Aufgabe zu erfüllen und andererseits die zwischenmenschlichen Beziehun-gen in der Gruppe aufrechtzuerhalten. Man kann dies als zwei Ebenen von Problemen verstehen, die sich ständig gegenseitig beeinflussen. Anders formuliert besteht in der Gruppe nebenein-ander die Arbeitsebene und die emotionale Ebene. Gefühlsmäßi-ge Einstellungen von Gruppenmitgliedern zur Arbeit haben großen Einfluss auf das Ausmaß und die Qualität der Leistung. Außerdem ist in jeder Gruppe eine Vielzahl von Gruppenzielen und individuellen Zielen vorhanden. Nicht alle diese Ziele sind jederzeit offen und für alle transparent. Manche können auch von Gruppen oder von einzelnen in Gruppen nicht anerkannt werden, für die Dynamik der Gruppe sind sie jedoch mindestens genauso wirksam. Man bezeichnet dies – und hier wäre ein dritter Problembereich – als offene Agenda und versteckte Agenda." (Antons, K., 1973, S. 91)

Jeder hat die Tendenz, Selbstgespräche zu führen. Jeder hat die Tendenz, den Faden seiner Gedanken zu verfolgen. Zwar hört er die anderen, aber er hört ihnen nicht zu. Man muss methodisch trainieren und versuchen, im eigenen Kopfe die Wörter der anderen vibrieren zu lassen, damit daraus ein Echo entsteht.

Die Wirksamkeit der verbalen Assoziationen ist einer der Schlüssel, die für den Erfolg der Gruppe entscheidend sind. **Kommunikations-** Schließlich muss man über die verbale Kommunikation hinaus zu **niveau** einem tieferen Kommunikationsniveau innerhalb der Kreativgruppe gelangen. Man muss die anderen erraten können. Man muss mit ihnen so eng verbunden sein, dass man ihre Gedanken fühlt, selbst wenn sie falsch oder unvollständig formuliert werden. Das ist so etwas wie Gedankenübertragung. Deshalb ist es sehr nützlich, die verschiedenen Ebenen der Kommunikation in das Training einer Kreativgruppe mit einzubeziehen. Neben verbalen gehören vor allem auch non-verbale Übungen ins Trainingsprogramm, kurz „Verhalten jeder Art", im Sinne der oben zitierten Definition. Dies setzt jedoch ein hohes Maß an Vertrauen voraus; Vertrauen gegenüber sich selbst, zu den anderen und der Leistungsfähigkeit der Gruppe.

5.3.12 Vertrauen

Das, was mit Vertrauen gemeint ist, wird wohl am besten in den zwei Bedingungen erfasst, die C. Rogers in seinem Beitrag „Toward a Theory of Creativity" mit den Begriffen „psychologische Sicherheit" und „psychologische Freiheit" beschreibt. (Parnes/Harding, 1962, S. 70 f.)

Die „psychologische Sicherheit" wird durch drei miteinander verbundene Prozesse erreicht·

Psychologische Sicherheit

- Indem jeder einzelne in seiner Ursprünglichkeit akzeptiert und ihm die Möglichkeit gelassen wird, seine Spontaneität auszuagieren;
- indem eine Atmosphäre entwickelt wird, in die keine äußere Bewertung eindringt;
- indem man sich in die Vorstellungswelt der/des anderen einzufühlen versucht; in Abwandlung einer alten Indianer-Weisheit: in den Mokassins des anderen zu gehen versucht.

Erst die Entwicklung dieser Bedingungen werden die Gruppenmitglieder bereit und fähig machen, sich selbst zu öffnen und gleichzeitig die Umwelt neu zu organisieren.

Von „psychologischer Freiheit" spricht Rogers, wenn dem Individuum eine vollkommene Freiheit des symbolischen Ausdrucks ermöglicht wird. Diese gewährende Haltung gibt dem einzelnen die völlige Freiheit zu denken, zu fühlen, zu sein, was immer er zu sein wünscht. Es gestattet dem Individuum das spontane und zugleich spielerische Experimentieren mit Wahrnehmungen, Konzepten und Bedeutungen. Diese Bedingungen ermöglichen das notwendige

- Vertrauen zu sich selbst. Die Gruppe muss dem einzelnen helfen, seine schöpferischen Fähigkeiten zu kultivieren. Wer aufgrund konkreter Erfahrungen von seiner eigenen Kreativität überzeugt ist, der ist auch in der Lage, andere zu stimulieren;

Selbstvertrauen

- Vertrauen vor den anderen, das will besagen, nicht auf sein Image bedacht sein zu müssen; sich nicht davor fürchten zu müssen, als Utopist oder Phantast abgestempelt zu werden, vor allem aber keine Angst vor Kritik und Deklassierung haben zu müssen; das bedeutet, seinen Gedanken freien Lauf zu lassen, die Phantasien träumen zu können, mit den Assoziationen zu spielen;

Fremdvertrauen

- Vertrauen zu den anderen, die die eigenen Gedanken aufgreifen und weiterentwickeln werden, die neue Impulse vermitteln, die an der gemeinsamen Lösungsfindung ebenso interessiert sind, wie man selbst und die deshalb ebenfalls ihre gesamte Kapazität in den Problemlösungsprozess einbringen;

● Vertrauen in die Gruppe, deren Ideenpotential quasi unerschöpflich ist.

5.3.13 Klima

Das Klima – man könnte auch von Atmosphäre sprechen – bezeichnet die Art und Weise wie die Gruppenmitglieder miteinander umgehen. Für ein Kreativteam ist es undenkbar, dass ein „frostiges" Klima herrscht oder eine „gereizte" Atmosphäre. Dies bedeutet nicht, dass alles in bester Harmonie zu sein braucht, und dass es keine Reibereien und Uneinigkeiten gibt. Entscheidend ist nur der Stil, mit dem die Gruppe diese Schwierigkeiten bewältigt; die Offenheit, die zwischen den Gruppenmitgliedern herrscht.

5.3.14 Kohäsion

Dieser der Physik entlehnte Begriff bezeichnet jene Kräfte, die die verschiedenen Gruppenmitglieder untereinander verbinden.

Für eine Kreativgruppe dürfte die Verwirklichung ihrer Ideen und Vorschläge der wichtigste Faktor für ihren Zusammenhalt sein. Deshalb muss die Gruppe sich auch um die Realisierung ihrer Vorschläge bemühen. Die Gruppe muss deshalb unbedingt darüber informiert werden, was aus ihren Anregungen geworden ist. Es gibt wohl kaum etwas demoralisierenderes für ein Kreativteam als den Eindruck, für den Papierkorb zu produzieren.

Kurt Lewin sah die Kohäsion als das Ergebnis zweier Arten von Kräften an:
● Die treibenden und
● die hemmenden Kräfte.

Unter den letzteren sind alle jene Kräfte zu verstehen, die den Zusammenhalt der Gruppe von außen fördern. Derartige Kräfte können für ein Kreativteam nur von sekundärer Bedeutung sein.

Für ein solches Team sind die treibenden Kräfte von entscheidender Bedeutung, also jene, die mit der Befriedigung der Gruppenmitglieder im Zusammenhang stehen.

5.4 Die Gruppe als „Selbstläufer"   Selbstläufer

Bisher war von der kreativen Gruppe als „Kleingruppe" die Rede. Dies muss aber keineswegs so sein. In den letzten Jahren sind Veranstaltungsformen entwickelt worden, die schöpferische Problemlösungsprozesse auch – und gerade – in Großgruppen zum Ziele haben. Zwei methodische „Settings", nämlich die „Zukunftswerkstätten" (und ihre vielfältigen Variationen) sowie die „Open-Space-Methode" (mit ihren „Ablegern") sollen nachfolgend kurz vorgestellt werden.

5.4.1 Die Methode „Zukunftswerkstatt"

Ziel einer Zukunftswerkstatt ist es, dass Menschen für eine ge- Ziel
wisse Zeit an einem Ort zusammenkommen und gemeinsam nach kreativen Lösungen für ein (sie tangierendes) Problem oder eine ihnen gestellte Aufgabe suchen. Robert Jungk – auf ihn geht die Idee und Konzeption der Zukunftswerkstatt zurück – verband mit dieser Methodik mehr als nur eine Vorgehensweise in der Erwachsenenbildung, der Kreativitätssteigerung oder des lebendigen Lernens. Die Zukunftswerkstatt war für ihn ein wirkungsvolles Instrument der Partizipation von Betroffenen, weil durch die Werkstattarbeit die in jedem Menschen schlummernden Lösungsansätze aktiviert werden sollten. In Zukunftswerkstätten ist es so, dass der Experte mit dem Laien zusammenarbeiten kann und sich beide mit ihrer Kompetenz einbringen können. Zukunftswerkstätten nehmen den Menschen ernst und fördern ihn in seiner Kompetenz, indem sie Eigeninitiative und Engagement wecken.

Je nach Themenstellung sind die Ergebnisse von Zukunftswerkstätten sehr verschieden. Es kann sowohl um die Entwicklung langfristiger Perspektiven als auch um die Lösung konkreter Probleme im hier und jetzt gehen. Zukunftswerkstätten fördern die aktive Beteiligung und überwinden damit Resignation und Apathie. Zukunftswerkstätten vermitteln Lust an der Kreativität und am Lernen. Sie fördern die schöpferischen Eigenkräfte des Menschen, sie sind ganzheitlich und sehr kommunikativ.

3-Phasen-Modell　Der „Zukunftswerkstatt" liegt ein einfaches, aber sehr wirkungsvolles 3-Phasen-Modell zugrunde:
– Kritikphase
– Phantasiephase
– Realisierungsphase

5.4.1.1 Die Kritikphase

Die erste Werkstattphase dient der kritischen Bestandsaufnahme des Themas oder Problems. In Form eines Brainstormings werden in möglichst konkreten Stichwörtern kritische, belastende und negative Aspekte des Themas oder Problems zusammengetragen. Es gehört zu den Regeln, in dieser Phase auf Diskussionen zu verzichten, um möglichst viele negative Gesichtspunkte „abzuladen" und möglichst viele Teilnehmer zu Wort kommen zu lassen. Die Zukunftswerkstatt wählt den Einstieg in das Problem über die kritischen, belastenden und negativen Aspekte. Jede Äußerung wird von den ModeratorInnen erfasst. Alles wird schriftlich festgehalten. Dabei werden eine Fülle von Stichwörtern und Sichtweisen des Problems zusammengetragen. Eine Auswahl und Gewichtung wird dann durch die Teilnehmer vorgenommen. Die für sie wichtigen Perspektiven eines Problems werden dann in der nächsten Phase weiter bearbeitet.

5.4.1.2 Die Phantasiephase

In der Phantasiephase geht es nun darum, umzuschalten und positiv zu wenden, was sich bisher als Problem und Belastung darstellte. In der Zukunftswerkstatt entsteht ein Klima, in dem die Teilnehmer „abheben" können und sich eine Vielzahl von Ideen entwickeln, wie es wäre, wenn das Problem konstruktiv und kreativ gelöst wäre. Der zuvor kritisierte Zustand wird ins Gegenteil verwandelt. Dies ist die lustvolle Phase der Werkstatt, in der die verschiedensten Ausdrucksmöglichkeiten, vor allem gestaltende Techniken verwendet werden: Bild, Theater, Collage, Brainstorming, Brainwriting, das Bisoziieren; alles, was Menschen dazu bewegt, begrenzte Wirklichkeiten und „Scheren im

Kopfe" beiseite zu legen und nach neuen Ansätzen zu suchen: Was wäre, wenn .... Auf diese Art und Weise werden Phantasien und VIsionen zutage gefördert, entsteht Dynamik, die in der Diskussion über ein Thema mit den üblichen „Killerphrasen" nicht zu erreichen wäre.

5.4.1.3 Die Verwirklichungsphase

Mit den phantasievollen Ideen geht es in die letzte Phase der Zukunftswerkstatt. Sie ist letztendlich entscheidend für das Ergebnis, weil es darum geht, aus dem gesamten Verlauf der Werkstatt konkrete Maßnahmen und Aktivitäten zu gewinnen. Auch hier geht es zunächst darum, aus der Fülle der phantasievollen Anregungen, Vorschläge und Ideen die herauszufiltern, dIe die TeIlnehmer auf ihre Realisierungsmöglichkeiten hin prüfen möchten. Dabei steht die Frage im Vordergrund, welche Idee so anregend und stimulierend ist, dass man sie gerne verwirklichen möchte. Die Dynamik der Phantasiephase baut die Energien auf für die Realisierungsphase. Wesentlich ist dabei, mit den Teilnehmern – auf der Grundlage der Visionen – das Machbare und Mögliche zu planen. Zukunftswerkstätten enden mit konkreten Projekten, die die Teilnehmer ins Tun hineinführen. (R. Vesper / L. Weitz, EB, Heft 2/96)

5.4.2 Die „Open-Space-Methode"

Die „Open-Space-Technology" (OST) ist eine Methode – oder eine Philosophie, eine Kultur, eine Haltung? –, Raum zu geben für die Entfaltung von produktiven Energien und Fähigkeiten aller Beteiligten eines Seminars oder einer Tagung. Die von Harrison Owen Mitte der achziger Jahre in den USA entwickelte Methode ist geeignet, viele Menschen der unterschiedlichen gesellschaftlichen Perspektiven zusammenzubringen, um gemeinsam eine neue Realität zu kreieren.

Die wichtigste Bedingung sowohl für die Veranstaltung insgesamt als auch für die Kleingruppen ist die der „freiwilligen Selbstselektion": Es werden alle Teilnehmer der Tagung mündlich oder schriftlich informiert und nach dem Grundsatz eingeladen: „Wer immer kommt, ist gerade die richtige Person."

Es wird gerade der- oder diejenige aus freier Entscheidung teilnehmen, der/die bereit ist, sich einzulassen in einen kreativen, fluktuierenden Prozess zur ausgewählten Thematik, wenn diese ihm/ihr am Herzen liegt: Passion und Verantwortung für das Thema sind Kern der „Open-Space- Methode".

Methodische   In dem Buch von Harrison Owen (1995, leider nur in Englisch
Bedingungen   erhältlich) wird die Methodik wie folgt beschrieben:

– Der Rahmen
  Die Anzahl der Teilnehmer liegt zwischen 5 und mehreren Hunderten. Die Dauer beträgt in der Regel zwei bis drei Tage. Veranstaltungsort kann jedweder sein.

– Der Ablauf
  Die Vorplanung beschränkt sich – abgesehen von den logistischen Frage – auf die Formulierung eines Rahmenthemas.

– Die Durchführung
  Die Tagung beginnt im gesamten Teilnehmerkreis. Es werden kurz die wenigen Regeln erklärt. Jeder Teilnehmer wird eingeladen, seine eigene Thematik – für die er ein besonderes Engagement empfindet – im Kreis vorzustellen, sie auf ein Blatt zu schreiben und den Zeitpunkt und die Räumlichkeit zu definieren. Wir nennen diese Phase: „Hyde-Park".
  Ist die Hyde-Park-Phase abgeschlossen, so entscheidet sich jeder Teilnehmer, zu welchem der angebotenen Themen er gehen will.

– Die Regeln und Richtlinien
  Das „Gesetz der zwei Füße" ist das Gesetz der Freiheit und Selbstverantwortung. Es besagt, dass jeder Teilnehmer jederzeit das Recht hat, eine Arbeitsgruppe zu verlassen, wenn er das Gefühl hat, in dieser Situation nicht zu lernen oder nichts beitragen zu können. Dies ist die wichtigste Regel der Methode, denn damit kann jeder mitbestimmen über Inhalt und Form.

Richtlinien   Die vier Richtlinien lauten:
  – Wer immer kommt, ist gerade die richtige Person.

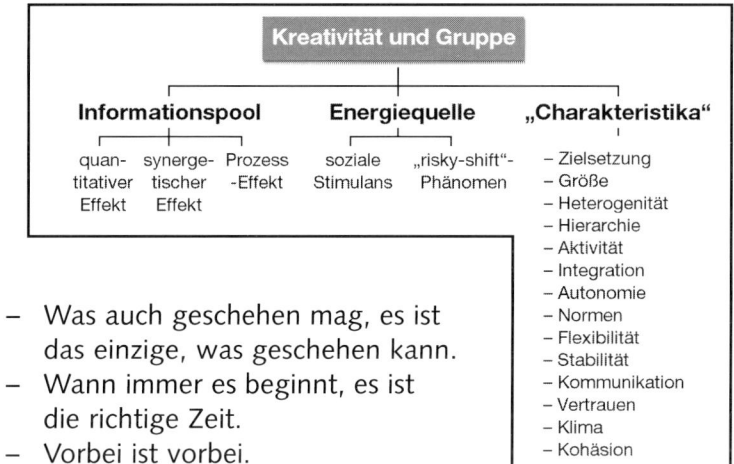

- Was auch geschehen mag, es ist
  das einzige, was geschehen kann.
- Wann immer es beginnt, es ist
  die richtige Zeit.
- Vorbei ist vorbei.

Die bei neuen Teilnehmern anfänglich feststellbare Unsicherheit verfliegt schnell.

– Zwei Teilnehmertypen

Teilnehmer:
Hummeln und
Schmetterlinge

Es handelt sich dabei um „Hummeln" und „Schmetterlinge". Hummeln sind diejenigen Personen, die sich die Freiheit nehmen, von einer Gruppe zur anderen zu fliegen, sich kurz vertiefen, weiter fliegen und so von einer Gruppe zur nächsten Informationen vermitteln und damit „befruchtend" wirken. Schmetterlinge hingegen nehmen es leichter, sie fliegen ebenfalls von einem Thema zum anderen, aber vertiefen sich in keines. Man findet sie beim Kaffee auf der Dachterrasse oder im Garten. Sie dienen als Kommunikationszentrum, sie initiieren kreative Interaktion.

– Informationen

Neben den genannten Kommunikationswegen seitens der Teilnehmer sind es vor allem die Morgen- und Abendnachrichten, die in Form einer Zeitung dokumentiert und/oder als „Nachrichtensendung" ausgestrahlt werden.

– Beispiel: Sommerakademien für Quer-Denker und Quer-Tuer im KSI

Wir (KSI, Bad Honnef) übersenden gerne Dokumentationen der Sommer-Akademien der letzten Jahre, die sehr konkret und plastisch die Vorgehensweise dieser Methodik illustrieren.

6. Training kreativer Denkmethoden in Gruppen

Unter der Bezeichnung „Kreativitätstraining" werden ganz unterschiedliche Trainingsofferten gemacht. Im Großen und Ganzen lassen sich etwa die folgenden Konzeptionen unterscheiden:

Fähigkeiten ● Training kreativer Fähigkeiten
Die psychologische Forschung hat seit den Ausführungen von J. P. Guilford im Jahre 1950 eine Reihe von Fähigkeiten ermittelt, die für die Kreativität eines Menschen von Bedeutung sind. Nennen wir zur Verdeutlichung die Fähigkeiten: Flüssigkeit, Flexibilität und Originalität, von denen bereits im Abschnitt 3.1.3 die Rede war. Um die verschiedenen Fähigkeiten ermitteln zu können, wurden die unterschiedlichsten Tests ersonnen (die das messen sollen, was sie zu messen vorgeben). Die in den Tests gestellten Aufgaben eignen sich aber nicht nur zur Erfassung dieser Fähigkeiten, sie können gleichzeitig auch eingesetzt werden, um diese Fähigkeiten zu trainieren. Entsprechendes Übungsmaterial zur Schulung kreativer Fähigkeiten wird – zumeist in Buchform – auf dem Markt als „Kreativitätstraining" angeboten. So enthielt etwa das von den Autoren Kirst/Diekmeyer veröffentlichte Buch (1971, als Taschenbuch 1973) 68 Aufgaben und 6 Spiele, wobei die Kreativität in 15 verschiedenen „Abteilungen" geübt werden sollte; oder die „Kreativitätsschule" von Nimmergut (1972), deren 46 Aufgaben verbale, graphische und mathematische Trainingselemente enthielten.
Bei fast völliger Theorieabstinenz in diesen Büchern soll der Leser für sich (und gelegentlich auch mit anderen) seine individuelle Kreativität entwickeln.
Die einzelnen Aufgabenstellungen sind recht reizvoll, zumal sie in ansprechender Form präsentiert werden, doch dem „Leser" wird nicht verdeutlicht, weshalb es ihm so schwerfällt, bestimmte Problemstellungen zu lösen. Es bleibt das Geheimnis der Autoren, warum dieses Spielmaterial die Kreativität der Leser erhöhen soll, wenn nicht an einer einzigen Stelle die Gründe für Denkblockierungen erläutert werden. Ein Teil dieser, wie gesagt, verschiedenen Tests entlehnter Aufgaben

eignet sich als „Lockerungsübungen", wird aber für sich genommen die Kreativität nur in rudimentärer Form fördern können.

● Training kreativer Spontaneität   **Spontaneität**
In diesen Trainingsangeboten geht es vor allem darum, die utilitaristischen Einstellungen, die konditionierten Verhaltensweisen und internalisierten Anpassungsmechanismen bewusst zu machen und zu überwinden.
Als Beispiel sei das Schweizer „COL-Team" genannt, dessen Ziel es ist, „die Teilnehmer freier, selbstbewusster, sensibler, aktiver, kontaktfreudiger werden zu lassen. Es wird gemeinsam gemalt, gespielt, improvisiert, diskutiert, geformt, geschrieben, gefilmt, untersucht, erlebt. In intensiver, freundschaftlicher Atmosphäre soll mit allen Sinnen gelernt und erprobt werden". Die Intentionen lassen sich ein wenig in dem Satz einfangen: „Spiel ist Wirklichkeit ist Spiel". (COL: Lernen als Erlebnis – kreative Kommunikation, hrsg. vom Paritätischen Bildungswerk e.V., Frankfurt)
Ausgehend von künstlerischen Ansätzen wird spontane Kommunikation in Gruppen erlebbar gemacht, damit der Teilnehmer „das Erlebte in seinen Familien- und Arbeitskreis" weiterträgt und entwickelt.

● Training sozialer Kreativität   **sozialer Kreativität**
Das Ziel der Arbeit der Jugendkunstschule in Wuppertal „ist die systematische Entwicklung von Kreativität". (Wollschläger, G., 1972, S. 7) Dabei wird Kreativität definiert als „die Fähigkeit, neue Zusammenhänge aufzuzeigen, bestehende Normen sinnvoll zu verändern und damit zur allgemeinem Problemlösung in der gesellschaftlichen Realität beizutragen". (S. 11 f.) Der Jugendkunstschule geht es in erster Linie darum, Kindern mit den Mitteln der Kunst – die hier als ursprüngliche Ausdrucks-, Kommunikations- und Informationsformen definiert werden, wie sie die Sprache, das Rollenspiel, der Tanz, Bild und Form sowie Film und Fotografie darstellen – ‚spielerisch' auf die Aufgaben des Lebens kindgemäß vorzubereiten und vor allem zu befähigen, Probleme der gesell-

schaftlichen Realität, zum Beispiel im Elternhaus, in der Schule oder in der Arbeitswelt, besser zu lösen". (S. 8) Kreativität wird mit der Absicht vermittelt, das Individuum zu emanzipieren und ihm durch eine bessere Bewältigung der Realität Veränderung zu ermöglichen.

Kreativierung

Der dahinführende Prozess der „Kreativierung" vollzieht sich in folgenden drei Phasen:

1. Sensibilisierung (Wahrnehmen und Ausprobieren neuer Möglichkeiten),
2. Gruppenreflexion (Bewusstwerden dieser neuen Möglichkeiten, u. a. im Gespräch und im Rollenspiel),
3. Synthesebildung (kollektive Verarbeitung aus der Umwelt stammender Probleme).

● Creative Dramatics*

Creative Dramatics

Ursprünglich fast ausschließlich im Bereich der Jugendbildung eingesetzt, erobert „Creative Dramatics" inzwischen immer mehr das Feld des Erwachsenentrainings. Geraldine Siks beschreibt „Creative Dramatics" sinngemäß als das Bewusstsein eines Kindes stimulierend, indem es das Kind veranlasst, bewusster sehen und hören zu lernen, über das alltägliche Sehen, Hören und Fühlen hinaus. Creative Dramatics verfeinert die Sensibilität und steigert die Empfänglichkeit für die Umwelt – für Menschen, Natur und Dinge – für Stimmungen, Schönheiten und Überraschungen.

Gary A. Davis (JCB, 1973, S. 38) erweitert dieses Konzept, indem er darauf hinweist: „Creative dramatics is the education of the whole person by experience." Wobei er das Motto formuliert: Je älter, desto notwendiger! Das Training umfasst Bewegungsübungen, Übungen zur Sensibilisierung der verschiedenen Sinne, Pantomimen und Spiele.

Denkstrategien

● Training kreativer Denkstrategien

Ausgehend von den Erkenntnissen der Denkpsychologie werden in diesem Training Heuristiken vermittelt, um unstrukturierte Probleme zu lösen. Dabei werden verschiedene Stufen des kreativen Problemlösungsprozesses zugrunde ge-

---

* Zum Thema:Creative Dramatics: Peter A.W.Figge: „Lernen und Spielen. Praktische Dramapädagogik und Dramentherapie" = Gruppenpädagogik – Gruppendynamik Band 21.

legt, für die jeweils spezielle Methoden bzw. Techniken entwickelt worden sind. Diese Methoden können prinzipiell individuell angewendet werden; sie sind jedoch in der Regel für die Gruppenarbeit konzipiert, um die Leistungsvorteile der Gruppe zu nutzen.

Dem hier vorliegenden Training liegt die letztgenannte Konzeption zugrunde. Dies schließt aber keineswegs den Einsatz von Übungen aus den anderen – oben kurz skizzierten – Trainingsangeboten aus. Die einzelnen Einheiten bieten „Lockerungsübungen" aus dem „Training kreativer Fähigkeiten" und der „Creative Dramatics" an. Da dem vorliegenden Trainingskonzept die Arbeit in einer Kleingruppe zugrunde liegt, wird gleichzeitig soziale Kreativität gefördert. Wobei mit sozialer **Trainingskonzept** Kreativität all jene Aktivitäten gemeint sind, die in den verschiedenen Sozialgebilden (Gruppen, Organisationen, Institutionen, Gesellschaft) mit dazu beitragen, dass

● blockierende Faktoren überwunden werden,
● die schöpferischen Fähigkeiten sich besser entfalten können,
● dabei die Leistungsvorteile einer Gruppe unter
● Berücksichtigung methodischer Hilfen genutzt werden,
um dadurch zur Entwicklung neuer, für den Einzelnen, die Gruppe, Organisation und/oder Gesellschaft bedeutsamer Problemlösungen zu gelangen.

Zum Aufbau des Trainings folgende Anmerkungen: **Trainingsaufbau**

In der 1. Einheit sollen die Leistungsvorteile der Gruppe und die sich mit der Nutzbarmachung dieser Vorteile verbindenden Probleme dargestellt werden.

In der 2. Einheit werden Gruppennormen erarbeitet, deren Einhaltung für den kreativen Problemlösungsprozess von entscheidender Bedeutung ist.

Daran schließen sich in der 3. Einheit Übungen zur Sensibilisierung der Wahrnehmung sowie Hinweise auf die damit verbundenen Denk-Blockierungen an.

Mit der Notwendigkeit, das Problembewusstsein zu entwickeln und der methodischen Hilfe dazu beschäftigt sich die 4. Einheit.

In der 5. Einheit geht es um die Problem-Formulierung und die damit verbundenen Empfehlungen zur Generalisierung.

Verschiedene methodische Variationen zur Ideen-Findung werden in der 6. Einheit erläutert und geübt.

Wie aus den entwickelten Ideen die besten Einfälle herausgefiltert werden können (d. h. mit Fragen der Ideen-Bewertung), beschäftigt sich die 7. Einheit.

Die Realisierung dieser Ideen versteht sich keineswegs von selbst, deshalb gilt es entsprechende Realisierungsstrategien zu entwickeln. Wie dies etwa geschehen kann, das wird in der 8. Session erläutert.

Nachdem der Trainingsteilnehmer diese Methoden und Techniken bisher nur isoliert geübt hat, soll er in der 9. Einheit die Möglichkeit erhalten, den kreativen Problemlösungsprozess an einem Beispiel durchzuspielen.

Wie man aus scheinbar „unbrauchbaren" Ideen brauchbare macht, das wird in der 10. und letzten Einheit ebenso demonstriert wie die „Blitzanwendung" der gezeigten Vorgehensweisen.

Diese kurze Skizzierung des inhaltlichen Angebotes der einzelnen Einheiten kann als allgemeine Feinzielbestimmung verstanden werden. In Anlehnung an die Lernzieleinteilung von Christine Möller (1971, S. 49 ff.) wird das auf der obersten Abstraktionsebene sich befindliche *Richtziel* wie folgt definiert:

Richtziel

Vermittlung verschiedener – in Gruppen anwendbarer – Heuristiken zur Lösung unstrukturierter Probleme.

Grobziel

Dieses Richtziel gliedert sich in die folgenden Grobziele:
- Darstellung des kreativen Problemlösungsprozesses;
- Verdeutlichung der Leistungsvorteile der Gruppe unter Verwendung gruppendynamischer Erkenntnisse;
- Einübung verschiedener Methoden für die einzelnen Phasen des kreativen Problemlösungsprozesses, insbesondere Methoden und Techniken zur Ideen-Findung;
- Entwicklung kreativer Fähigkeiten.

Kognitive und affektive Lernziele sollen etwa im gleichen Verhältnis vermittelt werden.

Es geht in diesem Training darum, die eingangs verdeutlichten Parameter der Kreativität und die entsprechenden gruppen-dynamischen Grundlagen in ein Konzept zu integrieren, wobei der Hauptakzent auf der Vermittlung des kreativen Problem-lösungsprozesses liegt. Hier noch einige Hinweise für den Kurs-leiter bzw. Trainer: **Hinweise**

- Die einzelnen Einheiten sind so formuliert, dass der Trainer sie unmittelbar als Textvorlage bzw. Übungsunterlage verwen-den kann.

- Die Abschnitte „Parameter der Kreativität" und „Kreativität und Gruppe" sollten als grundlegende Informationen vorab von allen Teilnehmern gelesen werden.

- Die einzelnen Einheiten sind im Prinzip wie folgt aufgebaut: **Übersicht**
  - Kurze Beschreibung der Session
  - Hinweise auf benötigtes Arbeitsmaterial
  - Anmerkungen für den Trainer
  - Übersicht über die Arbeitsschritte
  - Textvorlage: In der Textvorlage sind die folgenden Emp- **Textvorlagen** fehlungen durch Abkürzung oder Anmerkung enthalten: Einzelarbeit (E), Arbeit in Kleingruppen (KG) zu drei bis sie-ben Teilnehmern, Diskussion oder Arbeit im Plenum (P). Wenn der Trainer die Antworten eines oder mehrerer Teil-nehmer erbitten sollte, so ist dies durch den folgenden Hinweis gekennzeichnet:
    Teilnehmer-Antwort bzw. Teilnehmer-Aktivitäten **Teilnehmer-Aktivitäten**

Wichtig dürfte für den Trainer noch folgendes sein: In den einzelnen Einheiten wird bei den angebotenen Übungen nicht der Katalog der bereits erarbeiteten methodischen Empfehlun-gen wiederholt, so wird z. B. bei methodischen Übungen zur Ideen-Findung (6. Einheit) nicht ausdrücklich auf die Notwen-digkeit der Fakten-Findung und Problem-Formulierung hinge-wiesen. Dies ist oftmals auch im Training aus zeitlichen Gründen nicht möglich. Man kann nicht bei jeder Übung das gesamte Spektrum der methodischen Schritte wiederholen, obgleich dies für die Verinnerlichung und sichere Handhabung sehr ratsam wäre.

Die isolierte Erläuterung und Einübung der einzelnen methodischen Schritte wird in der 9. Einheit an einem Beispiel als vollständiger Ablauf eines kreativen Problemlösungsprozesses demonstriert.

Wenn es die Zeit erlaubt, so sollte der gesamte Lösungsprozess an mehreren Beispielen „durchgespielt" werden.

6.1 Leistungsvorteile der Gruppe

● **Zielsetzung**

Neben dem Ziel, dass die Trainings-Teilnehmer sich untereinander kennenlernen, soll in dieser Einheit vor allem der Leistungsvorteil vom „Typus des Suchens" – also das statistische Prinzip des Fehlerausgleichs – demonstriert werden.

● **Arbeitsunterlagen**

Karteikarten, Tapetenrollen, Filzstifte, Tesa-Krepp
Abzüge der Poffenberger'schen Figuren
Abzüge des Finanzexperten-Tests
Abzüge zur NASA-Übung

● **Hinweise**

Die Teilnehmer sollten so sitzen, dass jede(r) jede(n) sehen kann.

Jeder Teilnehmer sollte seinen Namen gut leserlich auf eine Karteikarte (oder auf Tesa-Krepp) schreiben und so vor sich postieren, dass alle anderen den Namen lesen können. Es wäre zweckmäßig, den Teilnehmer/innen vor dem Training eine kurze Einführung in Theorie und Praxis dieses Trainings zur Verfügung zu stellen.

Eine Literaturliste sollte bereits auf den Plätzen der Teilnehmer/innen liegen.

● **Übersicht**

Vorstellung der Teilnehmer
Übungen: Anders als üblich
                Paar-Interview
                Erwartungs-Inventar

> Leistungsvorteil der Gruppe vom „Typus des Suchens"
> Übungen: Poffenberger'sche Figuren oder
> Finanzexperten-Test
> NASA-Übung
> Auswertung

Moderation: Dass ich Sie herzlich begrüße und willkommen heiße, versteht sich von selbst. Üblicherweise pflegen wir uns nun vorzustellen – und zwar verbal. Da wir etwas aus den Bahnen des Gewohnten herauskommen wollen, darf ich Sie bitten, sich zunächst einmal nonverbal vorzustellen. Wir nennen diese Übung: „Anders als üblich".

Teilnehmer-Aktivitäten

Moderation: Bereichern wir diese Aussagen noch durch einige verbale Ergänzungen. Dazu bedienen wir uns der Übung „Drei Aussagen".

Übung:
Formulieren Sie drei Aussagen zu ihrer Person, von denen zwei zutreffend und eine falsch sein sollte.

Übung

Teilnehmer-Aktivitäten

Moderation: Jeder einzelne von uns hat an dieses Training bestimmte Erwartungen – aber vielleicht auch Befürchtungen. In der folgenden Übung wollen wir ein „Erwartungs-Befürchtungs-Inventar" erstellen.

Übung:
● Jeder Teilnehmer notiert seine Individuellen Erwartungen und Befürchtungen auf Karteikarten. (Dauer: 10 Minuten)

● Es werden Kleingruppen (KG) gebildet: Jede KG soll eine Rangliste von je 5 Erwartungen und Befürchtungen erstellen. (Dauer: 20 Minuten)

● Die Erwartungen und Befürchtungen der KG werden im Plenum diskutiert. Die Ergebnisse können in Form einer Wand-

Übung

zeitung festgehalten werden, um sie etwa bei der Kursusauswertung als Evaluationskriterien zur Verfügung zu haben.

Teilnehmer-Aktivitäten

Moderation: Wir arbeiten häufig – so wie eben – in Gruppen. Dabei sind wir uns aber nur selten der Leistungsvorteile der Gruppe gegenüber der individuellen Arbeit bewusst. P. Hofstätter (1971) stellte drei verschiedene Typen von Leistungsvorteilen heraus:

Leistungsvorteil „Typus des Tragens und Hebens"
● Leistungen vom „Typus des Tragens und Hebens"
Diese, dem mechanischen Prinzip der Kräfteaddition entsprechende Leistung, ist so eindeutig, dass sie uns nicht weiter zu beschäftigen braucht.

Leistungsvorteil „Typus des Suchens"
● Leistungen vom „Typus des Suchens"
Dieser Art von Leistungen liegt das statistische Prinzip des Fehlerausgleichs zugrunde, d. h., die „Unterschätzung" eines Objektes durch die eine Person wird durch die „Überschätzung" eines anderen Gruppenmitgliedes ausgeglichen. Verdeutlichen wir uns den Zusammenhang an einer bei Hofstätter zitierten Suchaufgabe, den Poffenberger'schen Figuren.

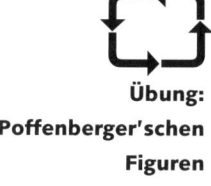

Übung: Poffenberger'schen Figuren

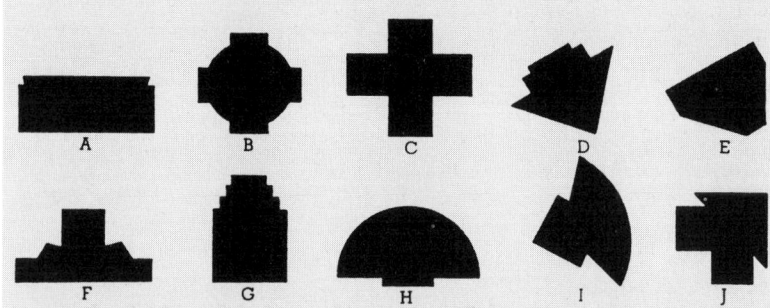

Übung:

(E): Sie sehen hier 10 Figuren, die sich in ihrem Flächeninhalt um jeweils 5 % unterscheiden, d. h., die zweitgrößte Figur ist um 5 % kleiner als die größte Figur, die drittgrößte wiederum um 5 % kleiner als die zweitgrößte usw. Sie sollen diese Figuren nun nach ihrer Größe sortieren. Rangplatz 1 erhält die Ihrer Meinung nach größte Figur, Rangplatz 2 die zweitgrößte etc. Diese Rangordnung soll jeder für sich allein erstellen.

Teilnehmer-Aktivitäten

Moderation: Die Ergebnisse der individuellen Rangordnungen sollen nun – ohne jede Veränderung (!) – in die folgende Tabelle eingetragen werden; wobei jeweils sieben Teilnehmer ihre Ergebnisse in eine Tabelle notieren. Im Kopf dieser Tabelle ist die richtige Rangordnung eingetragen.

Ergebnisse erfassen

Das Ausfüllen der Tabelle geschieht wie folgt: Der erste Teilnehmer trägt den Rangplatz unter C ein, den er in seiner individuellen Rangordnung dieser Figur zugewiesen hat, z. B. eine 3; sodann wird der individuelle Rangplatz für die Figur H eingetragen, z. B. 6; es folgt die Eintragung der individuellen Zuordnung

Vergleichsobjekte

1. Tabelle: Vergleichsobjekte

Teilnehmer	Die richtige Reihenfolge der Figuren, angefangen mit der größten:										Summe der individuellen Abweichungen
	C	H	A	B	G	I	D	J	F	E	
Rangplatz	1	2	3	4	5	6	7	8	9	10	
1. Abweichung:											=
2. Abweichung:											=
3. Abweichung:											=
4. Abweichung:											=
5. Abweichung:											=
6. Abweichung:											=
7. Abweichung:											=
Summe											
Neuer Rangplatz											
Abweichung											=

für die Figur A, z. B. 1 usw. Alle sieben Teilnehmer tragen die den einzelnen Figuren individuell zugeordneten Rangplätze ein.

Synthetische Gruppe **Moderation:** Ist die Eintragung erfolgt, so wird nun eine künstliche Gruppenbildung vorgenommen, indem die sieben eingetragenen Zahlen zu jeder Figur addiert werden. Das Ergebnis wird in der „Summen-Zeile" notiert. Diese Summen werden ihrerseits in eine Rangordnung gebracht, indem die niedrigste Summe den Rangplatz 1, die nächsthöhere den Rangplatz 2 usw. erhält.

Ermittelt man nun die Abweichungen dieser synthetischen Gruppe, so stellt sich – in der Regel – heraus, dass diese „Gruppen-Rangordnung" eine geringere Abweichung aufweist als alle (oder zumindest die Mehrzahl) der Individualabweichungen. Betrachten wir diesen Effekt an dem folgenden Beispiel: Das Gruppenmitglied „Ina", welches sich am dichtesten

Vergleichsobjekte

2. Tabelle: Vergleichsobjekte

Teilnehmer	Die richtige Reihenfolge der Figuren, angefangen mit der größten:										Summe der individuellen Abweichungen
	C	**H**	**A**	**B**	**G**	**I**	**D**	**J**	**F**	**E**	
Rangplatz	1	2	3	4	5	6	7	8	9	10	
1. **Peter**	**3**	**6**	**1**	**5**	**2**	**4**	**9**	**10**	**7**	**8**	
Abweichung:	2	4	2	1	3	2	2	2	2	2	= 22
2. **Ina**	**1**	**5**	**6**	**3**	**4**	**2**	**10**	**9**	**8**	**7**	
Abweichung:	–	3	3	1	1	4	3	1	1	3	= 20
3. **Claus**	**4**	**3**	**8**	**1**	**7**	**5**	**2**	**9**	**6**	**10**	
Abweichung:	3	1	5	3	2	1	5	1	3	–	= 24
4. **Christa**	**4**	**5**	**7**	**2**	**1**	**9**	**8**	**3**	**10**	**6**	
Abweichung:	3	3	4	2	4	3	1	5	1	4	= 30
5. **Friedel**	**3**	**2**	**4**	**10**	**9**	**5**	**7**	**1**	**6**	**8**	
Abweichung:	2	–	1	6	4	1	–	7	3	2	= 26
6. **Bernd**	**4**	**8**	**6**	**1**	**7**	**2**	**10**	**3**	**5**	**9**	
Abweichung:	3	6	3	3	2	4	3	5	4	1	= 34
7. **Doris**	**6**	**4**	**9**	**8**	**3**	**2**	**1**	**10**	**7**	**5**	
Abweichung:	5	2	6	4	2	4	6	2	2	5	= 38
Summe	25	33	41	30	33	29	47	45	49	53	
Neuer Rangplatz	1	4,5	6	3	4,5	2	8	7	9	10	
Abweichung	–	3	3	1	–	4	1	1	1	–	= 14

der richtigen Reihenfolge näherte, weicht immerhin um 20 Punkte von dieser ab.

Die Rangreihe der „künstlichen" Gruppen weist hingegen nur eine Abweichung von 14 Punkten auf.

Moderation: Die Bildung dieser synthetischen Gruppe ist ein Hilfsmittel, durch welches wir auf eine wesentliche Strategie für tatsächliche Gruppen hingewiesen werden. Diese Strategie wollen wir als These wie folgt formulieren:

These: Erst Einzelarbeit, dann Gruppe

Erst Individualarbeit, dann Gruppenarbeit.

Diese Empfehlung ist in diesem Stadium nichts anderes als eine Folgerung aus dem statistischen Prinzip des Fehlerausgleichs.

Gegen diese Übung könnte eingewendet werden, dass es sich dabei „lediglich" um ein Wahrnehmungsproblem gehandelt habe. Verändert sich an dem Ergebnis etwas, wenn die Art der Problemstellung bleibt, aber statt der sehr trügerischen Wahrnehmung nun konkrete Informationen zusammengetragen werden sollen?

Lassen wir uns einmal als Finanzexperten testen.

Übung:

„Finanzexperten-Test"

Jeder Teilnehmer erhält die auf Seite 128 abgebildete Aufgabenkarte.

Aufgabe: Reihen Sie die folgenden Kosten nach ihrer Höhe in DM. Die höchsten Kosten benoten Sie mit 1, die nächsthöheren mit 2 usw... . die geringsten mit 15. Bilden Sie anschließend – analog der vorausgehenden Übung – eine „künstliche Gruppe" mit 7 Teilnehmern und ermitteln Sie die Rangordnung dieser „synthetischen" Gruppe. Tragen Sie diese Rangordnung in Ihre Aufgabenkarte ein.

Übung: Finanzexperten-Test

Finanzexperten-Test

Kosten	Individuelle Rang- ordnung	Abweichung	Künstl. Gruppen- Rangordnung	Abweichung
1. Börsenwert der Internet-Firma Yahoo (1999)				
2. Gesamtvermögen der 225 reichsten Personen der Welt (1999)				
3. Spendeneinnahmen Misreor (1998)				
4. Rüstungsausgaben weltweit (1998)				
5. Jahresgehalt des Bundeskanzlers (1999)				
6. Ausgaben für Gesundheit in Deutschland (1998)				
7. Ausgaben für Hundefutter in Europa und den USA (1998)				
8. Haushalt der Bundesanstalt für Arbeit (1999)				
9. Umsatz der Lufthansa (2000)				
10. Ausgaben für Eiscreme in Europa (1998)				
11. Ausgaben für For- schung und Entwick- lung der 29 OECD- Länder (1998)				
12. Einkommen in der Informations- technologie in Indien (1999)				
13. Haushalt des Bundes- ministeriums für Wirt- schaftliche Zusammen- arbeit (1999)				
14. Kosten der „Arena Auf Schalke" (2000)				
15. Bilanzsumme von Porsche (1999)				

Hier der Auswertungsschlüssel:

1.	100 Mrd. €	6. Position
2.	1.000 Mrd. €	1. Position
3.	65 Mill. €	14. Position
4.	800 Mrd. €	2. Position
5.	175.000 €	15. Position
6.	200 Mrd. €	4. Position
7.	90 Mrd. €	8. Position
8.	53 Mrd. €	7. Position
9.	15 Mrd. €	9. Position
10.	6 Mrd. €	10. Position
11.	500 Mrd. €	3. Position
12.	140 Mrd. €	5. Position
13.	3,5 Mrd. €	11. Position
14.	180 Mill. €	13. Position
15.	2 Mrd. €	12. Position

Moderation: Das Prinzip der Problemstellung war genau das gleiche wie bei den Poffenberger'schen Figuren, doch in diesem Fall kam es weniger auf die gute Wahrnehmung, sondern vielmehr auf konkrete Informationen an. Aus dieser Übung lässt sich folgern: Wenn wir die Informationen aller Gruppenmitglieder **Info-Austausch** möglichst optimal integrieren wollen, so ist es notwendig, dass jedes Gruppenmitglied in die Lage versetzt wird, sein Informationspotential zu aktualisieren. Hätte sofort ein Gruppenmitglied damit begonnen – für alle vernehmlich – seine Einschätzung der Kosten zu erläutern, so wäre das „Abrufen" der Informationen seitens der anderen Gruppenmitglieder erheblich behindert, wenn nicht gar ganz unmöglich gemacht worden. Wenn einer in der Gruppe agiert, so bindet er zumindest Teile der Aufmerksamkeit der anderen. Es ist also ökonomischer, wenn jeder einzelne zunächst seine Informationen mobilisiert, um sie erst in einem weiteren Schritt miteinander zu verbinden. Wie wichtig dies ist, soll die folgende kleine Übung demonstrieren.

Übung:
Vogelarten

Übung:
Versuchen Sie bitte – jeder für sich – 30 verschiedene Vogelarten aufzuschreiben.

Teilnehmer-Aktivitäten

Moderation: Wer nicht gerade Vogelliebhaber und -kenner ist, dem wird es unmöglich sein, diese Leistung zu erbringen. Keineswegs aber der Gruppe. Stellen wir doch einmal fest, auf wie viele Vogelarten wir in der Gruppe kommen.

Teilnehmer-Aktivitäten

Moderation: Diese Übung zeigt: Jeder von uns weiß mehr, als er im jeweiligen Augenblick präsent hat. Eine Binsenweisheit – trotzdem wird sie methodisch zu wenig genutzt. Wie häufig kann man es erleben, dass direkt mit der Gruppenarbeit begonnen wird.

Übung

Verstärken wir die eben getroffene Feststellung noch durch einige „Lockerungsübungen":
- 15 Gegenstände sollen gefunden werden, die „weiß" und „essbar" sind. Erst individuelle Arbeit (Zeit: 3 Minuten), dann die Ergebnisse in der Gruppe zusammentragen.

Teilnehmer-Aktivitäten

Übung

- Jeder soll zunächst für sich so viele Antworten wie möglich auf die Frage finden: Was wäre, wenn die Hälfte des Jahres Ferien wären? Jeder stellt zunächst für sich Antworten zusammen (Zeit: 3 Minuten), anschließend wird die Gesamtzahl der verschiedenen Antworten ermittelt.

Teilnehmer-Aktivitäten

Übung

- Was könnte man mit einem normalen Bleistift noch anfangen, außer damit zu schreiben?
  Individuelle Beantwortung (Zeit: 3 Minuten), anschließend wird wieder die Gesamtzahl der verschiedenen Antworten ermittelt.

Teilnehmer-Aktivitäten

Moderation: Diese „Lockerungsübungen" sollten noch einmal die eben aufgestellte These bekräftigen, dass das Informationspotential der einzelnen Gruppenmitglieder besser genutzt wird, wenn dem Einzelnen genug Zeit eingeräumt wird, um seine „Daten" zu aktivieren.

Gehen wir einen Schritt weiter. Bisher haben wir nur „künstliche Gruppen" gebildet, es fand keinerlei Diskussion oder irgendeine Art von Gruppenprozess im Hinblick auf die Problemlösung statt. Dies soll sich in der nachfolgenden „NASA-Übung" ändern. Wir wollen zwar auch dabei die Reihenfolge: Erst Einzelarbeit, dann Teamwork, einhalten, doch soll diesmal in der Gruppe „richtig" diskutiert werden.

Übung:

Übung

„NASA-Übung" (Antons, K., 1973, S. 155 ff.) Jeder Trainingsteilnehmer erhält einen Abzug mit dem folgenden Text:

„NASA-Übung
Individuelle Rangordnung"

Anleitung: Sie gehören einer Raumfahrergruppe an (5 Personen). Sie hatten den Auftrag, sich mit dem Mutterschiff auf der beleuchteten Mondoberfläche zu treffen. Wegen technischer Schwierigkeiten musste Ihr Raumschiff 300 km entfernt vom Mutterschiff landen. Während der Landung ist viel von der Bordausrüstung zerstört worden. *Ihr Überleben hängt davon ab, dass Sie das Mutterschiff zu Fuß erreichen.* Sie dürfen nur das Allernotwendigste mitnehmen, um diese Strecke bewältigen zu können. Nachstehend ist eine Aufzeichnung von 15 unzerstört gebliebenen Dingen. Ihre Aufgabe besteht darin, eine Rangordnung der aufgezählten Gegenstände zu machen, die für die Mitnahme durch die Besatzung mehr oder weniger wichtig sind. Ordnen Sie 1 der allerwichtigsten Position zu, 2 der nächst wichtigen usw., bis alle Positionen entsprechend ihrer Wichtigkeit gereiht sind.

Wichtigkeit

Gegenstände	Einzel-bewer-tung	Abweichung	Klein-gruppe	Abweichung	Schlüssel
1 Schachtel Streichhölzer					
1 Dose Lebensmittel-konzentrat					
20 Meter Nylonseil					
30 m² Fallschirmseide					
1 tragbarer Kocher					
2 Pistolen, 7,65 mm					
1 Dose Trockenmilch					
2 Sauerstofftanks à 50 l					
1 Sternkarte (Mondkonstellation)					
1 Schlauchboot mit CO_2-Flaschen					
1 Magnetkompaß					
20 Liter Wasser					
Signalpatronen (brennen auch im luftleeren Raum)					
1 Erste-Hilfe-Koffer mit Injektionsnadel					
1 FM-Sender und Empfänger mit Sonnenbatterie					

Nachdem alle Gruppenmitglieder die individuelle Rangordnung erstellt haben, werden Kleingruppen (5 Teilnehmer) gebildet.
Jedes Gruppenmitglied erhält nun für den weiteren Verlauf die folgende Instruktion:

Kleingruppenentscheidung

Das ist eine Entscheidungsübung für die Herbeiführung von realitätsnahen Beschlüssen. Ihre Gruppe soll mit Einstimmigkeit beschließen. Das bedeutet, dass der Rangplatz für jede einzelne Position einstimmig festgelegt werden muss. Einstimmigkeit ist schwer zu erzielen. Deshalb wird nicht jeder Rangplatz jeden ein-

zelnen voll befriedigen. Versuchen Sie trotzdem, die Rangordnung so zu erstellen, dass alle einigermaßen einverstanden sein
können. Hier einige Richtlinien:

● Vermeiden Sie, Ihre persönliche Entscheidung den anderen
  aufzuzwingen. Argumentieren Sie mit Logik.

● Vermeiden Sie nachzugeben, bloß um Einstimmigkeit zu erzielen oder Konflikten auszuweichen. Unterstützen Sie nur
  dann andere Ansichten, wenn Sie mit Ihren wenigstens teilweise übereinstimmen.

● Vermeiden Sie Konfliktlösungstechniken, wie Mehrheitswahl,
  Mittelwertberechnungen oder Kuhhandel (wenn Du mir,
  dann Ich Dir).

● Betrachten Sie abweichende Meinungen eher als einen nütz-
  lichen Beitrag, statt sie als störend zu empfinden.

Nehmen Sie sich so viel Zeit, wie sie benötigen, um eine echte
Gruppenmeinung zu finden. Die Gruppenrangordnung wird in
der Spalte „Kleingruppe" eingetragen.

Wenn sich die Kleingruppen auf eine Rangordnung geeinigt
haben, so wird der folgende Auswertungsschlüssel verlesen; die
Angaben sind in der letzten Rubrik einzutragen:

Schlüssel zur NASA-Übung

Gegenstand	Rang-platz	Kommentar
Streichhölzer	15	Auf dem Mond wenig oder nicht zu gebrauchen
Lebensmittelkonzentrat	4	Notwendige Tagesration
Nylonseil	6	Nützlich beim Klettern
Fallschirmseide	8	Schutz gegen Sonnenstrahlen
Kocher	13	evtl. als Sitzgelegenheit
Pistolen	11	als Hammer
Trockenmilch	12	evtl. Ergänzung der Nahrung
Sauerstofftanks	1	
Sternkarte	3	eines der wichtigsten Mittel zur Richtungsfindung
Schlauchboot	9	CO_2-Flaschen zum Selbstantrieb
Wasser	2	ergänzt Wasserverlust
Signalpatronen	10	Notruf, wenn in Sichtweite
Erste-Hilfe-Koffer	7	Orale Pillen und Injektionsmedizin Einspritzventile)
FM-Empfänger-Sender	5	Notrufsender, Kontakt zur Erde

Schlüssel zur
NASA-Übung

Unter Verwendung dieses Schlüssels werden die individuellen Abweichungen und die der Kleingruppe ermittelt und addiert. Für alle sichtbar sollten die Summen der individuellen Abweichungen und daneben die Abweichungen der Kleingruppe aufgeschrieben werden.

Um die Auswertung zu erleichtern, kann der folgende „Datenbogen" eingesetzt werden:

Datenbogen   **NASA-Übung–Datenbogen**

	Gruppe I	Gruppe II	Gruppe III
Punktbereich des Mitglieds			
Durchschnittliche Gruppenpunktzahl vor Diskussion			
Gruppenpunktzahl nach Entscheidung			
Gewinn (Verlust) bei Gruppenpunktzahl			
Gewinn (Verlust) gegenüber dem Mitglied mit der geringsten Abweichung			
Gewinn gegenüber dem Mitglied mit der größten Abweichung			

Gruppenmitglieder:

  Fehlpunktzahlen der Gruppenmitglieder: ....

    Insgesamt: ....

  Höchste und niedrigste
Punktzahl der Gruppenmitglieder ....

 Durchschnittliche Punktzahl der
Gruppenmitglieder vor der Diskussion ....

  (Summe durch die Anzahl
der Gruppenmitglieder teilen): ....

 Gruppenkonsensus Fehlpunktzahl: ....

Unterschied zwischen durchschnittlicher
Fehlpunktzahl der Gruppenmitglieder vor der
Diskussion und der Fehlpunktzahl
des Gruppenkonsensus: ....

Ist die Punktzahl des Gruppenkonsensus niedriger oder höher? **Fragen zur**
Gab es Gruppenmitglieder, deren individuelle Punktzahl niedri- **Übung**
ger als die des Gruppenkonsensus war?

Wie viele Mitglieder waren das, und was betrugen ihre Punkt-
zahlen? Wie gut wurden die Ressourcen der einzelnen Mitglieder ausgewertet?

Wurde jemand ignoriert, bei dem es sich dann erwies, dass seine individuelle Rangordnung korrekter war als die des Grup-
penkonsenses?

Waren Sie über das Verhalten von Mitgliedern verwundert,
wenn Sie es mit dem verglichen, das sie zuvor ausgewiesen hatten?

Moderation: Gemäß dem statistischen Prinzip des Fehlerausgleichs und der Addition der Informationsressourcen der einzelnen Gruppenmitglieder müsste das Ergebnis der Kleingruppe
günstiger ausfallen als die durchschnittliche Abweichung der
Individualeinschätzungen.

Die Fragen des „Datenbogens" weisen bereits darauf hin, dass
das, was theoretisch der Fall sein müsste, durchaus nicht dem
praktischen Ergebnis zu entsprechen braucht. Es kommt nicht
selten vor, dass das Kleingruppenergebnis ungünstiger ausfällt
als das eines oder mehrerer Gruppenmitglieder. Wieso konnte
derjenige oder diejenigen, bei denen sich anschließend heraus-
stellte, dass ihre Rangordnung die geringere Abweichung aufweist als die der Gruppe, ihre Informationen nicht in der Gruppe
„anbringen"?

Teilnehmer-Aktivitäten

Moderation: Wir können resümieren, dass das statistische Prinzip des Fehlerausgleichs und die Addition der Informationsressourcen nicht „automatisch" zu einem besseren Ergebnis führen.

Wurden die für die Gruppenarbeit verteilten „Richtlinien"
während der Diskussion beachtet?

Hat sich die Kleingruppe an diesen „*Normen*" orientiert, oder
ist man nach dem Motto vorgegangen: Wer am meisten redet,
setzt sich schließlich durch?

Oder war jemand in der Kleingruppe so dominant, dass er seine persönlichen Einschätzungen den anderen aufoktroyieren konnte?

Wir können feststellen, dass diese Verhaltensweisen für die Gruppenarbeit – zumindest nicht bei derartigen Problemstellungen – keinen Gewinn bringen.

Da die Gruppe aber in der Lage ist, sich Richtlinien (sprich: Normen) zu geben, sollte sie dies auch tun, wenn die Zusammenarbeit dadurch profitiert. Diese Fähigkeit von Gruppen, sich eigene Normen zu geben, bezeichnet P. Hofstätter als die „dritte Vorteilskategorie". Er spricht in diesem Fall von „Leistungen vom Typus des Bestimmens".

In Anlehnung an die für die Gruppenentscheidung gegebenen Empfehlungen könnten für das weitere Training die folgenden vier Normen als verbindlich erklärt werden:

- Persönliche Entscheidungen sollen diskutiert, aber niemandem aufgezwungen werden.
- Keine Einstimmigkeit um der Einstimmigkeit willen.
- Konfliktlösungstechniken wie Mehrheitsentscheidungen, Mittelwertberechnungen oder Kuhhandel sollten vermieden wenden.
- Abweichende Meinungen sollen als konstruktiver Beitrag betrachtet werden.

(Diese Normen – und die später noch hinzukommenden – für alle sichtbar als Wandzeitung festhalten.)

Moderation: Neben dieser dritten Vorteilskategorie weist die NASA-Übung noch auf einen anderen Aspekt hin, der für ein Kreativitätstraining von entscheidender Bedeutung ist: Die einzelnen Gegenstände wurden zumeist in ihrer *üblichen* Verwendungsweise betrachtet. Selbst in dieser „verfremdeten" Situation dienten die Pistolen nur zum Liquidieren der eigenen oder anderer Personen, die Trockenmilch wurde womöglich – unter Hinzufügung von Wasser – auf dem Kocher erhitzt; das Schlauchboot liegengelassen, weil es ja kein Wasser auf dem Mond gibt.

Die Gegenstände wurden wie gewohnt verwendet; trifft eine solche Anwendungsmöglichkeit nicht zu, so werden sie nutzlos.

(Hier könnte als Beispiel die Seilaufgabe von N. R. F. Maier, Abschnitt 4 1 eingeblendet werden.)

Dieses Phänomen wird in der Psychologie als „funktionale Gebundenheit" bezeichnet.

Funktionale Gebundenheit

Weiter begegnet man typischen Kombinationen, von denen man sich einfach nicht trennen möchte. So werden häufig die Pistolen und die Signalpatronen als zusammengehörig definiert. Eine solche – als selbstverständlich angenommene – Kombination wird als ein *„set"* bezeichnet. Sie kennen dies als „Reise-Set" oder „Schreibtisch-Set" usw.

Schließlich hatten wir es noch mit gewohnten Verhaltensweisen zu tun. Es ist doch jedermann bekannt, wie man sich in einer solchen Situation zu verhalten hat. Diese verinnerlichten Normen, von denen man sich nur sehr schwer trennen kann, nennt man *„habits"*.

Wie man die „funktionale Gebundenheit" und die „sets" überwinden kann, damit werden wir uns in späteren Sessionen beschäftigen, mit den „habits" setzen wir uns direkt in der zweiten Session auseinander.

6.2 Verhaltensnormen für eine Kreativgruppe

● Zielsetzung

In dieser Einheit sollen die gewohnten Verhaltensnormen („Habits"), die bei Problemlösungsprozessen in Gruppen feststellbar sind, bewusst gemacht, ihre negativen Auswirkungen verdeutlicht und neue, dem Lösungsprozess dienliche Normen erarbeitet werden. Vor allem geht es um die Klärung des „Prinzips der verzögerten Bewertung".

● Arbeitsunterlagen

Abzüge zur Übung „Regel Du mir, so regel ich Dir", „Interaktionsanalyse" und zur „Insel-Übung", Beobachtungsbögen, evtl. Tonbandgerät, Video-Recorder, Tapete, Stifte.

● Hinweise

Die Übung „Regel Du mir, so regel ich Dir" sollte – zumindest in einer Kleingruppe – per Tonband bzw. Video-Recorder aufgezeichnet werden. Die Gruppe ist vorab selbstverständlich zu fragen, ob sie damit einverstanden ist.

Die in diesem Training angebotenen Übungen sind notwendigerweise sehr allgemein gehalten, sie sind den unterschiedlichsten Bereichen entnommen. Sollte das Training für einen speziellen Adressatenkreis durchgeführt werden, so wäre es möglicherweise für die Teilnehmer Interessanter, Probleme aus dem eigenen Tätigkeitsbereich zum Gegenstand der Übungen zu machen. Um die verschiedenen Interessen der Teilnehmer abzuklären, ist dieser Session noch eine „Insel-Übung" angefügt, die dazu dient, die für die Teilnehmer interessanten und relevanten Probleme zu ermitteln.

● Übersicht

Übung „Regel Du mir, so regel ich Dir"
Beobachtungsauswertung
Prüfstand – Kategorien zur Interaktionsanalyse
Interne Selektion – „Killerphrasen"
Weitere Gruppennormen
„Prinzip der verzögerten Bewertung"
„brainstorming"
„Insel-Übung"

Moderation: Steigen wir direkt mit einer Übung ein, die den schönen Namen trägt: „Regel Du mir, so regel ich Dir".

Dazu erhalten Sie einen Abzug mit Instruktionen und einen Spielplan. Als zeitliches Limit schlage wird empfohlen: 60 Minuten.

Übung:
Regel Du mir, so
regel ich Dir

Übung:
„Regel Du mir, so regel ich Dir"
     (aus: Fritz Rohrer, Gesellschaft – Gesellschaftsspiele,
     Burckhardthaus-Verlag, 1970)

Instruktion
Dieses ist ein Brettspiel, das die Besonderheit hat, keine Regeln zu besitzen. Nur der Spielplan, Spielfiguren und Würfel sind

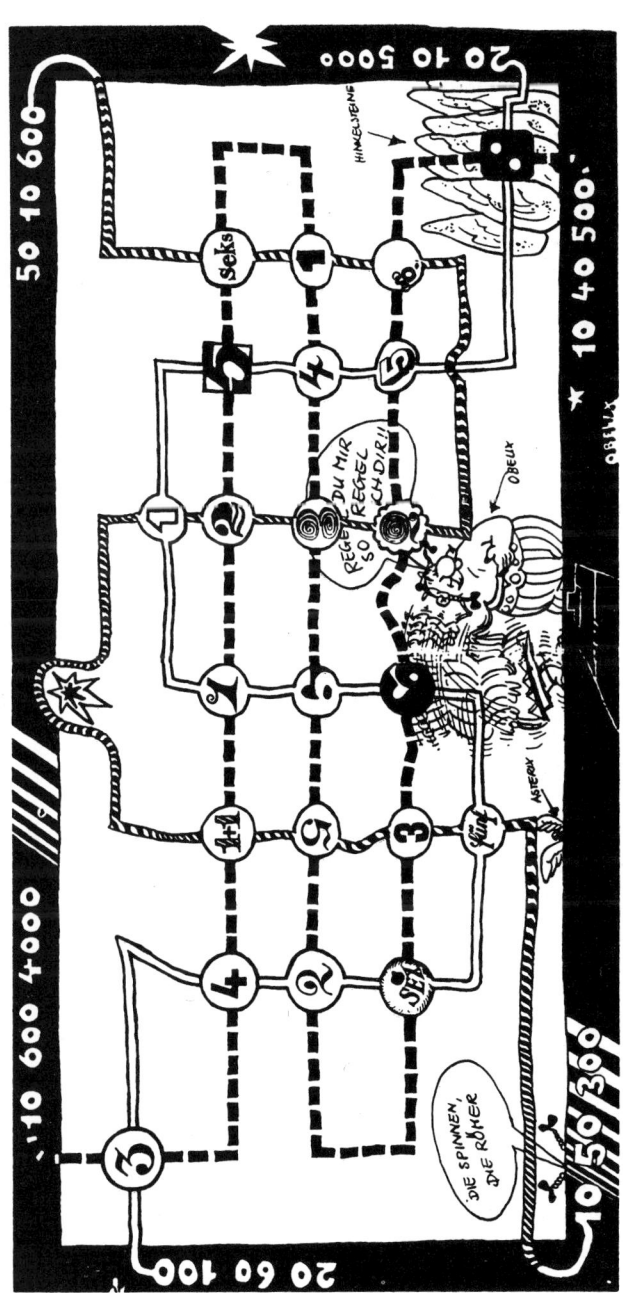

Aus: Fritz Rohrer, Gesellschaftsspiele, Burckhardthaus-Verlag, 1970

vorgegeben. Die Zahlen auf dem Spielplan haben keine vorgegebene Bedeutung. Die Gruppe darf Spielziele definieren, Regeln erfinden, Gesetze machen, sich selbst verpflichten, sie einzuhalten und sie abzuändern. Alles kann dabei Gegenstand von Veränderungen sein, der Spielplan soll nur eine Anregung sein. Er kann verändert werden, neue Pläne können entworfen werden. Immer wird es, will man spielen, um das Einhalten abgesprochener Regeln gehen.

Moderation: Darf ich Sie bitten, Kleingruppen mit je 5 Teilnehmern zu bilden. Vier Gruppenmitglieder stellen die Spielgruppe dar, das fünfte Gruppenmitglied hat die Funktion eines Beobachters. Der Beobachter erhält noch einen Abzug mit einigen Hinweisen.

Auswertungs-   Auswertungshinweise für den Beobachter
hinweise

- Wie war der Verlauf der Regelentwickelung?

- Reaktion auf Verfremdung?

- Trat eine anarchische Situation auf?

- Wer definierte Ziele?

- Wie wird Einigkeit erzielt?

- Wurden zuerst Ziele oder zuerst Regeln definiert?

- Wie weit weichen Lösungen von vorgegebenen Schemata (z. B. Mensch-ärgere-Dich-nicht, Monopoly) ab?

- Wie werden die Regeln eingehalten?

- Wer wird in Zweifelsfällen gefragt?

- Wie werden Verstöße sanktioniert?

- Wann werden Absprachen zu Formeln, Gesetze, Pflichten?

● Welche Macht bekommt das Regelsystem, und wie starr ist es gegenüber der Einsicht, dass man anders besser spielen könnte?

● Ist die Möglichkeit zur Veränderung eingeplant oder bedeutet sie Umsturz?

● Wurden die in der vorausgehenden Einheiten entwickelten Normen berücksichtigt?

Moderation: Die vereinbarte „Spielzeit" ist vorbei. Dürfen wir zunächst die Beobachter bitten, uns ihre Eindrücke zu schildern?

Bericht der Beobachter

Moderation: Den zwischenmenschlichen Beziehungen liegen in der Regel Handlungsmuster zugrunde, die sich als Erwartungen voraussagen lassen. Je nach ihrer Verbindlichkeit unterscheiden die Soziologen „Sitten" (Muss-Verhalten), „Bräuche" (Soll-Verhalten) und „soziale Gewohnheiten" (Kann-Verhalten).

Das individuelle Repertoire von Handlungsschemata dient einerseits der Orientierung und gestattet andererseits eine rasche Reaktion. Die Verhaltensstandards geben Sicherheit und vermitteln außerdem noch das Gefühl, den verschiedenen Situationen gegenüber „angemessen" zu reagieren.

Jeder von uns hat bestimmte Vorstellungen darüber, wie er sich hier und jetzt zu verhalten hat; darüber braucht man nicht erst lange nachzudenken.

Bringen wir unser Verhalten doch einmal auf einen *Prüfstand*, um zu ermitteln, ob und inwieweit es die kreative Arbeit in der Gruppe fördert bzw. behindert?

Mit Ihrer Zustimmung haben wir die Diskussion in einer Gruppe aufgenommen. Bevor wir die Aufzeichnung zur Diskussion stellen, darf ich Ihnen noch als Orientierungsrahmen das „klassische" Kategoriensystem von Robert F. Bales zur Analyse des Interaktionsprozesses in Gruppen an die Hand geben.

Kategoriensystem zur Interaktionsanalyse von R.F.Bales

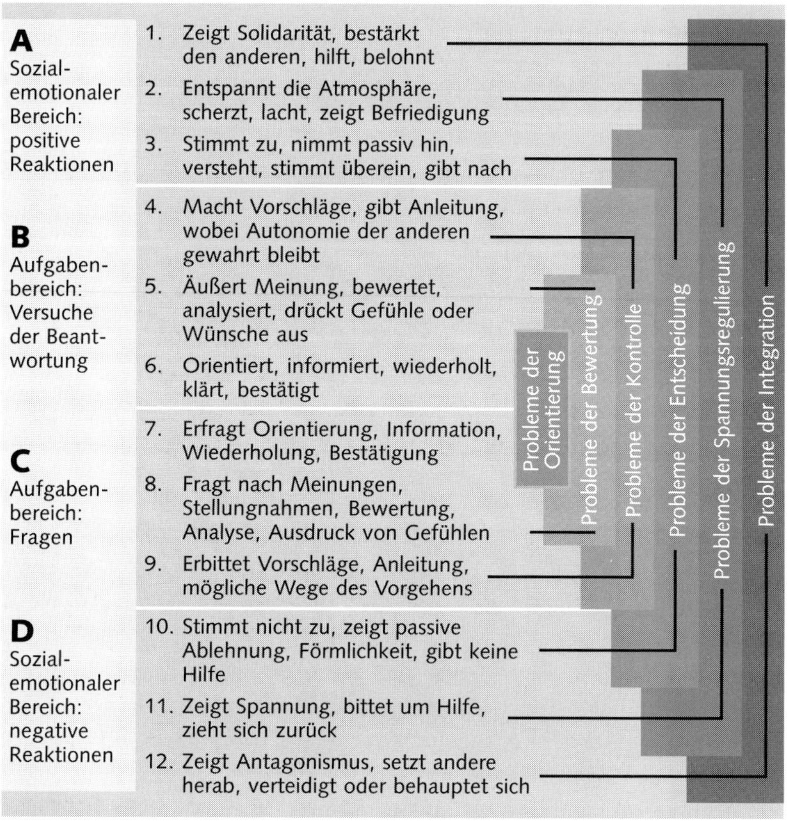

A
Sozial-
emotionaler
Bereich:
positive
Reaktionen

1. Zeigt Solidarität, bestärkt den anderen, hilft, belohnt
2. Entspannt die Atmosphäre, scherzt, lacht, zeigt Befriedigung
3. Stimmt zu, nimmt passiv hin, versteht, stimmt überein, gibt nach

B
Aufgaben-
bereich:
Versuche
der Beant-
wortung

4. Macht Vorschläge, gibt Anleitung, wobei Autonomie der anderen gewahrt bleibt
5. Äußert Meinung, bewertet, analysiert, drückt Gefühle oder Wünsche aus
6. Orientiert, informiert, wiederholt, klärt, bestätigt

C
Aufgaben-
bereich:
Fragen

7. Erfragt Orientierung, Information, Wiederholung, Bestätigung
8. Fragt nach Meinungen, Stellungnahmen, Bewertung, Analyse, Ausdruck von Gefühlen
9. Erbittet Vorschläge, Anleitung, mögliche Wege des Vorgehens

D
Sozial-
emotionaler
Bereich:
negative
Reaktionen

10. Stimmt nicht zu, zeigt passive Ablehnung, Förmlichkeit, gibt keine Hilfe
11. Zeigt Spannung, bittet um Hilfe, zieht sich zurück
12. Zeigt Antagonismus, setzt andere herab, verteidigt oder behauptet sich

Vertikale Beschriftungen: Probleme der Orientierung; Probleme der Bewertung; Probleme der Kontrolle; Probleme der Entscheidung; Probleme der Spannungsregulierung; Probleme der Integration

Legende: a) Probleme der Orientierung; b) Probleme der Bewertung; c) Probleme der Kontrolle; d) Probleme der Entscheidung; e) Probleme der Spannungsregulierung; f) Probleme der Integration

Unter Verwendung dieses „Rasters" sollen die Gruppenmitglieder sich die Aufzeichnung anhören bzw. ansehen und über die Verhaltensweisen diskutieren.

Gruppendiskussion

Moderation: Befassen wir uns noch mit einigen speziellen Gruppennormen, die für den kreativen Problemlösungsprozess von entscheidender Bedeutung sind. Dazu zunächst eine Behauptung: In allen Gruppensitzungen, bei denen es um die Entwicklung neuer Ideen geht, fallen eine Vielzahl von Ideen „unter den Tisch", weil

a) die Gruppenmitglieder es nicht wagen, bestimmte Vorschläge vorzutragen oder

b) weil die Anregungen von der Gruppe negativ bewertet und fallengelassen werden.

Untersuchen wir zunächst den ersten Bereich, den wir als „Interne Selektion" bezeichnen.

Was hindert uns daran bestimmte Gedanken zu äußern?

Darf ich Sie bitten, einmal individuell die Gründe zu notieren, die Ihrer Meinung nach den einzelnen daran hindern, manche Ideen bzw. Anregungen, die ihm in den Sinn kommen, auch zu äußern. (Zeit: 3 Minuten)

Teilnehmer-Aktivitäten

Moderation: Darf ich zunächst die einzelnen Teilnehmer bitten, die Zahl zu nennen, auf wie viele verschiedene Gründe sie gekommen sind.

Teilnehmer-Aktivitäten

Moderation: Tragen wir nun zusammen, auf wie viele verschiedene Gründe wir in der Gruppe hier kommen.

Teilnehmer-Aktivitäten

Moderation: Stark vereinfacht: Viele Menschen sind zu ängstlich, um skurrile, unrealistische, utopische, phantastische, abweichende (oder als solche empfundene) Gedanken zu äußern. Wie schnell haben wir Rechtfertigungen wie die folgenden zur Hand:

● „Es klang mir zu simpel und trivial."　　　　　　　**Killerphrasen**
● „Ich habe den Gedanken schon mal Irgendwo gelesen."
● „Der Vorschlag würde nicht akzeptiert werden."

● „Die Idee schien mir letztlich unpraktikabel."
● „Die Anregung wäre zu schwer zu erklären gewesen."
● „Es stand nicht im Zusammenhang mit dem gerade Besprochenen."
● „Die Idee war zu unbedeutend."
● „Ich wäre mir komisch vorgekommen."

In einer „normalen" Gruppe wären wahrscheinlich die in dem folgenden Beispiel geschilderten Gedanken gar nicht erst geäußert worden:

Arbeiter waren damit beschäftigt, Produkte – vor dem Verladen – in Zeitungspapier einzupacken. Sie vergeudeten viel Zeit damit, zunächst in den Zeitungen zu lesen, bevor sie die Produkte darin verpackten. Eine Beratungsgruppe hatte folgende Ideen:

● Ausländische Zeitungen verwenden
● Analphabeten einsetzen
● Die Augen verbinden
● Blinde Arbeiter beschäftigen

In den meisten Sitzungen wären solch „törichte" Ideen mit an Sicherheit grenzender Wahrscheinlichkeit verworfen worden. Um dies zu verhindern, wird die Einführung der folgenden Gruppennorm empfohlen:

Jede Idee, jeder Vorschlag, jede Anregung ist erwünscht.

Auf etwas ausgefallen wirkende Vorschläge (aber keineswegs nur auf diese) wird in Gruppen häufig mit „Killerphrasen" reagiert; da heißt es etwa:

● „Das kann man doch nicht machen."
● „Das haben wir früher schon mal ohne Erfolg probiert."
● „Dazu fehlen uns die Mittel."
● „Unsere Leute werden da nicht mitmachen."
● „Das kostet doch viel zu viel Zelt."
● „Dafür ist die Zeit noch nicht reif."
● „Können Sie das mal für jedermann verständlich formulieren?"
● „Wie stellen Sie sich das konkret vor!?"

Darf ich Sie bitten, diesen Katalog von „Killerphrasen" noch weiter zu ergänzen.

Teilnehmer-Aktivitäten

Moderation: Um das „Abwürgen" von Vorschlägen zu verhindern, wollen wir eine weitere, konstruktive Norm einführen:

Die vorgetragenen Ideen, Vorschläge, Anregungen sollen aufgegriffen und konstruktiv weiterentwickelt werden.

Um zu erreichen, dass auch tatsächlich möglichst alle Ideen geäußert werden, dürfen wir die eben formulierte Norm noch durch eine weitere ergänzen:

Soviel Ideen, Vorschläge, Anregungen wie möglich. – Auf die Quantität kommt es an.

Um die Quantität der Ideen zu steigern, sollte die Gruppe sich vorab auf eine Quote einigen, wie viele Ideen sie zusammenzutragen wünscht.

Drei der bisher genannten Normen wollen wir in einem allgemeinen Grundsatz zusammenfassen, der in den verschiedensten Phasen des kreativen Problemlösungsprozesses zur Anwendung gelangt (also nicht nur während der eigentlichen Ideen-Findung); es handelt sich dabei um das sogenannte „Prinzip der verzögerten Bewertung". **Prinzip der verzögerten Bewertung**

Versuchen wir dieses Prinzip zunächst einmal individuell in einer Übung anzuwenden.

Übung (E):

Sie wohnen in einem Appartementhaus. Ihr Nachbar weckt Sie jede Nacht gegen 2 Uhr durch laute Musik.

Übung

Versuchen Sie 20 Ideen aufzuschreiben, die diese Störung verhindern könnten (Zeit: 3 Minuten). Notieren Sie alles, was Ihnen in den Sinn kommt. Denken Sie an das „Prinzip der verzögerten Bewertung".

Teilnehmer-Aktivitäten

Übung

Übung (KG):

Stellen Sie sich bitte vor, Sie sind auf einen Gemeinschafts-Telefonanschluss angewiesen. Jedes Mal, wenn Sie telefonieren wollen, ist die Leitung besetzt. Was könnte man tun, um dieses Problem zu beseitigen?

Sammeln Sie zunächst 2 Minuten lang individuell alle Ideen, die Ihnen in den Sinn kommen.

Bilden Sie danach Kleingruppen (fünf Mitglieder) und versuchen Sie in 5 Minuten gemeinsam, unter Beachtung der drei vorhin entwickelten Normen, etwa 50 Ideen zu sammeln.

Achten Sie darauf, dass keine Bewertungen geäußert werden.

Gruppen-Ergebnisse

Moderation: Weil es so gut lief, gleich noch ein Problem. Für diese Übung wollen Sie bitte in Ihrer Gruppe je einen „teilnehmenden Beobachter" bestimmen, dessen Aufgabe es ist, auf die Einhaltung der Gruppennormen zu achten, die da lauten:
- Keinerlei Bewertung!
- Jede Idee ist willkommen!
- Soviel Ideen wie möglich!
- Die Ideen anderer aufgreifen und weiterentwickeln!

Übung

Übung (KG):

Ihr Geburtstag steht bevor, den Sie diesmal „anders als üblich" gestalten wollen. Jedes Gruppenmitglied überlegt zunächst 2 Minuten für sich.

Auf die verzögerte Bewertung achten!

Anschließend 5 Minuten Zeit zur Ideen-Sammlung und Weiterentwicklung in der Gruppe. Sie sollten auf etwa 60 Ideen kommen.

Gruppen-Ergebnisse

Moderation: Für die während der letzten Übungen verwendete Methode hat ihr Begründer, der amerikanische Werbefachmann Alex F. Osborn, den Namen *„brainstorming"* (Ideenwirbel, Geistessturm) geprägt.

Diese wohl am weitesten verbreitete Methode baut darauf auf, dass die Assoziationsmechanismen zu einer Vielzahl von Ideen führen, wenn das „Prinzip der verzögerten Bewertung" seine volle Berücksichtigung findet.

Vermutlich haben Sie während dieser Übungen auch gespürt, wie schwer es einem manchmal fallen kann, Bewertungen zu unterlassen. Zumal auch jede non-verbale Kritik eliminiert werden muss. Wie leicht kann eine abwertende Handbewegung, ein ironisch wirkendes Lächeln andere Gruppenmitglieder in ihren Aktivitäten hemmen.

Kognitiv ist es sicherlich keine Schwierigkeit, den Sinn dieser Normen einzusehen, die aber weitgehend von affektiven Faktoren abhängige Verhaltensänderung kann nur durch intensives Üben erreicht werden.

Moderation: Wir haben uns in den bisherigen Übungen mit „Allerweltsproblemen" beschäftigt. Das können wir selbstverständlich weiter so handhaben. Für die Ideen-Findung und die anderen Phasen des Problemlösungsprozesses ist es jedoch von entscheidender Bedeutung, wie groß Ihre Motivation ist, sich mit diesen Problemstellungen zu beschäftigen. Für die Motivation ist es wichtig, ob die Probleme für Sie persönlich bedeutsam, zumindest aber sozial relevant sind.
Wir wollen uns hier nicht mit irgendwelchen Problemstellungen beschäftigen, sondern mit Aufgaben, die Ihr Interesse finden.

Die folgende „Insel-Übung" (in Anlehnung an A. Vogl und Pio Sbandi, in Sbandi, 1973, S. 209 ff.) soll uns dabei behilflich sein, diese Frage zu klären.

Mit Ihrem Einverständnis nehmen wir diese Übung wieder auf. Außerdem wäre es sehr gut, wenn sich drei Beobachter fänden. Hier zunächst die Arbeitsunterlagen:

Insel-Übung (E und KG):

Arbeitsunterlagen : Teilnehmer

Ziele der Übung:

● Es soll gelernt werden, in einer relativ kurzen Zelt die eigenen Interessen laut zu formulieren, sie den anderen entsprechend mitzuteilen und diese damit zu umwerben.

● Es soll gelernt werden, die Einzelinteressen in bezug auf Programm- und Strategieentwicklung in Gruppenarbeiten aufeinander abzustimmen.

● Es soll gelernt werden, die eigenen Aktivitäten in Durchführung und Taktik (über die Rückkopplung durch die Beobachter) kritisch zu überprüfen.

● Es soll eine Situation geschaffen werden, in der für die Teilnehmer einzeln und im Hinblick auf Intra- und Intergruppentätigkeit die Möglichkeit besteht, kreativ zu werden.

Im allgemeinen sind wir Mitglieder einer Gruppe. Bei dieser Übung geht es jedoch darum, zunächst einmal zu erproben, inwieweit man in der Lage ist, selbst eine Gruppe zu bilden.

Die Aufgabe eines jeden von Ihnen ist, sich Anhänger zu suchen, die bereit sind, Ihre Interessen mitzuvertreten und eine gemeinsame Strategie zu entwickeln.

Durchführung:

I. Phase: Die Übungssituation ist folgende: Sie befinden sich auf einer Insel, auf der vor kurzem 500 Leute angesiedelt worden sind. Von denen ist nur die hier anwesende Anzahl von Personen in der Lage, interessenpolitisch aktiv zu werden. Drei bis fünf „Initiativen" sollen begründet werden, in denen sich die verschiedenen Interessen niederschlagen. Jeder von Ihnen hat die Möglichkeit, einer der drei, vier oder fünf Initiatoren zu sein. Wenn es Ihnen gelingt, ihre Interessen so vorzubringen, dass Sie mindestens drei, aber höchstens sechs Anhänger für sich gewinnen, dann haben Sie damit eine „Initiative" gegründet. Dies teilt jeder „Initiator" – zusammen mit dem Namen seiner „Initiative"

– öffentlich durch Anschlag (Plakat, Tafel) mit.

Sie haben zu Ihrer persönlichen Überlegung 10 Minuten Zeit. Für die Werbung selbst stehen anschließend 20 Minuten zur Verfügung.

II. Phase: Die drei bzw. fünf „Initiatoren" halten mit ihren Mitgliedern eine Gründungssitzung, bei der das jeweilige Konzept oder Programm erarbeitet und schriftlich in mehreren (höchstens 10) Punkten festgelegt wird.

Für den III. Arbeitsabschnitt bestimmt jede Gruppe zwei Vertreter, die das Programm oder Konzept der „Initiative" öffentlich vorstellen und dafür werben.

Verfügbare Zeit für diesen Arbeitsabschnitt: 60 Minuten. Die Aufgabe sollte innerhalb dieser Zeit gelöst werden. Eine Verlängerung von 30 Minuten kann mit den anderen Gruppen ausgehandelt werden.

III. Phase: Öffentliche Vorstellung und Verteidigung der „Partei"-Programme durch die jeweiligen Vertreter der „Initiativen".

Dauer: Insgesamt 60 Minuten, wovon jeder „Initiative" für die Darstellung ihrer Vorschläge und zur Beantwortung von Fragen 5 Minuten zur Verfügung stehen.

In den letzten 10 Minuten findet die eine geheime „Volksabstimmung" mit anschließender Stimmenauszählung statt. In der Zwischenzeit ist es den Mitgliedern der einzelnen Initiativen freigestellt, mit welchen Mitteln sie die „Volksabstimmung" beeinflussen wollen.

Abschließend berichten die *Beobachter*; verbunden mit einer gemeinsamen Diskussion.

Arbeitsunterlagen : Beobachter

I. Phase:
Hier empfiehlt sich eine Absprache unter den Beobachtern hinsichtlich der zu beobachtenden Personen. Die Beobachtung sollte sich auf folgende Punkte beschränken:
- Wer spricht mit wem und wie oft (an Hand eines Schemas)?
- Argumentation
- Eventueller Erfolg bzw. Misserfolg der Werbung.

I. Phase

II. Phase **II. Phase:**
- Versuchen Sie festzustellen, ob die in dieser Einheit vermittelten Normen berücksichtigt werden.
- Kommt das „Prinzip der verzögerten Bewertung" zur Anwendung?
- Wie fällt die Gruppe Entscheidungen?

III. Phase **III. Phase:**
- Logischer und psychologischer Aufbau der Argumentation.
- Art und Weise einer eventuellen Unterstützung durch die Gruppe bzw. durch einzelne.

6.3 Sensibilisierung der Wahrnehmung

● **Zielsetzung**

Es soll die Komplexität der menschlichen Wahrnehmung verdeutlicht, auf die sie beeinflussenden Faktoren hingewiesen und verschiedene Funktionen erörtert werden. Zwei methodische Hilfen, das „Frage-und-Vermute-Spiel" und die Aufstellung von Wahrnehmungskategorien werden als Instrumente zur Sensibilisierung angeboten. Die blockierenden Wirkungen der Wahrnehmung sollen besprochen werden.

● **Arbeitsunterlagen**

Foto- oder Transparentkopie „Alte/Junge Frau"
Foto- oder Transparentkopie „Cognac-Mädchen"
Verschiedene Vorlagen über Wahrnehmungstäuschungen
Abzug zum „Frage-und-Vermute-Spiel"

● **Hinweise**

Empfohlen sei vorab, die Abschnitte 3.2.1 „Problem-Wahrnehmung" und 4. „Blockierungen" zu lesen. In der letztgenannten Passage finden sich eine Reihe weiterer Beispiele und Übungen, die in dieser Einheit eingesetzt werden können.

Es handelt sich nicht um eine systematische, sondern um eine exemplarische Darstellung dieses Themenkreises. Die in der letzten Einheit dargestellten normen- bzw. verhaltensbedingten Behinderungen in der kreativen Gruppenarbeit sollen nun noch durch die wahrnehmungsbedingten Blockierungen ergänzt werden.

● **Übersicht**

Im ersten Part werden verschiedene Faktoren dargestellt, die die Wahrnehmung beeinflussen; im zweiten Teil geht es um Techniken zur Sensibilisierung der Wahrnehmung; die dritte Phase vermittelt eine Übersicht über die verschiedenen „Blockierungen".

Moderation: 1819 kam dem französischen Arzt Dr. Laennec, **Beispiele** als er spielende Kinder sah, die durch eine Röhre 'Hallo' riefen, die große Idee: Er fand das Stethoskop.

1839 beobachtete Charles Goodyear eine Mixtur von Schwefel und Gummi, die durch Nachlässigkeit auf einen heißen Ofen geschüttet worden war. Anstatt diesen Zwischenfall unbeachtet zu lassen, betrachtete er den Prozess mit neugierigem Interesse. Dieses Schmelzen von Schwefel und Gummi war genau der Vulkanisationsprozess, nach dem er bereits sieben Jahre geforscht hatte.

Daguerre fiel auf, dass ein Silberlöffel, der auf einer mit Jod behandelten metallenen Fläche gelegen hatte, ein Abbild hinterließ. Daraus entwickelte sich die Erkenntnis, dass Silbersalze dazu verwendet werden können, Papier lichtempfindlich zu machen.

Pasteur bemerkte, als einer seiner Assistenten einmal unachtsam mit einer Kultur Hühnercholerabazillen umging, so dass diese ihre Fähigkeit verloren, die Krankheit hervorzurufen, dass die geschwächte Kultur Hühner immunisierten, denen man sie vor einer Infektion mit einer virulenten Kultur verabreichte. So trat der äußerst bedeutsame Gedanke ins Leben, durch Impfung mit Bazillen reduzierter Aktivität Schutz vor Krankheit herbeizuführen.

Warum fielen dem einen diese Ereignisse auf, während andere sie offensichtlich nicht registrierten?

Wahrnehmung

Damit wären wir bereits mitten drin im Problembereich der „*Wahrnehmung*". (Dieser Begriff sollte an die Tafel, auf einen Tageslichtschreiber oder ein Plakat etc. geschrieben werden. Er wird in den weiteren Überlegungen zu einer graphischen Darstellung ergänzt).

„Wahrnehmung ist dabei eine Sammelbezeichnung für die verschiedensten 'Sinne', von denen in der Psychologie der optische Sinn am eingehendsten untersucht worden ist. Das heißt aber nicht, dass andere Wahrnehmungsbereiche wie Hören und Fühlen für das Verhalten des Menschen weniger wesentlich wären.

Die Wahrnehmung, besonders im zwischenmenschlichen Bereich, ist keineswegs ein fotografisch-objektives Registrieren der Wahrnehmungsgegenstände. Unsere Sinne können uns täuschen – sie sind zahlreichen Korrekturen, Störungen und Fehlern unterworfen." (Antons, K., 1973, S. 66) Illustrieren wir dies an einer kleinen Übung.

Übung:
Wieviel
Quadrate?

Übung (E):

Wie viel Quadrate sehen Sie in diesem Bild?

Teilnehmer-Aktivitäten

Moderation: Die meisten Befragten – sofern sie die Aufgabenstellung noch nicht kannten – multiplizierten 4 x 4 und antworten: 16.

Man kann aber durchaus auch 29 Quadrate sehen, nämlich vier Innenquadrate, vier Quadrate mit 9 Feldern (von jeder Ecke aus gesehen), das Ganze als Quadrat und ein kleines Innenquadrat aus 4 Feldern etc. Die „Gestaltpsychologie" hat über hundert „Gesetze" entdeckt, nach denen die Wahrnehmung korrigiert wird.

Die nächste Übung soll uns auf einige Faktoren aufmerksam machen, die die Wahrnehmung beeinflussen.

Übung (KG):

**Übung:
Alte/Junge Frau**

Es wird eine Kleingruppe gebildet (5 Teilnehmer, von denen niemand diese Übung kennen darf!), die folgende Instruktion erhält:

Stellen Sie sich vor, Sie sind das Leitungsteam einer internationalen Kosmetikfirma. Sie brauchen dringend eine Filialleiterin. Die Zentrale Ihrer Gesellschaft in New York übersendet Ihnen das Funkbild einer infrage kommenden Persönlichkeit. Aufgrund einer Schlamperei stehen Ihnen die persönlichen Daten (Lebenslauf etc.) im Augenblick nicht zur Verfügung.

Sie müssen sich aber heute entscheiden!

Entscheiden und begründen Sie gemeinsam, ob Sie die Dame einstellen und warum – oder warum nicht.

Die Teilnehmer erhalten nun per Tageslichtprojektion oder Fotokopie das folgende Bild überreicht. Zeit zur Entscheidungsfindung: 10–15 Minuten.

Moderation: Viele Faktoren, so haben wir gesagt, beeinflussen unsere Wahrnehmung von einem Objekt bzw. einer Situation.

Darf ich Sie bitten, einmal die Faktoren zu nennen, an die Sie denken, die Ihnen vielleicht auch durch die letzte Übung bewusst geworden sind.

Teilnehmer-Aktivitäten 👤👤

(Die Angaben werden für alle sichtbar aufgeschrieben!)

Moderation: Versuchen wir die Angaben ein wenig zu ordnen.

Wahrnehmungs-gegenstand   Beginnen wir mit jenen Faktoren, die den *„Wahrnehmungs-gegenstand"* betreffen: (Diesen Begriff über den bereits an der Tafel stehenden Begriff *„Wahrnehmung"* schreiben.)

- Die Auffälligkeit des Reizes, z. B. eine Frau unter Männern.
- Die Intensität des Reizes, z. B. ein Düsenflugzeug durchbricht die Schallmauer, während Sie im Wald spazieren gehen.
- Die Dauer des Reizes, nur Bruchteile einer Sekunde oder über einen längeren Zeitraum.
- Die Quantität der Reize; je mehr Plakate für eine Aktion zu sehen sind, desto wahrscheinlicher werden sie wahrgenommen.
- Die Qualität des Reizes; das mit dem Reiz verbundene subjektive Image des Wahrnehmenden.

Wahrnehmende Person   Der letztgenannte Gesichtspunkt weist bereits auf einen weiteren Bereich hin, die *„wahrnehmende Person"*. (Diesen Begriff unter *„Wahrnehmung"* schreiben.)

Welche Reize von der wahrnehmenden Person ausgewählt werden hängt ab:

- Von den Motiven, Einstellungen, Interessen, Wertvorstellungen und Bedürfnissen der Person. Eine experimentelle Untersuchung hierzu:

  Experiment   Kinder aus verschiedenen sozialen Schichten wurde eine Serie von Münzen vorgelegt. Sie sollten die Größe der Münzen einschätzen. Die Kinder überschätzten die größeren Münzen weit mehr als die kleineren; dieses aber nur dann, wenn die größeren Münzen auch einen größeren Wert hatten.

  Außerdem zeigte sich: Kinder aus armen Elternhäusern überschätzten die Münzen stärker als Kinder aus reichen Elternhäusern. Für das Kind aus der Unterschicht ist der subjektive Wert des Geldes größer, deshalb nimmt es Münzen anders wahr. Diese Überschätzungen waren weitaus geringer bzw. kamen überhaupt nicht vor, wenn die Kinder einfache runde Pappschilder (in Münzengröße) zu beurteilen hatten.

Ein anderes Beispiel:

Versuchspersonen, die über verschieden lange Zeiträume hinweg keine Nahrung bekommen hatten, wurden eine Reihe undeutlicher Zeichnungen vorgelegt. Sie wurden sodann aufgefordert, zu sagen, was sie jeweils sahen bzw. womit sie die einzelnen Zeichnungen assoziierten.

Resümee: Je länger eine Versuchsperson gehungert hatte, desto öfter brachte sie die Zeichnung in Verbindung mit Nahrungsmitteln, „sah" also etwas Essbares. Mit der Wahrnehmung werden aber auch Einstellungen und Werturteile verknüpft, d. h., der Wahrnehmende fügt den Informationen, die er aus der Umwelt erhalten hat, selbst noch etwas hinzu.

● Von den persönlichen Erfahrungen.   **Persönliche**
Im Laufe seiner Entwicklung hat jeder Mensch Erfahrungen **Erfahrungen**
gesammelt und im Gedächtnis gespeichert. Immer wenn Gegenstände oder Personen in der Umwelt beobachtet werden, wird auf dieses Datenmaterial zurückgegriffen und daraus die unmittelbare Wahrnehmung ergänzt. Dabei assoziieren wir oft unzutreffend und kommen zu verzerrten oder auch falschen Urteilen, trotz der subjektiven Gewissheit, dass das, was wir meinen, „wahr" sei. Wir verlassen uns jedoch nicht nur auf unsere eigenen Vorausinformationen, sondern übernehmen die Urteile anderer und sehen Dinge und Personen wie diese.

Somit ist die Wahrnehmung auch abhängig
● von den Einflüssen seitens anderer Personen.

Die Wahrnehmung ist sicherlich auch beeinflusst von der „*So-*   **Soziale Situation**
zialen Situation". (Diesen Begriff rechts neben den Begriff „*Wahrnehmung*" schreiben.)

Zur Illustration eignet sich das Asch-Experiment, welches bereits beschrieben wurde, dabei ging es darum, dass einer Gruppe von Versuchspersonen eine Standardstrecke gezeigt wurde; danach ein zweites Bild mit drei verschieden langen Strecken, von denen eine mit der zuerst gezeigten identisch war. Die Versuchspersonen sollten nun die identische Strecke herausfinden und nacheinander die entsprechende Kennziffer laut nennen. Bei diesem Test sind alle Versuchspersonen – bis auf eine – Mitwisser des Versuchsleiters. Wie wird sich die uneingeweihte Versuchsperson verhalten? In vielen Fällen passt sie sich den Meinungen der anderen an, auch dann, wenn sie offensichtlich falsch sind.

Der „soziale Druck", der durch die laut ausgesprochenen Schätzungen der anderen ausgeübt wird, beeinflusst die eigene Meinung, das eigene Urteil, macht die Versuchsperson skeptisch gegenüber ihrer eigenen Wahrnehmung. Im Einzelversuch zeigt sich dann, dass die „uneingeweihte" Versuchsperson – ohne fremden Einfluss – durchaus in der Lage ist, die richtigen Strecken zu erkennen. Die Versuchsperson schätzt alte Vergleiche richtig.

Die Urteile anderer Personen über denselben Gegenstand oder Sachverhalt beeinflussen unsere eigenen Wahrnehmungsurteile. Insbesondere bei unvollständigen Informationen verlassen wir uns auf die Urteile anderer, oft so, dass uns diese Einflüsse nicht bewusst werden.

Social perception   „Was der Mensch in jedweder Situation wahrnimmt, lautet eine Grundthese der ‚social perception', und wie er wahrnimmt, spiegelt unweigerlich die Weise wieder, wie er in eine solche Situation eintritt, wie er ‚eingestellt' ist. Eine solche ‚Einstellung' wird aber als Funktion der herrschenden Motive (Antriebe, Bedürfnisse, Anschauungen), wie vor allem seiner personalen Struktur und ihrer Werthaltung verstanden. Eine solche ‚Einstellung' bedingenden Faktoren fasst die Theorie der ‚social perception' als Produkte der Wechselwirkung zwischen dem Subjekt und seiner Mitwelt auf" (S. 605). Und: Wahrnehmung ist ein Kompromiss zwischen dem, „was der Mensch wahrzunehmen erwartet, und dem, was er faktisch an Umweltaufschluss vorfindet". (Graumann, C. F., 1956, S. 611)

Umwelt   So, wie die Einflüsse durch andere Personen die Wahrnehmungen verfälschen können, so kann dies auch die „Umwelt". (Diesen Begriff links neben den Begriff „Wahrnehmung" schreiben.)

Wie die Wahrnehmungspsy-
chologie gezeigt hat, nehmen
wir Gegenstände niemals isoliert
wahr, sondern stets in ihrer Beziehung zur Umgebung: „Wird
eine einfache geometrische Figur
auf einen Perspektivraster gesetzt, so verliert sie einen Teil ihrer ursprünglichen Eigenschaften
und wird durch die Tiefenwir-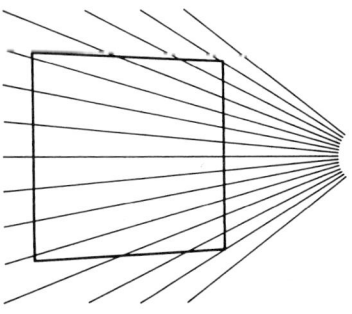
kung des Strahlenbündels verzerrt. Um ihr die ursprünglichen Ei-
genschaften zu geben, müssen wir sie verfälschen: Die linke Sei-
tenlinie des Quadrats ist um 4 mm höher als die rechte."
(Lanners, E., 1973, S. 91)

Wir wissen zwar, dass dies so ist, doch in diesem und anderen
Fällen nützt das Wissen nicht. Wir sind in unserer Wahrnehmung
abhängig von den „Reizen", die den Wahrnehmungsgegen-
stand umgeben.

Die bereits an der Tafel stehende Skizze sollte nun so aussehen:

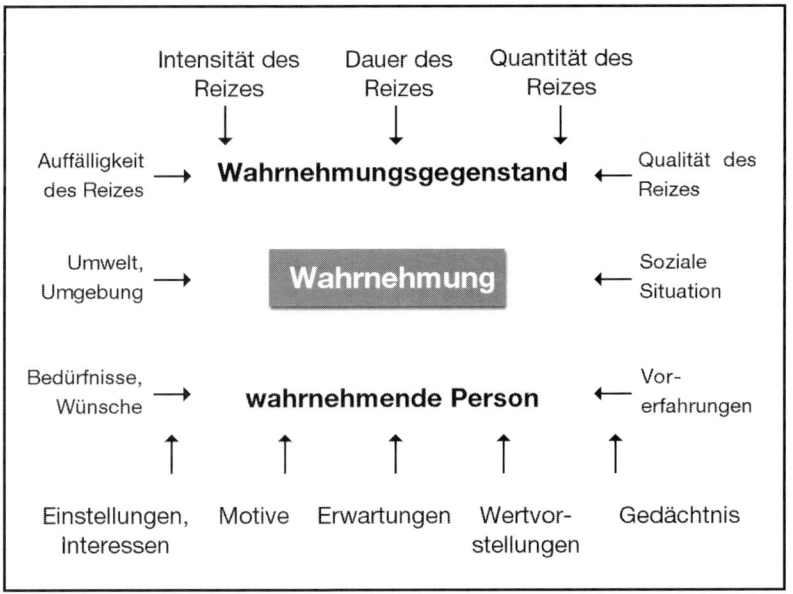

Moderation: Verstärken wir das eben Gesagte durch eine kleine Demonstration (der Moderator zeichnet zwei Linien an die Tafel, die wie folgt aussehen:)

Übung

Aufforderung an die Teilnehmer: Sie sehen hier eine Zeichnung; darf ich Sie bitten, Ihre Wahrnehmung zu dieser Zeichnung zu notieren.

Teilnehmer-Aktivitäten

Moderation: Angenommen ich sage Ihnen nun, dass es sich um Telefonmaste handelt, die auf der gleichen Seite stehen. Wie würden sie Ihre Wahrnehmungen beschreiben?

Teilnehmer-Aktivitäten

Moderation: Diese zusätzliche Information gibt dem Bild so etwas wie Tiefe. Der eine Telefonmast wird weiter entfernt gesehen als der andere. Beide Masten scheinen auf derselben Seite zu stehen, weil die notwendige Perspektive dies bedingt und außerdem unsere Wahrnehmung durch die bisherigen Erfahrungen beeinflusst wird. Nun betrachten Sie folgende Zeichnung:

Versuchen Sie sich die Linien ebenfalls als Telefonmasten von derselben Länge vorzustellen. Versuchen Sie, dazu die umgebende Landschaft zu beschreiben.

Teilnehmer-Aktivitäten

Moderation: In der Regel werden Sie den linken Mast auf einem Hügel stehen gesehen haben. Auch wenn Sie das Bild anders interpretiert haben, so wird Ihre Reaktion wiederum auf zurückliegenden Erfahrungen beruhen. Bei jeder neuen Beschreibung haben sich ja nicht die Linien verändert, sondern sie wurden jeweils mit einer anderen Vorerfahrung in Verbindung gebracht; diese sorgte für eine veränderte Wahrnehmung der Linien. Mit anderen Worten: Was wir sehen, hängt von den „internen" und den „externen" Stimuli ab. Unser Gehirn organisiert auf unterschiedliche Weise das, was unsere Sinne erfassen. Dies bringt jedoch auch den Vorteil mit sich, dass wir ein Objekt oder eine Situation aus den unterschiedlichsten Perspektiven betrachten können.

Gehen wir einen Schritt weiter. Betrachten Sie bitte sorgfältig die folgende Zeichnung; zunächst die rechte Seite: Wie viele Enden scheint das Objekt zu haben?

Nun betrachten Sie bitte den linken Teil: Wie viele Enden hat das Objekt tatsächlich?
Was macht uns so konfus, wenn wir diese Zeichnung betrachten?

Teilnehmer-Aktivitäten

Moderation: Es handelt sich hier nicht um eine optische Täuschung, denn Vorlage und Wahrnehmungsbild stimmen überein. Was den Betrachter irritiert, ist die Tatsache, dass die Muster räumlich interpretiert werden und dass kein dreidimensionales Objekt in Wirklichkeit so aussehen kann.

Wir dürfen Sie jetzt zu einem „Frage-und-Vermute-Spiel" einladen. Wie wir bisher festgestellt haben, wird aufgrund unserer Absichten, Einstellungen, Vorerfahrungen etc. die Interpretation einer Situation sich von den Erklärungen anderer (zumindestens im Detail) unterscheiden.

Wenn wir ein Objekt oder eine soziale Situation zunächst individuell interpretieren und im zweiten Schritt integrieren, so nutzen wir wiederum den Leistungsvorteil der Gruppe, indem wir andere Perspektiven kennen lernen und dadurch gleichzeitig unsere Wahrnehmungen sensibilisieren. Diese Zusammenhänge verdeutlicht noch einmal das „Frage-und-Vermute-Spiel".

**Übung:
Frage-und-
Vermute-Spiel**

Übung:

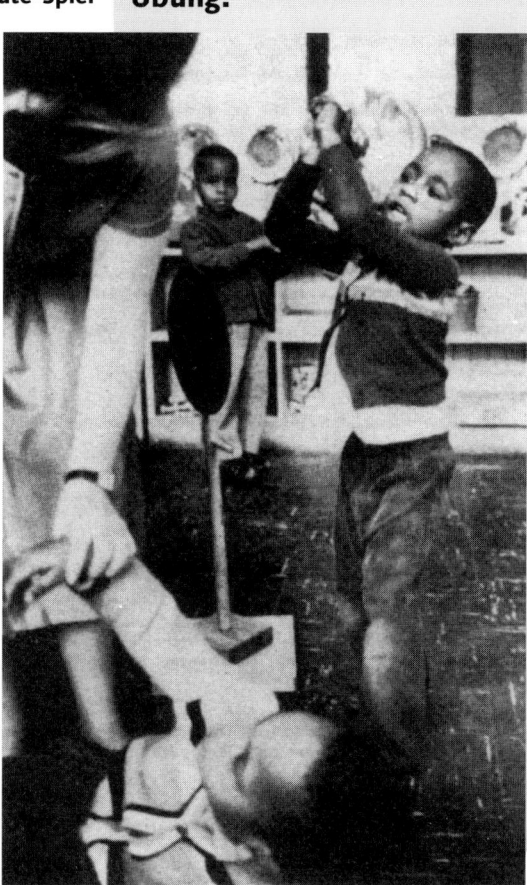

Hier die Instruktionen:

Die nächste Aufgabe wird Ihnen Gelegenheit geben, festzustellen, wie gut Sie Fragen stellen können, um Dinge herauszufinden, die Sie nicht kennen, und wie gut Sie Vermutungen anstellen können über mögliche Ursachen und Auswirkungen von Ereignissen.

Betrachten Sie das folgende Bild. Was geschieht? Was können Sie mit Sicherheit sagen? Was müssen Sie noch wissen, um tatsächlich zu verstehen, was geschieht, was das Geschehen verursachte und was das Ergebnis sein wird?

Anweisung: Schreiben Sie nun alle Fragen auf, die Ihnen zu dem vorgelegten Bild einfallen. Stellen Sie alle Fragen, die Sie stellen müssten, um mit Sicherheit zu wissen, was geschieht.

Stellen Sie keine Fragen, die schon durch das Anschauen des Bildes beantwortet werden können. (Zeit: 5 Minuten)

Nach 5 Minuten werden die folgenden Instruktionen für die zweite Aufgabe „Vermuten von Ursachen" gegeben.

Führen Sie nun so viele mögliche Ursachen der Handlung auf dem Bild auf, wie Sie können. Sie können daran denken, was sich unmittelbar vor dem Geschehen auf dem Bild ereignet haben könnte, oder an etwas, das sich lange Zeit vorher ereignete und zu dem Geschehen auf dem Bild führte. Stellen Sie so viele Vermutungen wie möglich an. Seien Sie nicht ängstlich dabei. (Zeit: 5 Minuten)

Nach weiteren 5 Minuten werden die folgenden Instruktionen für die dritte Aufgabe „Vermuten von Auswirkungen" gegeben:

Führen Sie nun so viele Möglichkeiten, wie Sie können, darüber an, was sich als Auswirkung des Geschehens auf dem Bild ereignen könnte. Sie können daran denken, was sich unmittelbar danach oder was sich viel später in der Zukunft aus dem Geschehen ergeben könnte. Stellen Sie so viele Vermutungen wie möglich an. Seien Sie nicht ängstlich dabei.

Teilnehmer-Aktivitäten

Moderation: In dieser Einheit geht es uns darum, die Wahrnehmung zu sensibilisieren. Bedienen wir uns dazu einer weiteren Technik.

Darf ich Sie bitten, einmal alle Merkmale, Charakteristika, Funktionen eines gewöhnlichen Bleistiftes zu notieren.

Teilnehmer-Aktivitäten

Moderation: Schreiben Sie nun so viel wie möglich andere als die üblichen Verwendungsweisen für einen gewöhnlichen Bleistift auf.

Teilnehmer-Aktivitäten

Moderation: Diese Funktionen kann also ein Bleistift ausüben. Die *Funktion* eines Gegenstandes ist nur eine Kategorie, unter der wir ein Beobachtungsobjekt beschreiben können. Notieren Sie nun weitere Kategorien, mit deren Hilfe ein Gegenstand noch präziser beschrieben werden könnte.

Teilnehmer-Aktivitäten

Moderation: Mögliche andere Kategorien wären – wie wir eben festgestellt haben – etwa das Material, die Struktur, die Form, die Farbe, der Klang, der Geschmack, der Geruch, die Zeit, der Raum, die Größe…

(Kategorien zur Beschreibung einer Gruppe wären beispielsweise die im Abschnitt 5 genannten Charakteristika.)

Wir wollen nun überprüfen, inwieweit die eben erarbeiteten Kategorien unsere Wahrnehmungen gegenüber einem Gegenstand verfeinern.

Legen Sie bitte eine Tabelle mit den genannten Kategorien an und tragen Sie Ihre Wahrnehmungen im Hinblick auf einen ganz gewöhnlichen Bleistift ein.

Tabelle Bleistift

Funktionen	Materialien	Strukturen	Formen	Farben

Teilnehmer-Aktivitäten

Moderation: Diese Übung sollte verdeutlichen, wie viele Details man an einem alltäglichen Gegenstand beobachten kann. Es empfiehlt sich, die Fähigkeit, Gegenstände bzw. soziale Situationen subtiler zu sehen, weiterzuentwickeln, um dadurch veranlasst zu werden, das Ganze in Frage zu stellen. Die uns umgebenden Wahrnehmungsgegenstände müssen wieder „fragwürdig" werden. Wer seine Beobachtungsfähigkeit nutzt, wird wahrscheinlich auch mehr Ideen zur Problemlösung entwickeln können.

(Anmerkung für die Moderation: An dieser Stelle ließen sich die im Abschnitt 4 dargestellten Blockierungen einblenden.)

Falls noch Zeit verbleibt, so können zwei weitere Techniken zur Sensibilisierung der Wahrnehmung gezeigt werden. Edward de Bono publizierte sie unter dem Stichwort: „Ansatzpunkt wechseln" und „Entwicklung von Alternativen" (Bono, E. de, 1971, S. 65 ff. und 178 ff.)

Betrachten wir zunächst den Ansatzpunkt:

„'Ansatzpunkt' bezeichnet ... den Teil einer Aufgabe oder Situation, der zuerst beobachtet wird." (S. 178)

Beispiel: An einem Tennisturnier nehmen 111 Spieler teil. Wenn es sich um ein Einzel-Ausscheidungsturnier handelt, wie viele Spiele müssen mindestens ausgetragen werden?

Übung

Die Lösung: 110. Die Zahl erhält man sofort, wenn man den Ansatzpunkt nicht bei den Siegern, sondern bei den Verlierern wählt.

Konsequenz: Unter Beachtung des „Prinzips der verzögerten Bewertung" werden alle Ansatzpunkte zusammengestellt. Dies gilt auch für die „Entwicklung von Alternativen".

„Bei der lateralen Suche ist man bemüht, so viele Alternativen wie möglich zu entwickeln. Man sucht nicht nach dem besten Zugang, sondern nach so vielen verschiedenen wie möglich." (S. 65)

6.4 Entwicklung von Problembewusstsein

● Zielsetzung

In dieser Einheit kommt es vor allem darauf an, dem Teilnehmer am Training möglichst eindringlich zu verdeutlichen, warum er sich nicht mit der erstbesten Problemformulierung zufrieden geben sollte. Gleichzeitig den Zusammenhang zwischen der sorgfältigen Entwicklung des Problembewusstseins und der Anzahl der gefundenen Ideen zu verdeutlichen. In dieser Einheit werden Techniken demonstriert, mit deren Hilfe das Problembewusstsein vergrößert werden kann;

gleichzeitig geht es um die Darstellung einer Methode, die auch für die Ideen-Findung von Bedeutung ist, nämlich der sogenannten *„Morphologie"*.

● Arbeitsunterlagen

Abzüge, Fakten-Findung, Konstruktion eines morphologischen Kastens, Fragen, Checkliste, eventuell einen „neutralen" morphologischen Kasten per Abzug, damit die zeichnerische Arbeit erleichtert wird.

● Hinweise

Die Konstruktion des morphologischen Kastens wird unter Umständen einigen Teilnehmern Schwierigkeiten bereiten. Das Beispiel ist auch nicht für jedermann unmittelbar verständlich. Je nach Teilnehmerkreis sollte die Konstruktion an einer einfachen Problemstellung erläutert werden.

● Übersicht

Formulierung von subjektiv relevanten Problemen

Ermittlung weiterer Fakten

Erarbeitung eines morphologischen Kastens an einem Beispiel

Einsatz einer Fragen-Checkliste

Anwendung auf Problemstellungen der Teilnehmer

Moderation: Damit wir uns später nicht mit irgendwelchen Problemstellungen herumschlagen, möchte ich Sie zunächst bitten, jene Probleme einmal zu formulieren, die für Sie persönlich bedeutsam sind und für die Sie gerne Lösungsvorschläge erhalten möchten. Dazu schlage ich Ihnen folgende kurze Übung vor:

Übung:
Problemsituation

Übung:

● Jeder von Ihnen skizziert zunächst ein Problem – oder besser eine Problemsituation – welche Sie in der letzten Zeit besonders beschäftigt hat und für deren Lösung Sie gerne Anregungen bekommen möchten. (Einzelarbeit, Zeit: 10 Minuten)

● Bilden Sie nun bitte Kleingruppen (4 Teilnehmer), tragen Sie dort Ihre Problemstellungen vor und einigen Sie sich bitte auf eine Rangordnung der Probleme.
(Achten Sie dabei auch auf das „Prinzip der verzögerten Bewertung".)

Teilnehmer-Aktivitäten

Moderation: In dieser Diskussion zur Ermittlung verschiedener Problemstellungen wird Ihnen sicherlich aufgefallen sein, dass die geschilderten Problemsituationen durch die verschiedenen Gruppenmitglieder unterschiedlich interpretiert wurden. Diese verschiedenen Auffassungen sind kein Handicap, sondern weisen auf andere Perspektiven hin, die konstruktiv genutzt werden sollten. Mit dieser Feststellung verbindet sich eine Erfahrung, die sich etwa wie folgt zusammenfassen lässt: Je vielschichtiger eine Person ein Problem wahrnimmt, desto umfangreicher werden ihre Lösungsvorschläge sein.

Angenommen, Sie sollten Verbesserungsvorschläge für einen Gebrauchsgegenstand erarbeiten, so wäre es sicherlich vorteilhaft, wenn Sie das Problem nicht nur aus der Sicht des Benutzers, sondern ebenso aus der Perspektive des Herstellers, des Händlers, der Werbung, der Konkurrenz, der Substitutionsprodukte, der technischen Entwicklung, der Absatzgebiete etc. betrachten.

Übung:

Erarbeiten Sie bitte in Ihrer Kleingruppe, welche *Faktoren* für das erste des von Ihnen ausgewählten Problems von Bedeutung sind. Zunächst sollten Sie individuell arbeiten (Zeit: 3 Minuten) und anschließend die Faktoren in einer gemeinsamen Liste zusammentragen.
Wiederholen Sie diese Übung auch an den weiteren Problemen, die Sie eben formuliert haben. Ergänzen Sie jeweils die Liste um die neu hinzugekommenen Faktoren. Diese Liste steht Ihnen als „Checkliste" auch für spätere Problemstellungen zur Verfügung.

Übung:
Fakten-
Analyse

Teilnehmer-Aktivitäten

Moderation: Dieser erste Schritt zum Vertrautwerden mit einem Problem sollte Ihnen jedoch nicht genügen. Wenn das Problem für Sie bedeutsam genug ist, so sollten Sie versuchen, sich noch detaillierter mit den Einzelheiten zu beschäftigen. Das Ziel dieser Vorgehensweise ist es, sich möglichst intensiv in ein Problem hineinzudenken, sich damit förmlich zu *imprägnieren*.

Die nächste Übung soll Ihnen dabei behilflich sein.

(Arbeiten Sie bitte an einem der ausgewählten Probleme weiter.)

Übung:
Fakten-Findung

Übung:

Fakten-Findung

Welche weiteren Informationen möchte ich zu diesem Problem noch haben?

(Notieren Sie hier Fragen zur Fakten-Findung. Lassen Sie sich nicht dadurch irritieren, ob Sie die Information erhalten können oder nicht. Wenn Sie an einer bestimmten Faktenfrage interessiert sind, so notieren Sie diese hier).

Wo könnte ich zu diesen Fragen Antworten erhalten?

(Notieren Sie für jede Frage alle denkbaren Informationsquellen).

(Diese individuell erarbeitete Aufstellung zur Fakten-Findung kann anschließend in der Gruppe ausgetauscht und – wenn erwünscht – eine gemeinsame Aufstellung erarbeitet werden).

Morphologische Methode

Moderation: Wenden wir uns einer weiteren, subtileren Methode zur Erweiterung des Problembewusstseins zu, der Morphologie.

Übung:
Stichworte/
Raster/Kasten

Übung:

Erster Schritt: Jeder Teilnehmer notiert individuell alle Stichworte, die ihm zu dem ausgewählten Problem einfallen. (Zeit: 5 Minuten)

Faktenfindung

Welche weiteren Informationen möchte ich zu diesem Problem noch haben?	Wo könnte ich zu diesen Fragen Antworten erhalten?
(Notieren Sie hier Fragen zur Fakten-Findung. Lassen Sie sich nicht dadurch irritieren, ob Sie die Informationen erhalten können oder nicht)	(Notieren Sie für jede Frage alle denkbaren Informationsquellen)

Zweiter Schritt: Die Stichworte werden zusammengetragen und in einer Aufstellung erfasst.

Dritter Schritt: In wiederum individueller Arbeit versucht jeder Teilnehmer diese Stichwortliste zu sortieren, indem er Oberbegriffe auswählt, unter denen die einzelnen Stichworte zusammengefasst werden können.

Vierter Schritt: Die Oberbegriffe bzw. Einteilungssysteme der einzelnen Teilnehmer werden vorgetragen; anschließend einigt sich die Gruppe auf einen gemeinsamen *Raster*.

Sämtliche Stichworte werden diesem Raster zugeordnet. Dabei geht man entweder so vor, dass die einzelnen Oberbegriffe in Spalten eingetragen und darunter die Stichworte notiert werden, oder die Oberbegriffe werden direkt in einem morphologischen Kasten eingesetzt (siehe Beispiel).

Fünfter Schritt: Die Spalten bzw. die Begriffe im morphologischen Kasten können nun systematisch oder nach dem Zufallsverfahren miteinander kombiniert werden. Die einzelnen Kombinationen regen zu verschiedenen Fragestellungen an, die entsprechend notiert werden sollen. (Es empfiehlt sich, nicht mehr als drei Begriffe in einer Kombination zu berücksichtigen.)

Beispiel: Zur Illustration der Vorgehensweise wollen wir uns den *Problemen des Bildungsprozesses* widmen.

Erster Schritt: Erstellung der Stichwortliste
Wir nehmen einmal an, ein Teilnehmer hätte die folgenden Begriffe, die ihm zum Problembereich „Bildungsprozess" eingefallen sind, notiert: Motivation, Lehrplan, Information, Lernkapazität, Lernende, Lernziele, Lerninhalt, Lehrer, Dozent, Erwartungen, Lernkontrolle, kognitives Lernen, affektives Lernen, Gedächtnis, Konzentration, Hilfsmittel, Arbeitsmaterial, Gruppenarbeit, Lerntechniken, Aktivität, Lernfähigkeit, Lernbereitschaft, …

Zweiter Schritt: Aus den einzelnen Stichwortlisten der Gruppenmitglieder wird eine gemeinsame Liste erstellt.

Dritter Schritt: Die Begriffe werden unter Oberbegriffe zusammengefasst. Jedes Gruppenmitglied entwickelt zunächst individuell für sich einen solchen Zuordnungsraster, z. B.

- beteiligte Personen
  (Lehrer, Dozent, Schüler, Teilnehmer, Verwaltungspersonal, Hausmeister, Beamte in der Schulbehörde)
- Lernziele
  (Richt-, Grob- und Feinziele; kognitive, affektive, soziale, psycho-motorische Ziele; obligatorische, fakultative, freie Ziele)
- Lerninhalte
  (wissenschaftlich bedingte, lehrplanmäßig vorgegebene, an didaktischen Prinzipien orientierte, den Lernzielen entsprechende)
- Methodik
  (Einzelarbeit, Gruppenarbeit, an einem Stufungsschema orientiert, deduktiv, induktiv, exemplarisch)
- Motivation (habituelle, aktuale, intrinsische, extrinsische)
- Aktivität (learning by doing)
- Bedürfnisse
  (Bedürfnis nach Information, Kommunikation, Kompensation)

Vierter Schritt: In der Gruppe wird ein gemeinsamer Raster erarbeitet. In diesem Beispiel nehmen wir einmal an, die Gruppe hätte sich auf die folgenden Kategorien geeinigt:

– Teilnehmer	– Ziele	– Motive
– Moderator/in	– Inhalte	– Aktivitäten
– Veranstalter	– Methoden	– Bedürfnisse
	– Medien	– Lernfähigkeit
		– Kompetenz

Zeichnen wir diese Kategorien nunmehr an einem morphologischen Kasten auf, so ergibt sich das folgende Bild:

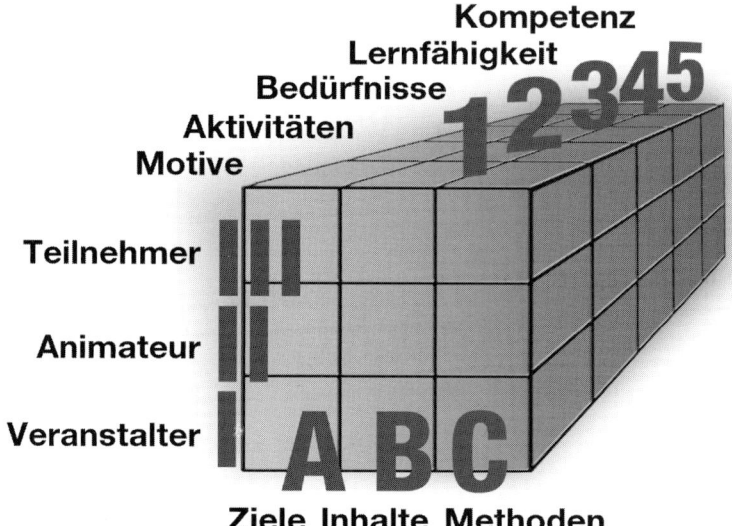

Fünfter Schritt: Auswertung der einzelnen Begriffskombinationen, d. h. der Fächer des morphologischen Kastens.

Ziehen wir zur Illustration einmal den Kasten I/A/1 heraus. In ihm enthalten sind die folgenden drei Begriffe: Teilnehmer, Ziele, Motive.

Dazu notieren Sie sich nun alle Fragen, die ihnen in den Sinn kommen. („Prinzip der verzögerten Bewertung" beachten) z. B.:

- Was für ein Ziel soll durch die Motivierung der Teilnehmer erreicht werden?
- Wem sind die Ziele und Motive der Teilnehmer bekannt?
- Womit kann man die Motive der Teilnehmer im Hinblick auf die Ziele verstärken?
- Wann werden die Motive der Teilnehmer, die für die Zielsetzung von Bedeutung sind, geklärt?
- Warum sind die Motive der Teilnehmer so wichtig für die Erreichung der Ziele?
- Wie kann man auf die Ziele und Motive der Teilnehmer Einfluss nehmen?

Wenn nach einiger Zeit dem einzelnen Teilnehmer keine Fragen mehr einzufallen scheinen, dann kann er die folgende *Fra-*

gen-Check-Liste einsetzen. (Diese Check-Liste kann auch unabhängig von der morphologischen Analyse eingesetzt werden.)

Sie enthält einen Grundstock an Fragen, die mit dem Ziel verwendet werden, alle möglichen Fragestellungen im Hinblick auf ein Problem aufzustellen. Betont sei noch einmal, dass diese Technik hauptsächlich die Absicht verfolgt, das Problembewusstsein zu entwickeln.

Fragen-Check-Liste

Wann?	Was für eine?	Womit?
Warum?	Was für welche?	Worin?
Was?	Wem?	Worüber?
Durch was?	Mit wem?	Wovon?
Was für ein?	Woher?	Wohin?
Wozu?	Weshalb?	Wie lange?
Wem?	Wessen?	Mehr?
Für wen?	Wie?	Öfter?
Wer?	Wie sehr?	Weniger?
Alle?	Wie viel?	Wodurch?
Nicht alle?	Wie weit?	Wofür?
Keine?	Wo?	Woher?
Wichtig?	Woanders?	Schwerer?
Wieder?	Wie oft?	Leichter?
Voll?	Zusammen?	Mit?
Leer?	Allein?	Gegen?
Über?	?????	
Unter?		
Durch?		

Wir nehmen einmal an, dass mit Hilfe der Fragen-Check-Liste noch die folgenden Fragen formuliert worden sind:

● Wann wird festgestellt, ob Ziele und Motive der Teilnehmer übereinstimmen?

● Was motiviert die Teilnehmer zur Erreichung des Zieles?

● Wodurch wird eine Übereinstimmung zwischen Ziele und Motive der Teilnehmer erreicht?

● Was für ein Motiv ist notwendig für den Teilnehmer, um das gesteckte Ziel zu erreichen?

● Welche Teilnehmer müssen motiviert werden, um zum Ziel zu kommen?

● Mit wem werden motivierte Teilnehmer ihre Ziele besprechen?

● Worin sehen die motivierten Teilnehmer ihre Ziele?

● Worüber sind Ziele und Motive der Teilnehmer in Einklang zu bringen?

● Wovon hängt es ab, ob Ziele und Motive der Teilnehmer übereinstimmen?

Wenn nun dieser Fragenkatalog, der mit Hilfe der Fragen-Check-Liste durch die einzelnen Teilnehmer erarbeitet wurde, anschließend wieder in der Gruppe zusammengetragen wird, so dürfte dies eine ausgezeichnete Grundlage dafür sein, dass jeder Teilnehmer mit der Vielschichtigkeit des Problems vertraut gemacht wird.

Die hier für eine einzige Begriffskombination (nämlich: Teilnehmer, Ziele, Motive) entwickelten Fragestellungen können selbstverständlich auch für andere Kombinationen verwendet werden. Wir machen uns dabei die Technik der *konstanten Fragen* zunutze.

Walter Rathenau weist in seinen „Reflektionen" auf diese konstanten Fragen hin, in die von Fall zu Fall verschiedene Begriffe eingesetzt werden können. Hat man also einmal einen Katalog von Fragestellungen entwickelt, so können diese Fragen auch für alle anderen Kästen übernommen werden.

In unserem Beispiel könnte der Begriff „Teilnehmer" durch „Moderator" oder „Veranstalter" ausgewechselt werden; entsprechend könnten die „Ziele" durch „Inhalte", „Methoden" bzw. „Medien" ausgetauscht werden. Entsprechend könnte die erste oben formulierte Frage lauten:

● Welcher „Inhalt" soll durch die „Aktivitäten" des „Moderators" vermittelt werden?

Solche konstanten Fragen könnten – methodischer genutzt – ein sehr wertvolles heuristisches Hilfsmittel darstellen. Wie das

oben verwendete Beispiel zeigt, könnten durch die systematische Strukturierung eines Problembereiches
a) die „weißen Flecken" herausgearbeitet und
b) sehr viel Doppelarbeit vermieden werden.
   (Wie viele Graduierungs- bzw. Diplomarbeiten werden beispielsweise in dem hier ausgewählten Problembereich in jedem Semester doppelt und dreifach angefertigt, während andere Sektoren des gleichen Gebietes unbearbeitet bleiben.)

Moderation: Zwischendurch aber eine kleine „Lockerungs-Übung", bei der es wiederum darauf ankommt, Fragen zu stellen, diesmal aber in etwas poetischer Form. Josef Reding, Träger mehrerer bedeutender Literaturpreise, hat ein Bändchen mit „Gutentagtexten" veröffentlicht (Engelbert-Verlag, 5983 Balve/Sauerland, 1974), darin heißt es:

Übung

„Fragt, fragt, fragt,
bis man euch gesagt:
warum die Sonnenuhr nicht tickt,
warum ein Neinsager nicht nickt,
ob Ohren Augenlider haben,
ob man versichert Unglücksraben?
Fragt, fragt, fragt!"

   Darf ich Sie nun ermuntern, selbst einmal ein oder zwei Strophen zu formulieren. Beginnen Sie dabei mit:

Fragt, fragt, fragt,
bis man euch gesagt:
   ......

Moderation: Dieses sehr ausführlich dargelegte Beispiel sollte Ihnen noch einmal zeigen, wie gründlich man sich in die Vielfalt eines Problems hineinarbeiten kann.
   Darf ich Sie nunmehr auffordern, dieselbe Vorgehensweise an einem der von Ihnen ausgewählten Probleme durchzuspielen.

Teilnehmer-Aktivitäten

Moderation: Es kam in dieser Einheit nicht darauf an, Probleme zu lösen, sondern die Vielfalt eines Problems bewusst zu machen. Bevor wir uns der Ideen-Findung zuwenden, wollen wir uns noch ein wenig mit der Problemformulierung beschäftigen.

6.5 Probleme formulieren

● Zielsetzung

Üblicherweise geben wir uns damit zufrieden, die erstbeste Problemformulierung, die uns in den Sinn kommt, auch zu verwenden. Dass diese Vorgehensweise nicht zweckmäßig ist, soll in dieser Einheit gezeigt und gleichzeitig Vorschläge und Anregungen für alternative Strategien vermittelt werden.

● Arbeitsunterlagen

Evtl. ein Abzug mit dem Schema von der allgemeinen Problemsituation bis zur Generalisierung. Plakatkarton (Tapete)

● Hinweise

Die „Warum-Technik" erscheint manchem Teilnehmer zu aufwendig. Deshalb ist eine besonders sorgfältige Erläuterung und Begründung notwendig. Die weiteren Techniken können ebenfalls an den vorhandenen Beispielen demonstriert werden. Legen Sie besonderen Wert auf die abschließende Übung, da in ihr auch Techniken aus vorausgegangenen Einheiten geübt werden.

● Übersicht

Erläuterungen der „Warum-Technik"
Beispiel zur Anwendung
Hinweise auf weitere Techniken
Anwendungsübung
Lockerungsübungen

Moderation: Von dem amerikanischen Erfinder Edison (1300 Patente) ist bekannt, dass er sich zunächst darum bemühte, möglichst exakt festzulegen, was er zu finden gedachte, um erst dann mit der eigentlichen Arbeit zu beginnen.

Die meisten Menschen wählen die erstbeste Problemformulierung, die ihnen in den Sinn kommt und stürzen sich danach direkt in die Suche nach Lösungen. Es käme ihnen gar nicht in den Sinn einmal zu fragen, ob diese Formulierung nicht selbst ein Hindernis darstellen könnte.

Von dieser Verhaltensweise wollen wir Sie in diesem Training abbringen. Der hauptsächliche Grund: In der Regel stehen wir nicht einem bereits exakt formulierten Problem, sondern einer allgemeinen Problemsituation gegenüber. Statt das Problem so allgemein wie möglich zu belassen, greifen wir einen speziellen Aspekt heraus und verbauen uns damit die Vielzahl der möglichen Sichtweisen. Wir behindern uns sozusagen selbst, indem wir unsere Aufmerksamkeit auf einen Teil statt auf das Ganze konzentrieren. Verdeutlichen wir uns diese Situation in einer kleinen Übung.

Übung: Busreise

Übung:

Stellen Sie sich folgende Situation vor: Sie befinden sich auf einer Busreise, die etwa 3 Tage dauert. Der vollbesetzte Bus bringt alle Reisenden an das gleiche Ziel. Sie sitzen nun neben einer Ihnen fremden Person, die ununterbrochen redet. Einen ganzen Tag haben Sie das bereits ertragen, aber noch zwei weitere Tage liegen vor Ihnen.

Beschreiben Sie nun individuell und möglichst spontan das Problem, wie Sie es formulieren würden.

Teilnehmer-Aktivitäten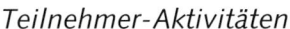

Moderation: Wie wir aus den Antworten entnehmen können, liegt das Problem für den einen darin, wie er den Nachbarn zum Schweigen bringt; für einen anderen, wie er seinen Platz mit einem anderen Fahrgast tauschen kann; für einen dritten, wie er die Fahrt möglichst ungestört fortsetzen kann, etc.

Würden wir die jeweilige spontane Problemformulierung für die Ideen-Findung zugrunde legen, so wäre die Ideensuche von vornherein sehr eingeengt. Damit die Lösungssuche sich in möglichst viele Richtungen entwickeln kann, sollte eine umfassende Problemformulierung zugrunde gelegt werden.

Beispiel: Ein Referent kommt 10 Minuten, bevor sein Vortrag beginnt, in den Veranstaltungsraum und stellt fest, dass ein Rednerpult nicht vorhanden ist, welches er dringend benötigt. Spontan formuliert er das Problem so: „Wo bekomme ich jetzt noch rasch ein Pult her?" Dann fragt er sich, *warum* er überhaupt ein Pult benötigt und beantwortet die Frage für sich so, dass es doch recht unbequem ist ohne ein Pult, auf das er sein Manuskript legen kann. Dabei bemerkt er, dass sein Kernproblem nicht lautet: „Wo finde ich ein Pult?" sondern: „Wie finde ich einen angenehmen Weg, mein Manuskript zu halten?" Und er griff zum nächststehenden Papierkorb, legte seine Aktentasche darauf und konnte so bequem sein Manuskript lesen.

Beispiel: In einer Firma stand man vor dem Problem, das Gewicht der Verpackung für ein pulverisiertes Produkt zu bestimmen, um die Frachtspesen kalkulieren zu können. Die Fässer mit dem Pulver waren jedoch so schwer, dass drei Männer notwendig waren, um sie auf die Waage zu heben. Man überlegte verschiedene Möglichkeiten (z. B. eine Rampe zu bauen, Rollen zu verwenden), die jedoch alle nicht befriedigten. Schließlich entschloss man sich, das Problem noch einmal von vorne aufzurollen, indem man es wie folgt neu formulierte: „Welche Möglichkelten gibt es, um die Fässer auf die Waage zu bekommen?" Wie hätten Sie das Problem formuliert?

Teilnehmer-Aktivitäten

Moderation: Man hätte aber zunächst auch fragen können: *Warum* wollen wir die Fässer unbedingt auf die Waage bekommen? Diese Frage könnte etwa folgende Antwort produzieren: „Weil wir das Gewicht ermitteln wollen." Geben wir uns mit dieser einen Antwort nicht zufrieden und fragen weiter: *Warum* wollen wir überhaupt das Gewicht bestimmen? Dies könnte zu der Erkenntnis führen, dass eigentlich ja nur die Frachtspesen bestimmt werden sollen. Aus dieser Erkenntnis könnte die neue Frage abgeleitet werden: „Auf welche Art und Weise lassen sich die Frachtspesen bestimmen?" Diese Frage stellte sich schließlich auch die Firmenleitung. Man erkannte, dass Standardgewichte für Fässer verschiedener Größen festgelegt werden können; demnach brauchte man die Fässer überhaupt nicht mehr zu wiegen.

Um zu einer umfassenden Problemformulierung zu gelangen, wollen wir uns der *Warum-Technik* bedienen. Dabei gehen wir wie folgt vor:

Warum-Technik

1. Wir hören uns die Schilderung der jeweiligen Problemsituation an, z. B. folgende Situation: Ein kleiner Sportverein mit begrenzten finanziellen Möglichkeiten will anlässlich seines 50jährigen Jubiläums sein Clubhaus neu streichen. Um die Kosten niedrig zu halten, beschloss man, das Clubhaus durch Vereinsmitglieder in ihrer Freizeit streichen zu lassen. Auf der letzten Vereinssitzung hatte sich eine große Runde von Freiwilligen zur Verfügung gestellt. Seitdem war jedoch noch nichts geschehen. Dem geplagten Vereinsvorsitzenden war klar, dass er allmählich was unternehmen musste, da der Tag des Jubiläums immer näher rückte.
2. Formulieren Sie bitte spontan das Problem.

Teilnehmer-Aktivitäten

Moderation: Zur Verdeutlichung der „Warum-Technik" sei einmal die folgende Fragestellung ausgewählt:

„Was kann man tun, um die Freiwilligen ans Arbeiten zu bekommen?"

Warum?

(Warum will ich die Freiwilligen ans Arbeiten bekommen?)
Auf diese Frage sollen nun drei Antworten gegeben werden:

Beispiel

1. Antwort	2. Antwort	3. Antwort
Damit das Clubhaus wieder einen guten Eindruck macht	Damit die Freiwilligen ihre Zusage einlösen	Damit die Öffentlichkeit einen guten Eindruck erhält

Diese Antworten werden zu neuen Problemfragen formuliert, wobei die Frage mit „Wie" oder „Was kann man tun..." beginnen sollte.

Was kann man tun, damit das Clubhaus wieder einen guten Eindruck macht?	Was kann man tun, damit die Freiwilligen ihre Zusagen einlösen?	Wie kann man einen guten Eindruck in der Öffentlichkeit erzielen?

Auf jede dieser Fragen ließe sich wiederum die „Warum-Technik" anwenden, z. B.: Warum soll das Clubhaus einen guten Eindruck machen? etc. und erneut drei Antworten finden, die wiederum zu Problemfragen umformuliert werden könnten.

Im Schema sieht das gezeigte Verfahren wie folgt aus:

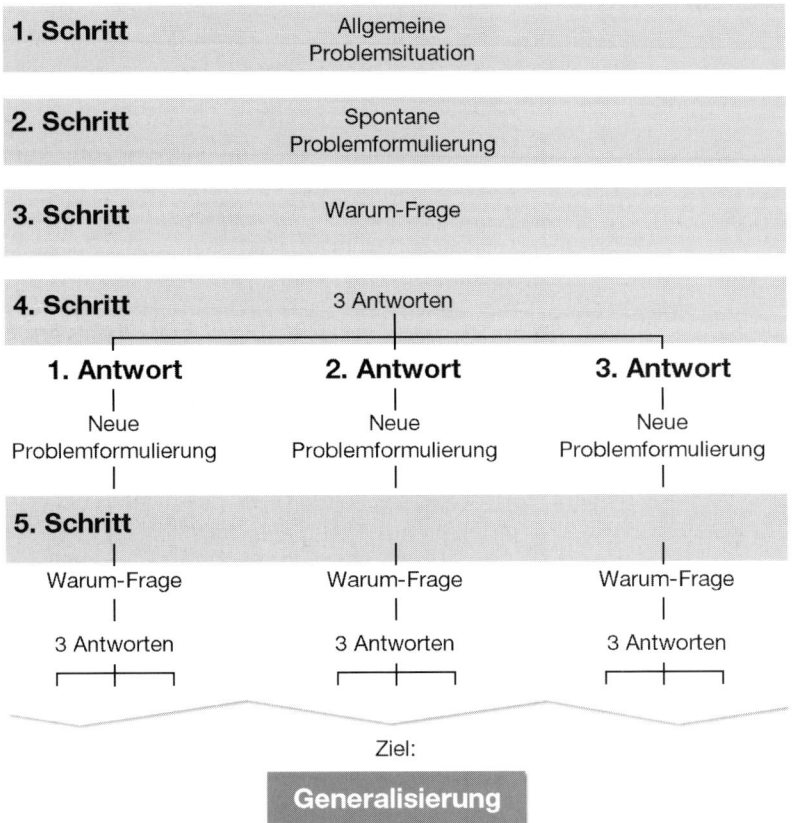

Wie differenziert der Einzelne diese Technik anwendet, wird wiederum von der Problembedeutung abhängig sein. Je bedeutender, desto differenzierter!

Intention   Mit der Anwendung dieser Technik werden zwei Absichten verfolgt:

● Eine möglichst umfassende Problem-Formulierung zu finden. Wenn jemand genau weiß, wonach er sucht, so wird er das

Problem direkt angehen. Weiß man aber in der Regel von vornherein, wonach man Ausschau zu halten hat? Um möglichst viele Lösungswege offenzuhalten, sollte das Problem so breit, grundsätzlich und allgemein formuliert werden, wie es sinnvoll erscheint. Diese Absicht ist in dem Wort „Generalisierung" zusammengefasst. Auch entfernte Möglichkeiten sollen nicht ausgeschlossen werden, damit die Suchbewegung nicht von Anfang an kanalisiert wird.

- Erweiterung des Problems – Bewusstseins.

Durch diese Technik werden die unterschiedlichsten Aspekte eines Problems bewusst gemacht, an die man im Falle einer spontanen Problem-Formulierung mit Sicherheit nicht gedacht hätte.

In dem ausgewählten Beispiel könnte die „Generalisierung" etwa lauten: Was kann man tun, um während des Jubiläums das Image des Clubs zu verbessern?

Die „Generalisierung" sollte so gewählt werden, dass möglichst viele Detailprobleme in ihr enthalten sind.

Übung:

Wählen Sie eines der vorhin von Ihnen formulierten Probleme aus und versuchen Sie individuell die gezeigte Technik gemäß dem eben entwickelten Schema anzuwenden. Schreiben Sie die einzelnen Schritte so auf Plakatkarton, dass sie anschließend für alle sichtbar und gut lesbar aufgehängt werden können. (Zeit: 30 Minuten)

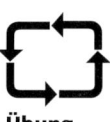

Übung

Teilnehmer-Aktivitäten

Moderation: Vergleichen Sie bitte die „Generalisierungen" miteinander und einigen Sie sich auf eine gemeinsame, generalisierte Problem-Formulierung.

Stellen Sie anschließend eine Liste aller Detailprobleme zusammen, die in der generalisierten Problem-Formulierung stecken. Dieser Liste der „Sub-Probleme" kommt eine erhebliche Bedeutung zu; sie zeigt nämlich, für welche Probleme wir in der späteren Ideen-Findung Lösungsvorschläge zur Verfügung haben.

Mit anderen Worten, wenn man sich mit dieser Intensität einem Problem widmet, dann sollten die erarbeiteten Vorschläge nicht nur für die Lösung eines Detailproblems dienen, sondern auch auf andere Problembereiche übertragen werden können. Hier wird ein Problem sozusagen „en bloc" gelöst.

Sollte aus zeitlichen oder sonstigen Gründen eine solch intensive Beschäftigung mit der Problem-Formulierung nicht möglich sein, so stehen noch andere Techniken zur Verfügung, mit deren Hilfe eine umfassendere Problem-Formulierung erreicht werden kann:

syntaktische Umformulierung ● Semantische und/oder syntaktische Umformulierung des Problems z. B. durch den Austausch eines Verbs: Wie könnte man Brot anders als üblich *toasten*? Umformuliert könnte die Frage lauten: Wie kann man Weißbrot anders als üblich trocken und braun bekommen?

synonyme Begriffe ● Ersetzen der wesentlichen Begriffe in einer Problem-Formulierung durch synonyme und/oder umfassendere Termini, z. B.: Wie kann man Autos optimaler *parken*? Umformuliert lautet die Frage vielleicht: Wie kann man Autos optimaler *lagern*?

Fremdsprache übersetzen ● Die Problemstellung in eine oder mehrere Fremdsprachen übersetzen und durch verschiedene Personen rückübersetzen lassen.

● Das Problem aus verschiedenen Perspektiven formulieren, z. B. Wie können Verkehrsstauungen verhindert werden? ... aus der Sicht des Stadtplaners, Architekten, Polizisten, Autofahrers, Fußgängers, Taxifahrers, der Feuerwehr, des Umweltschutzes usw.

Nonverbale Darstellung ● Das Problem durch verschiedene Personen zeichnen bzw. es nonverbal darstellen lassen.

Nachdrücklich sei noch einmal darauf hingewiesen, dass die Problem-Formulierung selbst zur Ideen-Findung geeignet sein muss. Es empfehlen sich Fragestellungen, die mit „Wie" oder „Was kann man tun, um ..." beginnen.

Die Anwendung der „Warum-Technik" setzt – wie bei allen anderen Techniken und Methoden – Erfahrung mit der Handhabung voraus.

Übung:

Zu Beginn der 4. Einheit haben Sie sich in der Gruppe auf mehrere Probleme geeinigt. Sie können eine dieser Problemstellungen wählen oder sich eine neue Problemsituation überlegen. Entscheidend ist, dass die Aufgabenstellung persönlich, bedeutsam und möglichst auch sozial relevant ist. Die Problemstellung sollte so gewählt werden, dass auch andere Gruppenmitglieder daran arbeiten können.

Wenn Sie sich für eine Problemsituation entschieden haben, so wählen sie eine der in der letzten Einheit gezeigten Techniken zur Sensibilisierung des Problembewusstseins aus und erproben Sie ihre Nützlichkeit (Zeit: 15 Minuten).

Die Ergebnisse können gegenseitig ausgetauscht werden.

● Die weiteren Schritte von der spontanen Problemformulierung bis zur „Generalisierung" sollten individuell ausgearbeitet und auf Plakatpapier festgestellt werden. (Zeit: 30 Minuten)

● Die verschiedenen „Generalisierungen" werden anschließend mit den anderen Gruppenmitgliedern diskutiert.

● Die Gruppe einigt sich sodann auf eine „Generalisierung".

● Unter Berücksichtigung der bisherigen methodischen Empfehlungen (vor allem der vier Regeln des „brainstorming" sowie des „Prinzips der verzögerten Bewertung") wird ein „brainstorming" durchgeführt (Zeit: 15 Minuten; Quote: 60 Ideen; ein „Vorsitzender" achtet auf die Einhaltung der Normen, ein oder zwei „Protokollanten" halten die Ideen – evtl. abwechselnd – fest.)

● Die Gruppe soll anschließend die fünf *besten* Ideen auswählen.

● Zu einer der fünf besten Ideen soll die Gruppe sich überlegen, wie man sie verwirklichen könnte.

Moderation: Nach dieser Konzentration nun noch einige „Lockerungsübungen".

Übung

Übungen:

● Führen Sie ein Nonsens-Gespräch über den Schlager: „Wär' ich ein Buch im Leben ... "

● Nehmen Sie einen Zeitungstext (sofern vorhanden), und lesen Sie fünf Druckfehler hinein, so dass eine humorvolle Aussage entsteht.

● Stellen Sie die folgenden Worte als „optische Spielereien" dar: Echo, Umleitung, Zuckerhut, Narr, Sparschwein.

● Finden Sie verschiedene Auswirkungen auf die Frage: Was wäre, wenn der Mensch die Sprache der Tiere verstehen würde?

6.6 Methodische Variationen zur Ideen-Findung

● **Zielsetzung**

Verschiedene Techniken zur Stimulation sollen gezeigt werden: Voran die Osborn'sche Check-Liste mit „manipulativen Verben", welche üblicherweise als 2. Phase des „brainstorming" eingesetzt, aber auch unabhängig davon verwandt werden kann; sodann die Technik der „künstlichen Kombination" (Forced Relationship), bei der zwei verschiedene Objekte und/oder Situationen miteinander in Beziehung gesetzt werden, um eine Umstrukturierung von Informationen zu ermöglichen. Diese Technik verdeutlicht zugleich das *„Prinzip der Verfremdung"*.

Als weitere Vorgehensweisen werden Analogien bzw. Metaphern herangezogen. Nach einigen „Lockerungsübungen" soll der Teilnehmer die Wirksamkeit dieser Methoden selbst erproben, indem er zu einem „Ideen-Wettbewerb" eingeladen wird. Dieser Wettbewerb ist tatsächlich einmal durchgeführt worden, so dass die Ergebnisse – die der Teilnehmer

und die der prämierten Ideen-Finder – miteinander verglichen werden können.

● **Arbeitsunterlagen**

Check-Liste von Osborn

Abstraktes Bild

Abzug der Aufgabenstellung zum „Ideen-Wettbewerb"

● **Hinweise**

In dieser Einheit kommt auf den Teilnehmer eine Menge neuer
Informationen zu. Es ist empfehlenswert, das Angebot auf zwei
Seminar-Einheiten zu verteilen. Die Zeichnungen sollten auf
Plakatkarton, Tafel oder Tageslichtschreiber übertragen werden.

Das abstrakte Bild zum „Parkplatzproblem" kann beliebiger
Art sein, es sollte jedoch möglichst vielfältig interpretierbar
sein. Der Vergleich mit dem Ideen-Wettbewerb „Pro Umwelt" soll die Arbeit intensivieren und stimulieren. Die Zustimmung seitens der Teilnehmer sollte vorab erfragt werden.

● **Übersicht**

Vorstellung und Einsatz der „manipulativen Verben"

Forced Relationship

„Prinzip der Verfremdung"

Analogien und Metaphern

Projektionstechnik

Ideen-Wettbewerb, ein Vergleich

Moderation: Erst nach der sorgfältigen Formulierung eines Problems beginnt die eigentliche Phase der Ideen-Findung. Zur Stimulation stehen verschiedene Methoden und Techniken zur Verfügung.
Eine Methode, das „brainstorming", haben wir bereits kennengelernt. Der übliche Einsatz dieses „brainstorming" geschieht in der
bereits besprochenen Form. Ihr Schöpfer, Alex F. Osborn, empfiehlt **Osborn'sche**
jedoch noch den Einsatz einer „Check-Liste", die die Entwicklung **Check-Liste**
weiterer Ideen anspornen soll. Die Check-Liste besteht aus neun
„manipulativen Verben", denen verschiedene Fragen zugeordnet
sind. Mit Hilfe verschiedener Verben soll jede der in der ersten
Ideensammlung notierten Anregungen daraufhin überprüft werden, ob sie sich noch weiter variieren und ausbauen lässt.

Zur „Manipulation" einer Idee bieten sich zunächst zwei Verben an:

Vergrößern　*Vergrößern* (Addition, Multiplikation, Maximierung, kurz:
Verkleinern　magnifizieren) und *verkleinern* (Subtraktion, Division, kurz: minifizieren).

Karikaturisten und Cartoonisten bedienen sich häufig dieser beiden Techniken. Oder sollten Sie etwa den Gag noch nicht gelesen haben, jenes Mannes, dem der Arzt nur noch ein Glas Alkohol pro Tag erlaubt und der deshalb sicherheitshalber ein Literglas wählt!

Einen bescheidenen Beitrag zur Verringerung der Parkraumnot wäre der folgende bei der Minifizierung anknüpfende Vorschlag: Die Parkplätze für Autos in zwei Kategorien zu teilen, nämlich Parkplätze für kleine und große Wagen.

In Gullivers Reisen verwendet J. Swift beide manipulativen Verben zur Verfremdung.

Übung

Übung:

Notieren Sie bitte weitere Verben, durch welche eine Situation oder ein Objekt in ihrer bzw. seiner Betrachtungsweise verändert werden kann.

Teilnehmer-Aktivitäten

Moderation: Die folgende Zeichnung könnte durch welch ein „manipulatives Verb" charakterisiert werden?

Teilnehmer-Aktivitäten

Moderation: Sprechen wir von *„umkehren".*

Wir haben nun ein weiteres manipulatives Verb, welches selbstverständlich sowohl auf das Ganze wie auf Details eines Problems angewendet werden kann. Edward de Bono empfiehlt die „Umkehrung" als eine seiner „lateralen" Techniken:

> „Bei der Umkehrmethode nimmt man die Dinge so, wie sie sind, und kehrt sie um, von innen nach außen, von oben nach unten, von hinten nach vorn. Dann wartet man ab, was passiert... . man lässt das Wasser den Berg hinauf laufen."

Stellen wir uns folgende Situation vor: Ein Polizist regelt den Verkehr. In diesem Fall ließen sich folgende Umkehrungen denken: Der Verkehr regelt (kontrolliert) den Polizisten.
„Der Polizist bringt den Verkehr durcheinander." (de Bono, E., 1971, S. 143 f.)
Osborns Check-Liste umfasst insgesamt neun dieser manipulativen Verben, die sich allerdings auf die drei genannten zurückführen lassen.
Neben „vergrößern (magnifizieren)", „verkleinern (minifizieren)" und „umkehren" führt Osborn als weiteres Verb *„anders verwenden, anders gebrauchen"* auf. Mit anderen Worten: Neue Möglichkeiten der Verwendung bzw. des Verbrauchs sollen entwickelt werden.

> **Übung:**
>
> Sie haben zum Geburtstag einer Bekannten eine Schmuckkassette gekauft. Als Sie diese überreichen wollen, stellen Sie fest, dass die Bekannte bereits über eine solche Kassette verfügt. Überlegen Sie sich mehrere Ideen, wie man diese Kassette anders als üblich verwenden könnte.

Teilnehmer-Aktivitäten

Moderation: Ein weiteres manipulatives Verb von Osborns Liste lautet: *„Adaptieren"* (anpassen).
Die Frage, die man sich hier stellen kann, lautet: Was ist so ähnlich? Womit könnte man es vergleichen?

Umkehrung

Anders verwenden

Übung

Übung

Übung:

Ein entscheidender Knopf hat sich an Ihrem Kleidungsstück gelöst. Sie haben kein Nähzeug bei. Notieren Sie mehrere Ideen, welche Ihnen durch das manipulative Verb „adaptieren" in den Sinn kommen.

Teilnehmer-Aktivitäten

Modifizieren,
Substitutieren
Kombinieren
Rearrangieren

Moderation: Weitere „manipulative" Verben von Osborn sind: *„Modifizieren", „substitutieren", „kombinieren"* und *„rearrangieren"*.

Die zu den jeweiligen Verben gehörenden Fragestellungen finden Sie – zusammen mit den bisher besprochenen – in der folgenden Check-Liste zusammengefasst:

Fragestellungen zum Brainstorming

1. Anders verwenden – Wie kann man es anders verwenden? Welchem Gebrauch wird es zugänglich, wenn es modifiziert ist? usw.
2. Adaptieren – Was ist so ähnlich? Womit könnte man es vergleichen? Welche Parallelen lassen sich ziehen? Was kann ich kopieren? usw.
3. Modifizieren – Kann man Bedeutung, Farbe, Bewegung, Klang, Geruch, Form, Größe verändern bzw. hinzufügen? Was lässt sich noch verändern? usw.
4. Magnifizieren – Was kann man addieren? Mehr Zeit? Größere Häufigkeit? Stärker? Höher? Länger? Dicker? Verdoppeln? Multiplizieren? usw.
5. Minifizieren – Was kann man wegnehmen? Kleiner? Kondensierter? Tiefer? Kürzer? Heller? Aufspalten? usw.
6. Substituieren – Was kann ersetzt werden? Kann anderes Material verwendet werden? Kann man den Prozess anders gestalten? Andere Kraftquellen? Anderen Platz? Andere Stellung? usw.
7. Rearrangieren – Kann man Komponenten austauschen? Andere Reihenfolge? Kann man Ursache und Folge transponieren? usw.

8. Umkehrung – Lässt sich positiv und negativ transponieren? Wie ist es mit dem Gegenteil? Kann man es rückwärts bewegen? Kann man die Rollen vertauschen? usw.
9. Kombinieren – Kann man Einheiten kombinieren? Kann man Absichten kombinieren? Kann man Ideen kombinieren? usw.

Übung:

Übung

Problem-Situation: Der Inhaber einer Boutique wird durch eine Einbruchserie erheblich geschädigt. In dem Geschäft befindet sich keine Warnanlage. Obgleich die Polizei jeweils prompt reagiert, waren jedoch jedes Mal Waren im Werte von ca. 10.000,– DM entwendet worden.

Notieren Sie einige Vorschläge, wie man das Geschäft vor weiteren Einbrüchen schützen könnte. (Zeit: 3 Minuten)

Wenden Sie danach die manipulativen Verben auf die von Ihnen bereits notierten Ideen an.

Beispiel: Nehmen wir an, Sie hätten notiert: „Nachts einen Polizeihund in den Laden lassen"; so könnten Sie nun etwa „magnifizieren" indem Sie etwa schreiben: „Einen Tiger in den Laden lassen"; „minifizieren" indem Sie sagen: „Nachts einen Papagei in den Laden lassen, der den Spruch auswendig kann ,Fass Ihn'", oder Sie könnten „substituieren" indem Sie vorschlagen, ein Tonband mit dem Gebrüll eines Löwen oder dem Gebell eines Hundes aufzustellen oder der Stimme eines Papageis; sie könnten aber auch „kombinieren", indem Sie sagen: „Nachtwächter mit Polizeihund" usw. (Zeit: 10 Minuten)

Teilnehmer-Aktivitäten

Moderation: Falls Sie die praktische Lösung dieses Problems interessiert: Man hatte dem Inhaber der Boutique empfohlen, die Kleiderbügel nicht mehr alle in eine Richtung zu hängen, sondern die Haken abwechselnd mal in diese und mal in jene Richtung zu drehen. Beim nächsten Mal wurden die Einbrecher tatsächlich gefasst, anstatt immer armweise die Kleidungsstücke abhängen zu können, mussten sie nun Stück für Stück von der

Stange nehmen. Halten wir fest, man kann die Check-Liste anwenden, um:

● Gegenstände und Situationen direkt zu manipulieren und/oder

● Ideen zu modifizieren und weiterzuentwickeln,

wobei es sehr empfehlenswert ist, auch mehrere Verben miteinander zu kombinieren.

Übung:

Welche der „manipulativen Verben" sind in dem folgenden Cartoon kombiniert?

Teilnehmer-Aktivitäten

Moderation: Die Anwendung der Check-Liste ist ein ausgezeichnetes Instrument, um „sets" und „habits" zu durchbrechen. Statt „brain-storming" kann auch eine andere Technik eingesetzt werden. Betrachten wir beispielsweise jene in der Fachliteratur als „Forced Relationship" bezeichnete Technik; was etwas leger mit *„künstliche Kombination"* übersetzt werden könnte.

Von „*künstlich*" sprechen wir, um dadurch zu verdeutlichen, dass hier verschiedene Objekte bzw. Situationen in ungewohnter Weise miteinander in Beziehung gesetzt werden.

Übung:

Suchen Sie bitte – individuell – zehn *Gemeinsamkeiten* zwischen einem Schuh und einem Auto. (Anschließend werden die gefundenen Gemeinsamkeiten zusammengetragen; die Gruppe sollte dabei auf 25 bis 30 Gemeinsamkeiten kommen).

Übung

Teilnehmer-Aktivitäten

Übung:

Schreiben Sie bitte auf, wodurch sich ein Pfannkuchen und ein Briefumschlag *unterscheiden*.

Übung

(Anschließend werden die gefundenen Unterscheidungen zusammengetragen; die Gruppe sollte dabei auf 25 bis 30 Unterscheidungen kommen).

Teilnehmer-Aktivitäten

Übung:

Auf welche Ideen kommen Sie, wenn Sie die folgenden Substantive miteinander kombinieren: Papier – Seife, indem Sie abwechselnd ein Substantiv dem anderen als Adjektiv zuordnen, z. B. papierene Seife, seifiges Papier?

Übung

Schreiben Sie Ihre Ideen auf.

(Anschließend werden die gefundenen Ideen zusammengetragen, die Gruppe sollte dabei auf 25 bis 30 Ideen kommen).

Teilnehmer-Aktivitäten

Moderation: Diese Technik sensibilisiert gleichzeitig auch die Wahrnehmung. Betrachten wir folgendes Problem: Sie sitzen an **Beispiele**

Ihrem Schreibtisch, über dessen unzweckmäßige Konstruktionen Sie sich schon häufig geärgert haben. Sie blicken aus dem Fenster und sehen einen Baum. Setzen Sie nun diesen Baum in Beziehung zu Ihrem Schreibtisch, so könnten Sie beispielsweise einen kleinen Baum auf Ihrem Schreibtisch sehen und dabei auf die Idee kommen, an der Seite des Schreibtisches einen Blumenkasten anzubringen, oder: Sie bemerken ein Bündel von Zweigen an einem Ast des Baumes; wenn Sie diese wiederum zu Ihrem Schreibtisch in Beziehung setzen, so könnten Sie dabei auf den Gedanken kommen, einen ornamentalen Bleistifthalter zu entwerfen.

Darf ich Ihnen vorschlagen, diesen Ansatz einmal in der Kleingruppe weiter zu entwickeln. (Zeit: 5 Minuten)

Ergebnis-Vergleich

Moderation: Betrachten wir noch eine andere Variation dieser Methode. Gesetzt den Fall, Sie haben in den letzten Tagen einen Anorak kaufen wollen. Bei der Anprobe hat sich der Reißverschluss mit dem Stoff so verklemmt, dass Sie große Mühe hatten, ihn wieder zu öffnen. Darauf beschließen Sie, Vorschläge zur Verbesserung eines Reißverschlusses zu entwickeln.

Forced Relationship Als spezielle Technik der „Forced Relationship-Methode" wählen Sie die *„Zerlegung"*, d. h. in diesem Fall: Der Gegenstand (ansonsten auch die soziale Situation) wird in seine einzelnen Bestandteile (Elemente) auseinandergenommen.

Reißverschluss: Zähne, Kette, Stoff, Schieber, Endstück, Diamant/ Band usw.

Nun wird zu dem Problembegriff „Reißverschluss" ein *Zufallswort* gesucht. Dies geschieht etwa, indem jemand vorschlägt: Duden, Seite X, Spalte Y, Stichwort Z. Nehmen wir beispielsweise die Seite 111, Spalte 1, Stichwort 15. Das so gefundene Zufallswort lautet in diesem Fall:

Amarelle (es handelt sich dabei um eine Sauerkirsche). Dieses nach dem Zufallsverfahren ausgewählte Stichwort wird nun – genau wie der Problembegriff – zerlegt, z. B. in: Kern, Fruchtfleisch, Stengel, Wachstum, Flüssigkeit, Klebrigkeit, Weichheit, Geschmack, Haut...

Nun werden die einzelnen, zerlegten Elemente (worunter sich auch funktionale Begriffe befinden können) miteinander kombiniert und versucht daraus Ideen abzuleiten; beispielsweise:

- „Zähne" und „Wachstum" = führen etwa zu der Idee aufblasbarer Zähne eines Reißverschlusses oder überhaupt zu einem aufblasbaren Reißverschluss;
- „Schieber" und „Flüssigkeit" = der Schieber enthält eine Kontaktflüssigkeit, die beim Hochziehen aufgetragen wird und eine Löseflüssigkeit, die beim Herunterziehen den Stoff wieder trennt;
- „Schieber", „Kern" und „Zähne" = wie Kerne befinden sich im Schieber der einzelnen Zähne, die erst während des Heraufziehvorganges gesetzt und beim Herunterziehen wieder eingesammelt werden.

Darf ich Sie bitten, durch künstliche Verknüpfung dieser Begriffe weitere Ideen zu entwickeln. (Zeit: 10 Minuten)

Teilnehmer-Aktivitäten

Wenden Sie auf die bisher vorliegenden Ideen die Osborn'sche Check-Liste an, um weitere Anregungen zu entwickeln. (Zeit: 15 Minuten)

Ergebnis-Vergleich

Übung

Moderation: Um die mit den bisher gezeigten methodischen Variationen zur Ideen-Findung verbundenen Intentionen noch einmal zu unterstreichen, sei ein Vergleich mit einem *Kaleidoskop* gestattet:

In einem Kaleidoskop befindet sich eine Vielzahl einzelner Elemente, die durch Drehbewegung zu immer neuen Formen und Mustern zusammengefügt werden. Wir entwickeln Ideen, indem wir künstlich einzelne Elemente im Kopf miteinander verbinden, um so neue Zusammenhänge zu entdecken. Diese künstlichen Verknüpfungen und Kombinationen stiften Assoziationen, die zu neuen Ansätzen und Ideen führen.

Um diese Assoziationen zu ermöglichen, wird das *„Prinzip der Verfremdung"* angewendet. Dieses Prinzip soll es ermöglichen, dass wir uns von den gewohnten Betrachtungsweisen, den übli-

Prinzip der Verfremdung

chen Verwendungen, den alltäglichen Handhabungen lösen können. Diese Methoden und Techniken sind dabei Vehikel, um zu verfremden und über diese Verfremdung zu neuen Ansätzen, Konzeptionen, Vorschlägen und Ideen zu gelangen.

Verdeutlichen wir uns noch ein wenig, was es mit dieser Verfremdung auf sich hat. Verfremden heißt soviel wie: Bewusst **Umwege** *Umwege* machen.

Es handelt sich dabei um eine intellektuelle Fähigkeit, die weiter entwickelt werden sollte. Verdeutlichen wir die Situation an zwei Beispielen:

Beispiel: Ein Huhn befindet sich in einem Drahtkäfig, der auf einer Seite **Trieziel „Huhn"** offen ist. Das Huhn ist hungrig. Der geschlossenen Seite dieses Käfigs gegenüber befindet sich das „Triebziel", in diesem Fall also Hühnerfutter. Das Huhn wird versuchen, auf direktem Wege, sozusagen mit dem Kopf durch die Wand, sein Triebziel zu erreichen. Es dauert eine geraume Zeit, bis das Tier „einsieht", dass sein Problem nur dadurch zu lösen ist, indem es sich vom Futter abwendet. Nur auf diesem „Umweg" kann es seine Aufgabe lösen.

Beispiel: In dem zweiten Beispiel handelt es sich um einen spiralförmigen **Trieziel „Katze"** Gitterkäfig und zwei Tiere, nämlich eine Katze und einen Affen, die wiederum ihr „Triebziel" erreichen wollen. Die hungrigen Tiere befinden sich außerhalb des Käfigs, das Futter innerhalb. Für beide Tiere stellt diese Aufgabe kein Problem dar. Das Futter stets im Auge behaltend laufen sie durch den Spiralgang. Wird die Versuchsanordnung jedoch so geändert, dass das Futter außerhalb des Käfigs deponiert wird, während die beiden Versuchstiere innerhalb des Käfigs sitzen, so wird das Problem für die Katze quasi unlösbar, denn sie muss sich bei jeder Windung des Käfigs einmal vom Triebziel abwenden und dagegen sträubt sie sich. Sie will ihr Futter quasi nie aus dem Auge verlieren. Der Affe hingegen überwindet Kraft größerer Intelligenz die auftretenden Hemmungen.

Einen Umweg machen bedeutet (und dies sollten die Beispiele verdeutlichen), dass man sich eine Zeit lang von den gewünschten Objekten entfernt, vorübergehend also eine andere Richtung einschlägt, um zum Ziel zu gelangen. Einen Umweg machen, das bedeutet für den kreativen Menschen, die Zwänge des

Problems zeitweise vergessen zu können, sich davon zu entfernen, um dann auf neuen Wegen das angestrebte Ziel zu erreichen. Um sich entfernen zu können, aus den Bahnen des Gewohnten ausbrechen zu können, bedarf es des „Prinzips der Verfremdung". Die Methoden haben also eine zweifache Funktion:

● Sie sollen die Verfremdung erleichtern und
● gleichzeitig Stimuli anbieten.

In der wohl anspruchsvollsten Methode der Ideen-Findung, der „Synectics" (Synectic bedeutet soviel wie: Das Zusammenfügen von Elementen, die üblicherweise nicht miteinander verbunden wurden), gilt der Grundsatz:

Synectics

„Mache das Ungewöhnliche vertraut und das Vertraute ungewöhnlich". Die „Synectics" kann hier als Methode selbst nicht dargestellt werden, wohl die ihr zugrundeliegende Technik, nämlich die *Analogie* bzw. *Metapher*.

Übung:

Suchen Sie bitte Analogien bzw. Metaphern zu den folgenden drei Begriffen: Gerücht, Buch, Gruppe.

Übung: Analogien

Moderation: Ein Gerücht könnte man mit einer Lawine vergleichen:

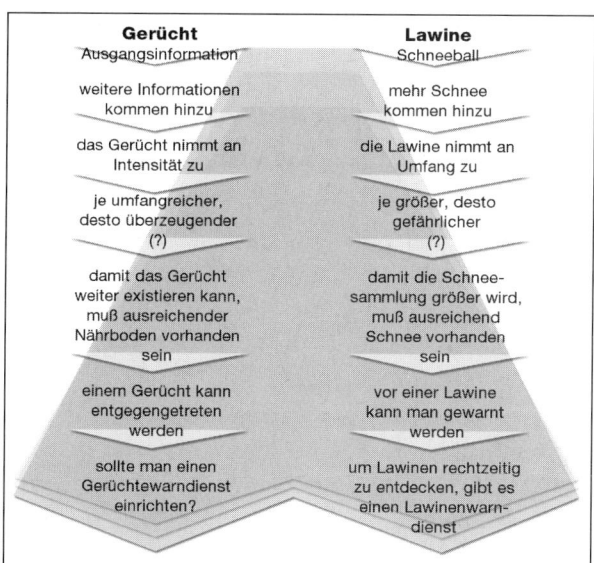

Gerücht	Lawine
Ausgangsinformation	Schneeball
weitere Informationen kommen hinzu	mehr Schnee kommen hinzu
das Gerücht nimmt an Intensität zu	die Lawine nimmt an Umfang zu
je umfangreicher, desto überzeugender (?)	je größer, desto gefährlicher (?)
damit das Gerücht weiter existieren kann, muß ausreichender Nährboden vorhanden sein	damit die Schneesammlung größer wird, muß ausreichend Schnee vorhanden sein
einem Gerücht kann entgegengetreten werden	vor einer Lawine kann man gewarnt werden
sollte man einen Gerüchtewarndienst einrichten?	um Lawinen rechtzeitig zu entdecken, gibt es einen Lawinenwarndienst

Vergleich Claude Levy Strauß vergleicht das mythische Denken mit dem wissenschaftlichen Denken (wobei er dem letzteren das Monopol des Problemlösens abspricht); dabei vergleicht er den mythischen Denker mit einem *„Bastler"*. Vergleichen wir diesen Bastler mit einem kreativen Menschen:

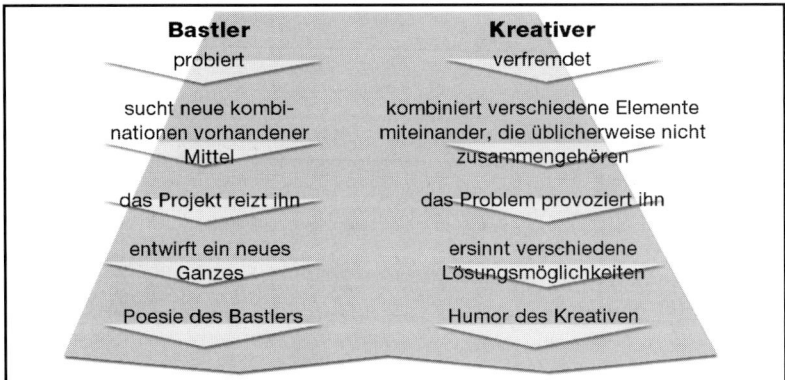

Bastler	**Kreativer**
probiert	verfremdet
sucht neue kombinationen vorhandener Mittel	kombiniert verschiedene Elemente miteinander, die üblicherweise nicht zusammengehören
das Projekt reizt ihn	das Problem provoziert ihn
entwirft ein neues Ganzes	ersinnt verschiedene Lösungsmöglichkeiten
Poesie des Bastlers	Humor des Kreativen

Wie Situationen miteinander verglichen werden, dies zeigen die eben aufgeführten Beispiele. Handelt es sich um Objekte, so werden vergleichbare Gegenstände oder Systeme aus anderen Wissensbereichen zusammengestellt; bei technologischen Problemen wählt man gerne Analogien aus dem Bereich der Biologie, aber genau so gut könnte man Analogien aus der Ökonomie, aus dem Bereich der Mineralien, aus der Geschichte oder Kulturanthropologie wählen.

Beispiel „Badewanne" **Beispiel:** Gesucht wird eine Badewanne, die möglichst wenig Platz einnimmt. Eine Analogie dazu wäre: Ein Zyklon (Wirbelsturm). Man müsste eine „Wasserhose" erzeugen, in der man steht. Wenn man diese Badewanne nicht benutzt, so könnte man sie etwa wie ein Stativ zusammenschieben und daraus einen Sitz machen. Sie ist wie ein „Chapeau Claque".

Die Wasserdüsen könnten in den Seitenteilen installiert sein und so den Zyklon wiedergeben. Man würde dieses Bad im Stehen nehmen.

Beispiel „Tapete" **Beispiel:** Gesucht wird eine neue Tapete, die es den Bewohnern gestattet, die Farben und Muster ohne großen Aufwand oft zu wechseln. Dazu einige Analogien:

- Anzug, (man müsste die Tapete so wie einen Anzug wechseln können);
- Haut, (die sich erneuert, wenn ein Teil davon abgeschürft wird);
- Spiegel, (der immer die Muster und Farben zurückwirft, die ihm vorgeführt werden);
- Flunder, (die in der Lage ist, Farbpigmente zu aktivieren, um sich ihrer Umgebung anzupassen).

In den bisher gezeigten Techniken wurden verbale Stimuli eingesetzt. In der folgenden Technik bedienen wir uns einer visuellen Stimulation. Man nennt sie „Projektionstechnik".

Leonardo da Vinci soll einmal gesagt haben: „Wenn man Schmutzflecken an alten Mauern sieht, oder das Kunterbunt von marmorierten Steinen, so wird es vorkommen, dass man Erfindungen macht, weil der Geist von diesem Durcheinander gereizt wird."

Victor Vasarely führte in einem Fernsehinterview aus, dass ihn die „Bories", jene neolithischen Bauten aus mörtellosem Steinwerk inspirierten, die man in der Heide um das Haus des Künstlers in Godes herum findet.

Ausgangspunkt sei ein Farbklecks, eine Form, ein Papierschnipsel, ein abstraktes Bild.

Übung:

Dies ist ein abstraktes Bild. Woran erinnert Sie das? Was könnte das sein? Notieren Sie etwa 15 verschiedene Antworten:

Übung

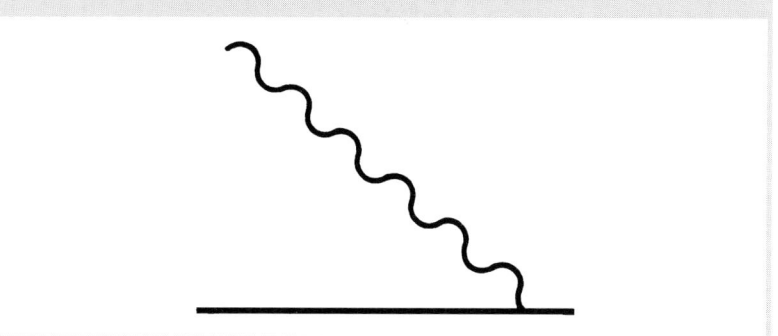

Teilnehmer-Antworten

(Die Gruppe zusammen sollte auf etwa 50 verschiedene Interpretationen kommen).

Übung:

Dies ist ein Papierschnipsel. Fügen Sie nur wenige Striche hinzu, um daraus etwas anderes zu machen.

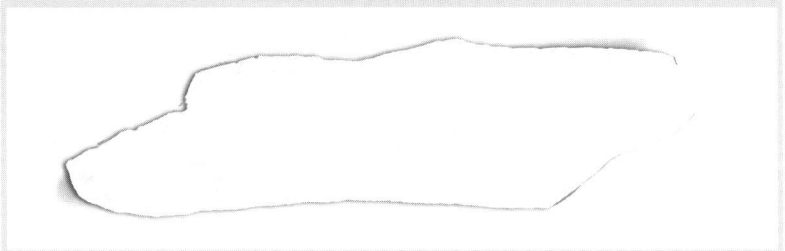

Teilnehmer-Aktivitäten

Moderation: Ähnlich wie im Rohrschach-Test die Versuchspersonen ihre individuellen Phantasien an einen Farbfleck projizieren, wird bei dieser Technik ein Problem (oder Teile davon) auf immer neue Weise mit einem Muster in Verbindung gebracht. Die Vorgehensweise: Jeder Teilnehmer überlegt zunächst einige Minuten für sich, welche Assoziationen der jeweilige visuelle Stimulus bei ihm auslöst. Danach beginnt ein Gruppenmitglied eine seiner Assoziationen zu nennen, die anderen greifen den Faden auf, ergänzen, variieren und bringen eigene Assoziationen hinzu. Während dieser Phase werden bereits Lösungsvorschläge geäußert. Nach Abschluss der spontanen Assoziationssammlung, (die möglichst auf Tonband aufgezeichnet werden sollte), wird das Band noch einmal abgehört; die Gruppe kann nun in aller Ruhe ihre Lösungsvorschläge erarbeiten. Selbstverständlich gilt während beider Phasen das „Prinzip der verzögerten Bewertung".

Wenden wir diese Technik gleich wieder auf ein allgemeines Problem an.

Übung

Übung:

In den Innenstädten gibt es wohl stets das Parkplatzproblem. Welche Lösungen würden Sie zur Bewältigung dieses Problems empfehlen? Notieren Sie bitte die Assoziationen, die das folgende abstrakte Bild bei Ihnen auslöst (Zeit: 5 Minuten). (Der Moderator legt ein beliebiges abstraktes Bild vor). Tragen Sie danach die Assoziationen in der Kleingruppe vor und entwickeln Sie Lösungsvorschläge.

Gruppen-Ergebnisse

Moderation: Wir haben jetzt die folgenden Phasen des kreativen Problemlösungsprozesses besprochen und jeweils verschiedene Techniken demonstriert: Problem-Wahrnehmung, Problem-Formulierung und Ideen-Findung.

Jetzt scheint es mir angebracht, unsere Leistungsfähigkeit einmal auf den „Prüfstand" zu bringen. Vor einiger Zeit hat das „X-Magazin" einen Ideen-Wettbewerb ausgeschrieben, der unter dem Stichwort „Pro-Umwelt" lief. Wir wollen die gleiche Aufgabenstellung heranziehen, Ideen entwickeln und diese dann mit denen im genannten Wettbewerb prämierten Ideen vergleichen. Ich bin ziemlich sicher, dass wir in diesem Wettbewerb recht gut abgeschnitten hätten, d. h., dass unsere Vorschläge durchaus mit den besten Einsendungen verglichen werden können, wenn nicht sogar sie übertreffen werden. Die Ausschreibung zu diesem Wettbewerb sah wie folgt aus:

Pro-Umwelt-Wettbewerb

„Pro-Umwelt" ist ein Ideen-Wettbewerb. Es geht darum, neue Lösungen für das Verkehrsproblem zu finden, die im Sinne des Umweltschutzes wirken.

Erwartet werden Lösungsvorschläge zum Stadtverkehr und Zwischenstadtverkehr. Vorschläge zum See- und Luftverkehr können bei diesem Wettbewerb nicht berücksichtigt werden.

Die Lösungsvorschläge können sich beziehen auf
– den Personen-Verkehr (Massen- und Individual-Verkehr)
– den Güter-Verkehr (incl. Müllabfuhr)
– die Versorgungs- und Kommunikationsnetze
– die Beförderungsmittel (Kraftfahrzeuge, Bahnen etc.)

Zu berücksichtigen sind jeweils die Konsequenzen der Lösungen auf die angrenzenden Lebens- und Umweltbereiche (Raumordnung, Luft, Wasser, Mensch etc.).

(Dieser Ausschreibungstext sollte allen Teilnehmern per Abzug übergeben werden.) Die Vorgehensweise:

Legen Sie in der Kleingruppe die Strategien fest: ·

a) Mit der Sie Ihre Problemwahrnehmung sensibilisieren,

b) wie Sie das Problem generalisieren und

c) nach welcher Methode bzw. Technik Sie die Ideen-Findung stimulieren wollen.

Arbeiten Sie in allen Phasen zunächst individuell, dann in der Kleingruppe. Überlegen Sie sich genau, in welchen Momenten das „Prinzip der verzögerten Bewertung" zur Anwendung kommen soll. Beginnen Sie mit Ihrer Arbeit; Ihnen steht ein Zeitraum von zwei Stunden zur Verfügung. Ich empfehle Ihnen, diese Zeit wie folgt zu strukturieren:

- Festlegung der Strategie   15 Minuten
- Sensibilisierung der Wahrnehmung   30 Minuten
- Generalisierung des Problems   15 Minuten
- spontane Ideen-Findung   30 Minuten
- Anwendung der Check-Liste   30 Minuten

Wählen Sie anschließend die Ihrer Meinung nach drei besten Ideen aus.

Teilnehmer-Aktivitäten

Moderation: 589 Vorschläge sind dem „X-Magazin" zugesandt worden. Die eingesandten Lösungen wurden in drei Gruppen beurteilt:

Laien, Praktiker, Wissenschaftler.

In jeder Gruppe gab es drei Preise von 10.000,– DM, 5.000,– DM und 2.000,– DM. Die Jury verteilte die Preise nach folgenden Kriterien:

- Die Idee oder die Kombination verschiedener Vorschläge muss neu sein.
- Die Lebensqualität soll verbessert werden.
- Konsequenzen und Wechselwirkungen zu anderen Umweltbereichen müssen berücksichtigt werden.

● Die Vorschläge sollen technisch, finanziell und politisch verwirklicht werden.
● Die Arbeit muss durchdacht sein.
● Sie soll verständlich geschrieben sein.
   In der Gruppe der Laien wurde ein 1. Preis nicht vergeben. Den
2. Preis erhielt die Arbeit „Epimetheus 972": Ein „Ombudsman"
soll als Anwalt für die Umwelt der Öffentlichkeit die Probleme
näher bringen, Missstände anprangern und gleichzeitig die Inter-
essen der Öffentlichkeit gegenüber Verwaltung, Industrie und
Parteien wahrnehmen.
   Der 3. Preis in der Gruppe der Laien wurde für die Arbeit „Kfz-
Umweltsteuer 664" vergeben. Darin wird ein neues Steuersy-
stem vorgeschlagen, dessen Maßstab die Umweltverschmut-
zung durch das Auto ist.
   Der 1. Preis in der Gruppe der Praktiker wurde für die Arbeiten
„System 800" und „Join-em 143" vergeben; in denen die Ideen
eines Sammeltaxis und die Aufteilung der Stadt in verschiedene
Verkehrszonen vorgeschlagen wurden.
   In der Gruppe der Theoretiker wurden zwei dritte Preise für die
Arbeiten „Umweltabgabe 219" und „Schwarze Rose 777" vergeben. Die letztgenannte Arbeit wurde prämiert, weil sie klar
sagt: „Wir müssen die gesamten Investitionen für den Verkehr
volkswirtschaftlich verteilen und die Kosten, die jedes Verkehrs-
mittel verursacht – einschließlich aller sozialer Folgekosten –,
volkswirtschaftlich erfassen."
   Die Arbeit „Umweltabgabe 219" will, wie der Name es sagt,
eine Sonderabgabe für umweltschädliche Auswirkungen erhe-
ben. Als besonders originell und kurios wurden die folgenden
Vorschläge bezeichnet:
● Schrott-Schaschlik (ausgeschlachtete Autowracks werden auf
   große Stahlstangen aufgespießt).
● Totales Chaos (keine Straßen mehr bauen, Nahverkehr ein-
   schränken, Fernverkehr ebenfalls, bis das totale Verkehrscha-
   os eintritt).
● Fliegender Mensch (biologische Revolution eines fliegenden
   Menschen, der gehen, schwimmen und fliegen kann; Ent-
   wicklungszeit: rd. 1 Mio. Jahre).

- Das Tretmobil (Tretautos im Innenstadtverkehr)
- Luftschiffe
- Autotransportzüge.

6.7 Bewertung von Ideen

● **Zielsetzung**

Aus einer Vielzahl von Ideen gilt es die besten herauszufiltern. Im Prozess der Ideen-Bewertung (Evaluation) sollte
möglichst nichts dem Zufall überlassen werden. Unter Berücksichtigung der „Methode der verzögerten Bewertung"
werden die Evaluationskriterien zusammengetragen. Es werden verschiedene Techniken gezeigt, deren Wahl von der Art
der Problemstellung abhängig ist.

● **Arbeitsunterlagen**

Tabelle zur Eintragung der Kriterien (Abzug)

Check-Liste aus dem „X-Magazin"

● **Anmerkungen**

Legen Sie besonderes Gewicht auf die Anwendung der Eva-
luations-Kriterien als Check-Liste zur Verbesserung bzw. Erweiterung der Ideen.

● **Aufbau**

Erarbeitung von Auswertungskriterien

Evaluationskriterien als Check-Liste

Gewichtung der Kriterien

Bewertungsliste zum Ideen-Wettbewerb

Lockerungsübungen

Moderation: Die durch die Prinzipien der *verzögerten Bewertung* und der *Verfremdung* sowie durch die dazugehörenden
Methoden und Techniken möglich werdende Stimulation der
Imagination hilft bei der Kreation neuer Ideen. In der Regel verfügen wir nicht nur über mehr, sondern ebenso über eine größe-

re Verschiedenartigkeit der Anregungen. Einige der Ideen mögen recht konventionell, andere dafür ausgefallener sein. Auf jeden Fall werden nicht alle *gleichwertig* sein.

Da die Anzahl der Ideen quasi unbegrenzt ist, müssen wir an einem festgelegten oder gemeinsam zu treffenden Zeitpunkt mit der Ideen-Findung enden und zur Evaluation überleiten.

Um die besten Ideen herausfiltern zu können, müssen wir ihren Wert taxieren.

Unter *Evaluation* verstehen wir mithin den Prozess der Festlegung des möglichen Wertes einer Idee im Hinblick auf die Problemstellung. In der Evaluation sollte weniger das divergente, sondern mehr das konvergente Denken eine Rolle spielen. Wir müssen bewerten und zwar nach System.   **Definition**

Was wir zunächst benötigen, das sind die Kriterien, nach denen die Ideen gewichtet werden können. Bewertungskriterien sollten objektive Standards sein, die dazu beitragen, jene Idee bzw. Ideen herauszufinden, die die größten Erfolgsaussichten zur Lösung des vorgelegten Problems besitzen. Wir benötigen also so etwas wie einen „Maßstab" zur Ideenbewertung.

Übung:

Was würden Sie bei der Beurteilung des Wertes bzw. der Brauchbarkeit einer Idee berücksichtigen?

Übung

Teilnehmer-Aktivitäten

Moderation: Tragen wir die Antworten in der Gruppe zusammen, so verfügen wir über eine stattliche Anzahl von Bewertungskriterien. Als Faustregel können wir etwa sagen:

Je mehr Kriterien zur Evaluation hinzugezogen werden, desto besser sind wir in der Lage, den Wert einer Idee zu beurteilen.

Verdeutlichen wir uns diesen Zusammenhang wiederum an einer kleinen Übung.

Übung:

Angenommen, Sie wollten sich ein neues Auto kaufen. Auf eine bestimmte Marke sind Sie nicht festgelegt.

Übung

Notieren Sie bitte alle Bewertungskriterien, von denen Sie Ihre Kaufentscheidung abhängig machen *könnten*.

Teilnehmer-Antworten

Moderation: Lassen Sie uns nun, analog der Zusammenstellung der Bewertungskriterien für das Auto, Kriterien zur Evaluierung von Ideen zusammenstellen. Dabei kommt wiederum das „Prinzip der verzögerten Bewertung" zur Anwendung, d. h., die Bewertungskriterien selbst sollten ohne Bewertung zusammengestellt werden.

Übung

Übung:

● Schreiben Sie bitte einige Ideen auf, wie Sie mehr Zeit für Ihre Hobbys gewinnen könnten. (Zeit: 5 Minuten)

● Notieren Sie nun Evaluationskriterien. (Ohne Bewertung!) (Zeit: 5 Minuten)

● Versuchen Sie die vorliegenden Ideen zu verbessern bzw. neue Ideen zu entwickeln, indem Sie die Liste der Evaluationskriterien als Check-Liste einsetzen.

Teilnehmer-Antworten

Moderation: Die Evaluationsliste kann – dies haben wir eben gesehen – als Anregung zur Verbesserung vorhandener und Entwicklung neuer Ideen eingesetzt werden; gleichzeitig aber auch zur Verbesserung der Sensibilität gegenüber den möglichen Auswirkungen einer Idee.

So, wie das Image eines Autotyps den Kauf beeinflussen kann, so kann auch die Faszination von Ideen die Bewertung beeinflussen. Um dies zu verhindern, werden zwei Wege vorgeschlagen:
● Nach der Problem-Formulierung werden sofort die Kriterien erarbeitet, denen die Problemlösung gerecht werden soll.

Beispiel **Beispiel:** Ein neuer Verschluss für einen Thermosbehälter soll gefunden werden. Die folgenden Kriterien sollen dabei erfüllt werden:

Der Verschluss soll verlustsicher sein; er soll weder durch Bänder, Ketten, Scharniere mit dem Behälter verbunden sein; er soll unabhängig von dem aufschraubbaren Becher bleiben; die Mehrkosten der Produktion gegenüber herkömmlichen Behältern soll innerhalb von 10% bleiben; der Verschluss sollte leicht gereinigt werden können; der Isoliereffekt soll mindestens 10 Stunden betragen; der Verschluss soll den normalerweise in einem solchen Behälter auftretenden Druck aushalten; die Öffnung soll der bisherigen entsprechen.

● Eine andere Gruppe stellt die Evaluierungskriterien zusammen.

Ob es sinnvoll ist, mehr Bewertungskriterien als Ideen zu entwickeln, dürfte nur im Zusammenhang mit der jeweiligen Problemstellung zu entscheiden sein. Die meisten Menschen entwickeln jedoch eher zu wenig als zu viel Kriterien.

Zur Praxis der Ideen-Bewertung folgender Vorschlag: Tragen Sie Ideen und die Bewertungskriterien in eine solche Tabelle ein:

Evaluationskriterien

Ideen	Auswirkungen auf die Familie	Auswirkungen auf Freunde und andere	Auswirkungen auf die Gesundheit	Auswirkungen auf das Studium	Auswirkungen auf das Einkommen	Wahrscheinlichkeit der Ausführung			Summe
Frühes Aufstehen an Wochenenden	3		3	3	3	2			
Lernen während des Frühstücks	1		1	1		2			
Einen Teilzeit-Job aufnehmen	3	2	3	3	1	1			
Freundin an den Hobbys interessieren	1	3	3	3	1	2			

Tabelle der Kriterien

Legen Sie ein Gewichtungssystem fest, z.B. 0 = ungünstig, 1 = geringer Vorteil, 2 = gut, 3 = sehr gut.

Bewerten Sie zunächst alle Ideen nach einem Kriterium. Sollte ein Kriterium zur Bewertung einer Idee ungeeignet sein, so lassen Sie das Feld am besten frei.

Bewertungssystem

Anmerkung: Die Gewichtung aller Ideen nach einem Kriterium bietet die Möglichkeit, Beziehungen zwischen den Ideen zu entdecken. Diese neuen Gedanken sind oftmals sehr brauchbar.

Achten Sie besonders darauf, dass sich die Bewertungs*richtung* nicht verändert.

Nachdem Sie jede Idee nach jedem Kriterium bewertet haben, ermitteln Sie die beste Idee; dies wird wahrscheinlich jene Idee sein, die die höchste Quersumme aufzuweisen hat (vorausgesetzt Ihre Bewertungskriterien sind etwa gleich bedeutend!).

Versuchen Sie *vage* Kriterien zu vermeiden. Ein Beispiel für ein vages Kriterium ist etwa das Wort „Möglichkeit". Es gibt viele Interpretationen für dieses Wort. Andere Kriterien, an die man dabei denkt, wären etwa: Ist es legal, es zu tun? Ist es mit diesem Material zu schaffen? Ist es erlaubt, dies zu tun? Sind die Kosten zu hoch?

Um zu präziseren Bewertungskriterien zu gelangen, könnte in diesem Beispiel gefragt werden: „Möglich" – in welchem Sinne?

Sofern die einzelnen Bewertungskriterien untereinander nicht gleichbedeutend sind, müssen sie nach ihrer Wichtigkeit in eine Rangordnung gebracht werden. Der Bedeutung entsprechend wird eine Gewichtungszahl zugeordnet.

Übung

Übung:

Nehmen wir einmal an, die Problemstellung hätte gelautet:

Welche Möglichkeiten sehen Sie, Ihr Leben durch mehr kreative Imagination zu bereichern?

Nehmen wir weiter an, dazu hätten Sie die folgenden Ideen notiert:

● Eine Problem-Box zu Hause aufstellen und täglich eine neue Problem-Situation „einspeisen".

● Eine Kreativ-Party mit entsprechenden Aktivitäten veranstalten.

● Kinder in angewandter Kreativität unterrichten.

● Ein Kreativ-Team gründen usw.

Fügen Sie zunächst weitere Ideen hinzu.

Wenden Sie sich sodann jeder Idee einzeln zu und fragen Sie sich, warum diese Idee gut oder weniger gut sei?

Teilnehmer-Antworten

Moderation: Diese Übung hat Ihnen demonstriert, wie man Bewertungskriterien für jede einzelne Idee entwickeln kann. Die Idee selbst ist das Objekt, welches uns die Bewertungskriterien liefert.

Bringen Sie nun die notierten Bewertungskriterien in eine Rangordnung. Ordnen Sie die Kriterien zunächst in drei Kategorien:

I   =   bedeutsame   Bewertungskriterien
II =   weniger bedeutsame Bewertungskriterien
III =   unbedeutende   Bewertungskriterien

Teilnehmer-Antworten

Moderation: Vielleicht haben Sie bei der Zuordnung der Bewertungskriterien auch beobachten können, dass bedeutsame Kriterien erst spät in Ihrer Liste auftauchen.

Übung:

Versuchen Sie nun – unter Einsatz der Bewertungskriterien als *Check-Liste* – die vorhandenen Ideen weiter zu verbessern.

Übung

Teilnehmer-Antworten

Moderation: Häufig kommt die folgende Situation vor: Sie favorisieren eine Idee; diese kommt aber nicht zum Zuge, weil sie bei der Bewertung im Hinblick auf ein oder mehrere Kriterien schlecht abgeschnitten hat. In solch einem Fall kann es sehr nutzbringend sein, die folgende Fragestellung einzusetzen:

Wie können die Schwächen dieser Idee im Hinblick auf diese Bewertungskriterien überwunden werden?

Übung:

Wählen Sie aus der letzten Übung eine Idee aus, die Sie nur mit 1 oder 2 bewertet haben. Schreiben Sie diese Idee auf einen Zettel und notieren Sie das oder die entsprechenden Kriterien daneben. Notieren Sie nun Wege zur Verbesserung der Idee im Hinblick auf die genannten Kriterien.

Teilnehmer-Antworten

Moderation: In unserem Rechtssystem wird jemand so lange für unschuldig gehalten, bis seine Schuld bewiesen ist.

Wir sind gut beraten, wenn wir eine Idee so lange für brauchbar halten, wie Ihre Unbrauchbarkeit nicht nachgewiesen wurde.

Die Bewertung von Ideen ist vergleichbar mit dem Sortieren von Äpfeln. Bei manch einem Apfel werden wir jedoch nicht genau wissen, ob er zu der einen oder der anderen Kategorie zu zählen ist. Diese „Weder-noch-Äpfel" bereiten uns Kopfzerbrechen.

Legen Sie die entsprechenden Ideen nicht zu schnell beiseite. Bei den Äpfeln wird man weiter differenzieren können in:

- gut zur Schaustellung
- gut zum Essen
- gut für Apfelmus
- gut für Apfelwein

Was aus der einen Perspektive als schlecht oder unbrauchbar erscheint, ist, wenn man die Betrachtungsweise verändert, aus einer anderen Perspektive durchaus interessant.

Übung:

Hier finden Sie einige „ausgefallene", unbrauchbare Ideen zu der eben genannten Problemstellung: Welche Möglichkeiten sehen Sie, Ihr Leben durch kreative Imagination zu bereichern?:

● Alle Bücher kaufen, die seit 1960 zum Thema „Kreativität" erschienen sind.

● Alle Dissertationen zum Thema „Kreativität" lesen.

● Im kommenden Jahr alle Kurse und Einrichtungen besuchen, die sich mit „Kreativität" beschäftigen.

● Einige Zeit mit dem Moderator zusammen leben.

Wählen Sie eine Idee aus. Verwenden Sie die vorhin entwickelten Bewertungskriterien als „Check-Liste", um die gewählte Idee zu verbessern.

Teilnehmer-Antworten

Moderation: Der Ideen-Wettbewerb „Pro-Umwelt" bildete den Abschluss der letzten Einheit. Um die Beurteilung der Ideen zu erleichtern, wurde den Teilnehmern bzw. Interessenten von der Redaktion des „X-Magazin's" die folgende „Check-Liste" zur Verfügung gestellt (hier in leicht modifizierter Form wiedergegeben):

Check-Liste

Fragestellung / Gewichtung	Punktzahl
Wenn Sie von der heutigen Situation ausgehen, ist Ihr Vorschlag unmittelbar machbar? Ja = 6, Nein = 2	
Wenn nicht, sind seine Voraussetzungen machbar? Ja = 3, Nein = 0	
Wie gut haben Sie die mit dem Problem verbundenen Regelkreise anderer Bereiche berücksichtigt? Nicht ausreichend == 0, mittelmäßig == 3, ausgezeichnet = 6	
Haben Sie mit Freunden, Kollegen oder in der Familie schon über Ihre Idee diskutiert? Ja = 4, Nein == 1	
Wie war das Gesamturteil, das Ihr Freund, Kollege oder Familienmitglied abgab? Nicht ausreichend = 0, mittelmäßig = 3, ausgezeichnet = 6	
Haben Sie die in Ihrem Beitrag beschriebene Idee oder eine ähnliche schon einmal irgendwo gelesen? Ja = 1, Nein = 4	

Fragestellung / Gewichtung	Punktzahl
Ist Ihre Idee etwas grundsätzlich Neues? Ja = 6, Nein == 3	
Ist Ihre Idee im Zusammenhang mit dem vorliegenden Problem etwas Neues? Ja = 6, Nein = 1	
Liegt die Originalität Ihres Beitrages darin, dass Sie schon bekannte Ideen auf eine neuartige Weise kombiniert haben? Ja = 4, Nein = 2	
Ist das, was Sie als Ihre Idee vorlegen, in ähnlicher Form schon einmal in der Öffentlichkeit diskutiert worden? Ja = 2, Nein = 6	
Wie würden Sie die Originalität Ihrer Idee selber beurteilen? Nicht ausreichend = 0, mittelmäßig = 3, ausgezeichnet = 6	
Wie beurteilen Sie die Auswirkungen der in Ihrem Beitrag vorgeschlagenen Maßnahmen auf Nachbarbereiche? Nicht ausreichend = 0, mittelmäßig = 3, ausgezeichnet = 6	
Gibt es auch Nachbarbereiche, die durch die von Ihnen vorgeschlagenen Maßnahmen ungünstig beeinflusst werden? Ja = 0, Nein = 5	
Wie beurteilen Sie die Verbesserung der „Lebensqualität", des „Wohlbefindens" durch die von Ihnen vorgeschlagenen Maßnahmen? Nicht ausreichend = 0, mittelmäßig = 3, ausgezeichnet == 6	
Könnte das von Ihnen Vorgebrachte vielleicht gekürzt werden, ohne dass dadurch etwas Wesentliches verloren ging? Ja = 0, Nein = 4	
Wie würde ein nicht mit der Problemstellung Vertrauter meinen Vorschlag beurteilen? Nicht ausreichend = 0, mittelmäßig = 3, ausgezeichnet = 6	
Gesamtzahl der Punkte:	

Moderation: Den Teilnehmern am Wettbewerb „Pro-Umwelt" wurde als Orientierungsgröße eine Punktzahl von 65 genannt. In dieser Größenordnung beginnt eine Idee „interessant" zu werden.

Moderation: Zum Abschluss wieder einige auflockernde Übungen.

Übungen:

Übung

● Verfremden Sie einmal das Sprichwort „Morgenstund hat Gold im Mund".

● Stellen Sie pantomimisch die Worte „Explosion", „Ruhe" und „Ausgeglichenheit" dar.

● Stellen Sie sich vor, sie hätten Stethoskop-Ohren.

Was können Sie hören, was andere normalerweise nicht hören können?

● Zeichnen Sie drei oder vier Linien mit geschlossenen Augen auf ein Blatt Papier.

Mit geöffneten Augen soll nun eine Zeichnung daraus gemacht werden.

● Tragen Sie in die erste Spalte ungewöhnliche Charaktere;
in die zweite ebenso ausgefallene Örtlichkeiten;
in die dritte kuriose Ziele und
in die vierte seltsame Hindernisse.

Begriffe

Charaktere	Örtlichkeiten	Ziele	Hindernisse

„Wählen" Sie nun mit geschlossenen Augen je einen Begriff aus jeder Spalte und formulieren Sie aus den vier Begriffen eine Story.

6.8 Verwirklichung von Ideen (8. Session)

● Zielsetzung

Eine Idee setzt sich nur in den seltensten Fällen „von selbst" durch. Realistischerweise muss mit Widerständen gerechnet werden. Damit der Kreateur mit seinem Vorschlag nicht „ins

Leere läuft" oder die Anregung allmählich „versandet", muss er sich Gedanken darüber machen, wie man diese Idee am besten verwirklichen könnte. Die Ideen-Realisierung ist somit selbst eine Herausforderung, die kreativ angegangen werden sollte. Was bei der Verwirklichung von Ideen zu beachten bzw. zu berücksichtigen ist, darauf will diese Session aufmerksam machen.

● **Arbeitsunterlagen**

Prüf-Matrix

Realisierungs-Check-Liste

● **Übersicht**

Am Beispiel der Sportclub-Renovierung wurden die wesentlichen Gesichtspunkte einer Realisierungs-Check-Liste erarbeitet.

Moderation: In den bisherigen Sitzungen beschäftigten wir uns mit der Problem-Wahrnehmung, der Problem-Formulierung, der Ideen-Findung und der Ideen-Realisierung und einigen in den genannten Phasen einsetzbaren Methoden und Techniken. Nachdem sorgfältig die interessantesten Ideen ausgewählt worden sind, darf nicht davon ausgegangen werden, dass nunmehr der Erfolg sicher ist. Wir können nicht damit rechnen, dass sich die Lösungsvorschläge quasi von selbst realisieren. Mit anderen Worten: Der Problemlösungsprozess ist keineswegs abgeschlossen; die Realisierung einer Idee selbst stellt eine Herausforderung dar, die kreativ angegangen werden muss. Es geht darum, die herausgefilterte Idee als solche akzeptabel zu machen. Die bisher absolvierten Schritte im kreativen Problemlösungsprozess können hier nutzbringend eingesetzt werden.

Die Idee muss für das Anwendungsfeld maßgerecht zugeschnitten werden. Wir müssen sozusagen ein Modell erstellen, es erproben und möglicherweise modifizieren, bevor es der Öffentlichkeit vorgestellt wird. Auch bei Ideen ist es ratsam, rechtzeitig Veränderungen vorzunehmen, solange sie noch leicht zu bewerkstelligen sind. Spätere Aktionen zur Korrektur eines Defektes sind in der Regel langwierig, ärgerlich und kostspielig.

Worauf würden Sie achten, wenn Sie eine Idee verwirklichen wollten? Lassen Sie uns dies an einem Beispiel überlegen.

Übung:

Sie erinnern sich an die folgende Problemstellung: Ein Sportclub mit begrenzten finanziellen Mitteln wollte anlässlich seines fünfzigjährigen Jubiläums sein Clubhaus neu streichen. Um die Kosten möglichst niedrig zu halten, hatte man unter den Clubmitgliedern nach Freiwilligen Ausschau gehalten, die die Malerarbeiten in ihrer Freizeit übernehmen wollten. Ein gutes Dutzend Mitglieder hatte sich gemeldet. Die Zeit bis zum Jubiläum verstrich; der Vorsitzende wurde initiativ. Er definierte das Problem so: Wie bekomme ich die Freiwilligen an die Arbeit?

Nach der Sammlung und Bewertung der Ideen hatte sich der folgende Vorschlag herauskristallisiert: Die Außenwände des Clubhauses in große Flächen unterteilen und zwar in so viele, wie Freiwillige sich gemeldet hatten. In die Flächen sollte dann jeweils der Name eines dieser Freiwilligen geschrieben werden.

Es ging nun darum, diesen Vorschlag in die Tat umzusetzen. Der Vorsitzende des Sportclubs war davon überzeugt, dass diese Idee zum Erfolg führen würde.

Notieren Sie bitte ein oder zwei Probleme, auf die der Vorsitzende – Ihrer Meinung nach – bei der Realisierung seines Vorhabens stoßen wird.

Teilnehmer-Antworten

Moderation: Worauf wäre zu achten, wenn man diesen Problemen von vornherein aus dem Wege gehen wollte?

Stellen wir im folgenden einmal eine Liste von Realisierungskriterien zusammen.

Da wäre zunächst die Tatsache, dass ein Vorschlag *Zustimmung* finden muss. Er muss akzeptiert werden.

Auf welche Art und Weise kann die Annahme dieses Vorschlages erreicht werden? Welche Argumente sprechen für diese Idee? Wie können diese Argumente überzeugend vorgetragen werden?

Beispiel: Der Vorsitzende könnte ein oder zwei Freiwillige bitten, ihn bei dieser Aktion zu unterstützen.

Übung

Übung:

Notieren Sie weitere Vorschläge, wie die Zustimmung zu dieser Idee erreicht werden könnte. (Achtung: Beachten Sie das „Prinzip der verzögerten Bewertung" bei der Sammlung der Vorschläge!)

Teilnehmer-Antworten

Moderation: Wer eine Idee realisieren möchte, der sollte sich auch über die *Auswirkungen* im klaren sein, d. h., er sollte die möglichen Konsequenzen antizipieren.

Beispiel **Beispiel:** Eine Konsequenz könnte sein, dass die Freiwilligen sich unter Druck gesetzt fühlen. Um dies zu verhindern, wird das Vorhaben als Wettbewerb ausgeschrieben und ein Preis für denjenigen ausgesetzt, der als erster fertig ist.

Zur Feststellung der Auswirkungen kann ein *Prüf-Matrix* eingesetzt werden. (Siehe gegenüberliegende Seite)
Welche Auswirkungen werden Ihnen bewusst, wenn Sie diese Prüf-Matrix anwenden?

Teilnehmer-Antworten

Moderation: Ein dritter Gesichtspunkt bei der Realisierung von Ideen ist der der Unterstützung. Auf welche Art und Weise kann ich andere Personen oder Gruppen dazu gewinnen, mir bei der Verwirklichung der Idee zu assistieren?

Beispiel: Jugendliche werden gebeten, die Flächen auszumessen und die Namen der Freiwilligen einzuzeichnen.

Prüf-Matrix

	Idee 1	Idee 2	Idee 3	....	....
Idee:					
Welche Auswirkungen hat diese Idee auf die beteiligten Personengruppen?					
Was wird dadurch wesentlich verbessert?					
Was wird dadurch nur teilweise verbessert?					
Was bleibt dadurch unverändert?					
Was wird dadurch verschlechtert?					
Mit welchen Maßnahmen lässt sich die eventuelle Verschlechterung beheben?					
Welche sachlichen Auswirkungen sind zu erwarten?					
Was wird sachlich wesentlich verbessert?					
Was wird sachlich nur teilweise verbessert?					
Was bleibt sachlich unverändert?					
Was wird sachlich dadurch verschlechtert?					
Mit welchen Maßnahmen lässt sich die eventuelle Verschlechterung beheben?					

Sonstige Anmerkungen

Übung

Übung:

Notieren Sie weitere Möglichkeiten, wie die Unterstützung anderer gewonnen werden könnte.

Teilnehmer-Antworten

Moderation: Um die Auswirkungen noch besser antizipieren zu können, empfiehlt sich der *Vortest*. Keine Maschine wird in Serie produziert, bevor sie nicht im Probelauf auf Herz und Nieren geprüft worden ist. Vermutlich wird sich kein Showmaster mit einem Gag vor die Kamera wagen, dessen Wirkung er nicht bereits erprobt hat. Es werden wohl kaum umfangreiche wissenschaftliche Forschungen gestartet, ohne in einer Vorstudie die Bedingungen abgeklärt zu haben.

Beispiel **Beispiel:** Der Vorsitzende könnte beispielsweise seinen Kindern die gleiche Aufgabe stellen, um das Regal im Keller gestrichen zu bekommen.

Übung

Übung:

Notieren Sie weitere Möglichkeiten, wie ein Vortest durchgeführt werden könnte.

Teilnehmer-Antworten

Moderation: Schließlich wäre noch die Frage des *„timing"* zu stellen, d. h., wann wäre es am zweckmäßigsten, um diese Idee zu realisieren?

Beispiel **Beispiel:** Am Wochenende, da dann die meisten Clubmitglieder Zeit haben.

Fassen wir die Kategorien noch einmal in einer Check-Liste zusammen :

Realisierungs- *Realisierungs-Check-Liste*
Check-Liste
1. *Zustimmung*

  ● Wie kann die Zustimmung anderer zu einer Idee gefunden werden?

- Welche positiven Argumente können für die Idee vorgetragen werden?
- Wie können mögliche Einwände entkräftet werden?
- Aus welchen Gründen könnten andere ihre Zustimmung verweigern?
  Wie soll auf diese Gründe eingegangen werden?

2. *Auswirkungen*
- Welche personellen und sachlichen Auswirkungen hat die Verwirklichung dieser Idee?
- Wie lassen sich diese Auswirkungen antizipieren?
- Welche positiven und negativen Folgen könnten eintreten, wenn die Idee so und nicht anders realisiert wird?
- Welche kurz- bzw. langfristigen Auswirkungen hat die Idee, wenn sie so und nicht anders verwirklicht wird?

3. *Vortest*
- Bei welcher Gelegenheit können wir die mutmaßlichen Reaktionen auf unsere Idee testen?
- Welche Parallelen lassen sich ziehen?

4. *Unterstützung*
- Welche Personen, Gruppen, Organisationen oder Institutionen können zur Unterstützung der Idee gewonnen werden?
- Wie kann man erreichen, dass diese Personen, Gruppen, Organisationen und Institutionen konkret für die Verwirklichung der Idee etwas unternehmen?

5. *Zeitwahl*
- Welcher Zeitpunkt scheint am günstigsten, um die Idee ins Spiel zu bringen?
- Wie viel Zeit wird voraussichtlich benötigt, um die Idee zu verwirklichen?

6. *Ortswahl*
- Bei welcher Gelegenheit sollte die Idee vorgetragen werden?
- Welche alternativen Gelegenheiten bieten sich?
- Auf welcher Ebene (Ort, Land, Bund) oder in welcher Region sollte mit der Realisierung der Idee begonnen werden?

Nachdem diese Fragen so weit wie möglich abgeklärt sind, besteht der nächste Schritt in der Erstellung eines *Realisierungsplanes*. Dabei sollten vier Gesichtspunkte berücksichtigt werden:

- Eigene Aktivitäten
- Aktivitäten von Dritten
- Persönliche Hindernisse
- Hindernisse in der Umgebung

Der Realisierungsplan soll vor allem zwei Dinge bewirken:

- Verbesserung der Wirkungen der eigenen Aktivitäten und der Aktivitäten Dritter;
- Abbau von persönlichen Hindernissen und von Hindernissen in der Umgebung.

Die Realisierung von Ideen sollte man so planen, wie ein Architekt den Bau eines Hauses.

6.9 Anwendung des kreativen Problemlösungsprozesses

● Zielsetzung

In den vorausgegangenen Sessionen wurden für die verschiedenen Phasen des kreativen Problemlösungsprozesses alternative Methoden und Techniken gezeigt und eingeübt. In dieser Einheit soll nun, unter Verwendung eines vorgegebenen Problems, der gesamte Problemlösungsprozess einmal in geschlossener Form durchgespielt werden. Vorab oder ergänzend kann das beigefügte Beispiel besprochen werden.

● Arbeitsunterlagen

Für jeden Teilnehmer sechs Arbeitsbögen gemäß den abgedruckten Vorlagen, auf denen die Ideen bzw. die anderen entsprechenden Eintragungen vorgenommen werden sollen. Ein Abzug mit den Problemstellungen. Eventuelle Abzüge des beigefügten Beispiels.

● **Hinweise**

Zur Bearbeitung des Problemlösungsprozesses werden zwei Methoden vorgeschlagen:

a) Die Teilnehmer bearbeiten individuell eine der vorgegebenen Problemstellungen oder

b) es wird ein „fish-pool" gebildet (methodische Hinweise im Text), deren Mitglieder sozusagen vor den Augen der anderen – unter Leitung des Moderators – die einzelnen Phasen des Problemlösungsprozesses im Hinblick auf eine Problemstellung durcharbeiten. Alternativ oder zur späteren Ergänzung kann das angeführte Beispiel eingesetzt werden.

● **Übersicht**

Kurze Einführung

Entscheidung über die Vorgehensweise

Besprechung der Arbeitsvorlagen

Individuelle Arbeit bzw. „fish-pool"

Besprechung des Beispiels

Auswertung (Zeit: 2 bis 3 Stunden)

Moderation: In dieser Einheit wollen wir die fünf Phasen des kreativen Problemlösungsprozesses noch einmal nacheinander durchgehen. Drei Probleme stehen zur Auswahl.

Zur Bearbeitung eines dieser Probleme möchte ich Ihnen die folgende alternative Vorgehensweise vorschlagen:

a) Sie wählen sich – jeder für sich – eines der genannten Probleme aus und bearbeiten daran individuell die verschiedenen Phasen des kreativen Problemlösungsprozesses. Vorteil dieser Vorgehensweise:

Welches Problem Sie wählen und mit welchen Methoden bzw. Techniken Sie in den einzelnen Phasen arbeiten, bleibt Ihnen überlassen.

b) Teilnehmer/innen, die den gleichen thematischen Schwerpunkt gewählt haben, bilden eine Kleingruppe und bearbeiten gemeinsam die einzelnen Schritte.

c) Wir bilden eine kleine Gruppe von fünf Teilnehmern, die unter meiner Leitung und gleichzeitiger Beobachtung der restlichen Teilnehmer eines der Probleme bearbeitet. Wir würden uns in diesem Fall in die Mitte des Raumes setzen, d. h., die Mitwirkenden sitzen im „fish-pool"; die übrigen Teilnehmer setzen sich in einem Kreis um uns herum. Sie können uns quasi wie Fische im Aquarium beobachten, deshalb auch die Bezeichnung „fish-pool" für diese Methode. Während wir im „fish-pool" die einzelnen Phasen durchspielen, sind die im Außenkreis sitzenden Teilnehmer aufgefordert, ihre Beobachtungen aufzuschreiben.

d) Wir wechseln die Zusammensetzung in jeder Phase, sodass jede/r aktiv und beobachtend mitwirken kann.
Als Methode für die Ideen-Findung werden wir das „brainstorming" anwenden.

Welche der beiden vorgeschlagenen Vorgehensweisen bevorzugen Sie?

Teilnehmer-Entscheidung

Anmerkung (Anmerkung für die Moderation: Entscheiden sich die Teilnehmer für das erste Angebot, so erhalten sie die auf den folgenden Seiten abgedruckten Arbeitsvorlagen sowie einen Abzug mit den Problemstellungen. Zur individuellen Bearbeitung der fünf Phasen sollte eine Zeit von 60 Minuten vereinbart werden.

Wird das zweite Angebot gewählt, so erhalten die Teilnehmer ebenfalls die Arbeitsunterlagen. Sie arbeiten als Gruppe die einzelnen Phasen durch. Wird die Variante drei gewählt, so wird die Kleingruppe der Akteure gebildet und der Moderator übernimmt die weitere Leitung. Die weiteren Ausführungen folgen dieser Ausgangslage. (Auch in diesem Fall sollte ein Limit von etwa einer Stunde gewählt werden, nachdem sich die Arbeitsgruppe auf eine Problemstellung geeinigt hat.)

Kreativer **Moderation:** Lassen Sie mich zunächst noch darauf hinweisen,
Problemlösungs- dass jede rigide Handhabung eines Schemas dem kreativen
prozess Problemlösungsprozess widerspricht. Wenn ich hier trotzdem

auf ein bestimmtes Verfahren achte, nur deshalb, um Ihnen die Einübung zu erleichtern.

Problem-Wahrnehmung

(Konzentrieren Sie sich zunächst auf Spalte 1, dann auf Spalte 2)

1	2
Welche anderen Fakten bzw. Daten möchte ich zu der vorliegenden Problemsituation noch haben? (Notieren Sie in dieser Spalte alle Fragen zur Problem-Wahrnehmung unabhängig davon, ob Sie die entsprechenden Informationen erhalten können oder nicht. Achten Sie auf das Prinzip der verzögerten Bewertung!)	Wo könnte ich Informationen zu den Fragen der Spalte 1 erhalten? (Prinzip der verzögerten Bewertung!)

Problem-Definition

Notieren Sie hier alle Fragestellungen, die Ihnen zu der vorliegenden Problemsituation einfallen. Die Fragen sollten mit Formulierungen beginnen wie: „Was kann man tun, um ...." oder „Wie ...."

1 _____

2 _____

3 _____

4 _____

5 _____

6 _____

7 _____

9 _____

10 _____

Halten Sie nun für einen Augenblick inne und fragen Sie sich: Was ist das eigentliche Problem? Wo liegen die grundlegenden Schwierigkeiten? Tragen Sie Ihre Antworten in Frageform hier ein:

1. _____

2. _____

3. _____

4. _____

5. _____

Versuchen Sie nun verschiedene verallgemeinerte Problemstellungen zu formulieren, indem Sie umfassende, abstraktere Begriffe verwenden bzw. einsetzen (Generalisierung):

1. _____

2. _____

3. _____

4. _____

5. _____

Sie sollten nun die verschiedenen Generalisierungen in eine umfassende Formulierung integrieren. Notieren Sie zunächst die Formulierung und überarbeiten Sie diese anschließend:

_____

_____

_____

_____
_____
_____
_____

Notieren Sie nun jene Problemformulierungen mit der Sie (bzw. die Gruppe) in den folgenden Phasen arbeiten wollen:

_____
_____
_____
_____
_____

Ideen-Findung (I)

Tragen Sie hier zunächst noch einmal die Problem-Formulierung ein, an der Sie bzw. die Gruppe nun arbeiten:

....
....
....

Zur Ideen-Findung soll nun die Methode „brainstorming" eingesetzt werden. Hier noch einmal die Regeln:
- Keine Kritik!
- Soviel Ideen wie möglich!
- Jede Idee ist willkommen!
- Die Ideen anderer aufgreifen und weiterentwickeln!

Ideen-Liste:

1 ....
2 ....
3 ....
4 ....
5 ....
6 ....
7 ....
8 ....
9 ....

10 ....
11 ....
12 ....
13 ....
14 ....
15 ....
16 ....
17 ....
18 ....
19 ....
20 ....
21 ....
22 ....
23 ....
24 ....
25 ....
26 ....
27 ....
28 ....
29 ....
30 ....
31 ....
32 ....
33 ....
34 ....
35 ....
36 ....
37 ....
38 ....
39 ....
40 ....
41 ....
42 ....
43 ....
44 ....
45 ....
46 ....

47 ....
48 ....
49 ....
50 ....
51 ....

Ideen-Findung (II)

Wenden Sie nun auf die Liste der spontan gefundenen Ideen die   **Osborn'sche**
neun von Alex F. Osborn entwickelten Fragestellungen an, die   **Check-Liste**
zu weiteren Ideen anregen. Sie können dabei etwa so vorgehen,
dass Sie die erste Fragestellung (Anders verwenden?) nehmen
und dann die einzelnen Ideen der Liste 1 durchchecken, sodann
die zweite Fragestellung usw.

Die Ihnen dabei einfallenden Anregungen tragen Sie hier ein:

1. Anders verwenden? Kann man die Idee auch anders einsetzen?
2. Adaptieren? Gibt es Ähnliches, Paralleles, Kopierbares?
3. Modifizieren? Lässt sich an der Idee etwas verändern?
4. Magnifizieren? Was fällt mir ein, wenn ich die Idee vergrößere?
5. Minifizieren? Was fällt mir ein, wenn ich die Idee verkleinere?
6. Substituieren? Können einzelne Elemente gegen andere ausgetauscht werden?
7. Rearrangieren? Kann eine andere Reihenfolge gewählt werden?
8. Umkehrung? Was passiert, wenn ich das Gegenteil versuche?
9. Kombinieren? Können verschiedene Ideen miteinander verbunden werden?

Ideen-Bewertung

Notieren Sie auf diesem Bogen zunächst alle jene Kriterien, mit
deren Hilfe Sie die besten Ideen herausfiltern wollen. Beachten
Sie auch hier das Prinzip der verzögerten Bewertung!
Kriterien:
1. ....
2. ....
3. ....

4. ....
5. ....
6. ....
7. ....
8. ....
9. ....
10. ....

Wählen Sie nun drei bis vier der Ihnen am wesentlichsten erscheinenden Kriterien aus. Tragen Sie diese Kriterien hier noch einmal in der Reihenfolge ihrer Bedeutung ein:

1. ....
2. ....
3. ....
4. ....

Ordnen Sie jedem Kriterium ein Symbol zu, z. B. ein A für das erste, ein B für das zweite etc. Gehen Sie nun die beiden Ideen-Listen unter Verwendung der oben notierten Kriterien durch und notieren Sie jeweils neben den Ideen die Buchstaben der auf sie zutreffenden Kriterien. Jene Ideen, auf die die meisten Kriterien zutreffen, sollten Sie hier noch einmal aufschreiben:

1. ....
2. ....
3. ....
4. ....
5. ....

Wenn Sie wollen, so können Sie noch weiter die ausgewählten Ideen entwickeln, indem Sie nun weitere der oben genannten Kriterien anwenden, um die beste bzw. die besten Ideen zu ermitteln.

Ideen-Realisierung

Notieren Sie hier die Idee (bzw. Ideen) die Sie verwirklichen wollen (bzw. würden):

....
....
....
....

Notieren Sie nun wiederum Ideen zu den unten aufgeführten Kategorien der Realisierungs-Check-Liste. Denken Sie auch dabei wieder an das Prinzip der verzögerten Bewertung!

1. Zustimmung (Ideen zu der Frage: Wie kann die Zustimmung anderer gewonnen werden?)
   ....
   ....

2. Auswirkungen (Ideen zu der Frage: Wie lassen sich negative Auswirkungen vermeiden?)
   ....
   ....

3. Vortest (Ideen zur Frage: Wo könnte man den Vorschlag vorab ausprobieren?)
   ....
   ....

4. Unterstützung (Ideen zu der Frage: Wer könnte mich bei der Realisierung dieser Idee unterstützen?)
   ....
   ....

5. Timing (Ideen zu der Frage: Wann sollte der Vorschlag veröffentlicht werden?)
   ....
   ....

6. Ortswahl (Ideen zu der Frage: Bei welcher Gelegenheit sollte der Vorschlag vorgetragen werden?)
   ....
   ....

Fassen Sie nun jene Aspekte zusammen, die Sie bei der Realisierung dieser Idee berücksichtigen werden:
....
....
....
....

Alternative Problemstellungen

1. Während eines Fußball-Nationalspiels auf einem verschneiten Sportplatz begann ein am Rande des Innenraumes sitzender Zuschauer damit, die in seiner Nähe stehende Musikband mit Schneebällen zu bewerfen. Eine Lautsprecheraufforderung zur Einstellung der Schneeballwerferei wurde nicht beachtet. Im Gegenteil, weitere Zuschauer fühlten sich animiert und begannen sich an der Werferei zu beteiligen. Neben dem allgemeinen Durcheinander wurden vor allem die Musikinstrumente in Mitleidenschaft gezogen.

2. In einer Stadt war es zur „Mode" geworden, die Birnen in den Wagen der U-Bahn herauszuschrauben, so dass häufig ein Wagen völlig dunkel war, wenn der Zug die letzte Station erreichte.

3. Sie haben eine Party geplant. Nachdem alle Vorbereitungen abgeschlossen sind, sitzen Sie am Party-Abend auf Ihrem Sofa und warten auf die Ankunft der Gäste. Da fällt Ihr Blick auf das Bücherregal. Zu Ihrem Entsetzen stellen Sie fest, dass alle zwanzig Einladungsbriefe dort noch – mit Briefmarken versehen und von einem Gummiband fein säuberlich zusammengehalten – liegen.

4. Angenommen Sie schütten den Inhalt einer ganzen Tasse Kaffee über die letzte Seite eines langen und äußerst wichtigen Briefes. Sie wohnen in einem Vorort und wollten den Brief noch vor der letzten Leerung in den Briefkasten werden, der sich vor Ihrer Haustüre befindet. Dieser Briefkasten wird innerhalb der nächsten Minuten geleert. Der Brief ist für Sie deshalb so wichtig, weil von ihm die mögliche Übernahme eines interessanten Jobs abhängig ist.

5. Ein junges Lehrer-Ehepaar, beide berufstätig, erwarten ihr erstes Kind. Die junge Frau, die als Kunstlehrerin nicht nur Freude an ihrem Beruf, sondern auch erhebliche fachliche Anerkennung genießt, will nach der Geburt sich zunächst ganz der Erziehung des Kindes widmen. Die Wohnung des Ehepaares ist relativ klein; die Schwiegereltern leben weit außerhalb der Stadt; die meisten Freunde und Bekannten sind berufstätig;

der Wagen wird vom Ehemann benötigt, da dieser sonst eine ziemliche zeitraubende Anfahrt zur Schule hätte. Neben den mit der Geburt des Kindes verbundenen Änderungen stellt sich vor allem für die Frau das Problem, wie sie ihre schöpferischen Aktivitäten unter den veränderten Bedingungen nicht nur fortsetzen, sondern weiterentwickeln und möglichst auch noch einen Beitrag zur finanziellen Aufbesserung der Haushaltskasse leisten kann.

(Die Problemstellungen 1–4 sind entnommen aus Alex F. Osborns „Supplementary Guide")

Moderation: Zum Vergleich (oder als Einstieg) wollen wir einmal das folgende Beispiel betrachten, in welchem an einem ausgewählten Problem die verschiedenen Phasen des Problemlösungsprozesses demonstriert werden. Als Beispiel wurde die Problemstellung Nr. 5 gewählt.

Verfolgen wir einmal die Ausarbeitung dieses Problems, wie sie von einem „Solo-brainstormer" vorgenommen wurde.

Problem-Wahrnehmung

(Konzentrieren Sie sich zunächst auf Spalte 1, dann auf Spalte 2)

1	2
Welche anderen Fakten bzw. Daten möchte ich zu der vorliegenden Problemsituation noch haben? (Notieren Sie in dieser Spalte alle Fragen zur Problem-Wahrnehmung unabhängig davon, ob Sie die entsprechenden Informationen erhalten können oder nicht. Achten Sie auf das Prinzip der verzögerten Bewertung!)	Wo könnte ich Informationen zu den Fragen der Spalte 1 erhalten? (Prinzip der verzögerten Bewertung!)
Welche Hobbys hat sie? Freunde, Bekannte	**Sie selbst, Ehemann,**
Welche Hausarbeiten interessieren sie besonders?	**Sie selbst**
Wie hoch ist das Familieneinkommen?	**Sie selbst, Ehemann**

1	2
Ist das Ehepaar an die Wohnung gebunden?	Sie selbst, Ehemann
Kann der Mann die Schule wechseln?	Ehemann, Schulbehörde
Liegen journalistische Erfahrungen vor, bzw. Kontakte?	beide
Ab wann ist der Mann täglich zu Hause?	beide
Gibt es Geschwister?	beide
Wie ist die gesundheitliche Konstitution?	Hausarzt

Problem-Definition

Notieren Sie hier alle **Fragestellungen**, die Ihnen zu der vorliegenden Problemsituation einfallen. Die Fragen sollten mit Formulierungen beginnen wie: „Was kann man tun, um …" oder „Wie …"

1. **Wie** kann die Frau trotz Haushalt künstlerisch aktiv bleiben?

2. **Was kann man tun, um** Aktivitäten zu entdecken, die in der Wohnung durchführbar sind?

3. **Was kann man tun, um** den Kontakt zum Beruf aufrechtzuerhalten?

4. **Wie** kann der Mann seiner Frau in dieser Zeit helfen?

5. ....

6. ....

7. ....

Halten Sie nun für einen Augenblick inne und fragen Sie sich: Was ist das eigentliche Problem? **Wo liegen die grundlegenden Schwierigkeiten?**

Tragen Sie Ihre Antworten in Frageform hier ein:

1. **Was kann man tun, damit** Hausarbeit und Kindererziehung nicht zu einer Verkümmerung der schöpferischen Fähigkeiten führen?

2. **Wie** kann die verbleibende Zeit anregend genutzt werden?

3. **Was kann getan werden, um** Zufriedenheit in der vorliegenden Situation zu erreichen?

4. ....

5. ....

Versuchen Sie nun verschiedene **verallgemeinerte Problemstellungen** zu formulieren, indem Sie umfassende, abstraktere Begriffe verwenden bzw. einsetzen (Generalisierung):

1. **Wie** kann die vorhandene Kreativität genutzt werden, um Alltagsprobleme zur Zufriedenheit zu lösen?

2. ....

3. ....

4. ....

Sie sollten nun die verschiedenen Generalisierungen in eine **umfassende Formulierung** integrieren. Notieren Sie zunächst die Formulierung und überarbeiten Sie diese anschließend:

....

....

....

Notieren Sie nun jene Problemformulierung, mit der Sie (bzw. die Gruppe) in den folgenden Phasen arbeiten wollen:

Was kann man tun, um kreative Fähigkeiten nicht verkümmern zu lassen?

Ideen-Findung (I)

Tragen Sie hier zunächst noch einmal die Problem-Formulierung ein, an der Sie bzw. die Gruppe nun arbeiten:

Was kann man tun, um kreative Fähigkeiten nicht verkümmern zu lassen?

Zur Ideen-Findung soll nun die Methode „**brainstorming**" eingesetzt werden. Hier noch einmal die Regeln:
- Keine Kritik!
- Soviel Ideen wie möglich!
- Jede Idee ist willkommen!
- Die Ideen anderer aufgreifen und weiterentwickeln!

Ideen-Liste:
1. Micky-Mouse-Hefte lesen
2. Gegenstände bemalen
3. Meeting für Nonsens-Gespräche
4. An Wettbewerben beteiligen
5. Instrumente spielen lernen
6. Verbesserungsvorschläge erarbeiten
7. Spiele erfinden
8. Büttenreden schreiben
9. Postkarten malen
10. Gegenstände basteln
11. Lieder texten u. komponieren
12. Kurse selbst durchführen
13. mit Kindern spielen
14. Hobby-Gruppe gründen
15. Haus bemalen
16. Bücher besprechen
17. Rollenspiele erproben
18. Unterrichtsmodelle entwickeln
19. Erziehung zur Kreativität

20. Illusions-Raum einrichten
21. Trainingsbücher durcharbeiten
22. Kreativ-Übungen entwickeln
23. ....
24. ....
25. ....
26. ....
27. ....
28. ....
29. ....
30. ....
31. ....
32. ....
33. ....
34. ....
35. ....
36. ....
37. ....
38. ....
39. ....
40. ....
41. ....
42. ....
43. ....
44. ....
45. ....
46. ....
47. ....
48. ....
49. ....
50. ....

Ideen-Findung (II)

Wenden Sie nun auf die Liste der spontan gefundenen Ideen die neun von Alex F. Osborn entwickelten Fragestellungen an, die zu weiteren Ideen anregen. Sie können dabei etwa so vorgehen, dass Sie die **erste Fragestellung (anders verwenden?)** nehmen und dann die einzelnen Ideen der Liste I durchchecken, sodann die zweite Fragestellung usw.

Die Ihnen dabei einfallenden Anregungen tragen Sie hier ein:

1. **Anders verwenden? Kann man die Idee auch anders einsetzen?**
   Comic-Geschichten schreiben; Gegenstände bestricken;

2. **Adaptieren? Gibt es Ähnliches, Paralleles, Kopierbares?**
   Mit Persönlichkeiten Briefwechsel beginnen; Neue Techniken kennenlernen;

3. **Modifizieren? Lässt sich an der Idee etwas verändern?**
   Wettbewerbe ausarbeiten

4. **Magnifizieren? Was fällt mir ein, wenn ich die Idee vergrößere?**
   Spielplätze kreativer gestalten;

5. **Minifizieren? Was fällt mir ein, wenn ich die Idee verkleinere?**
   Streichholzschachteln bemalen;

6. **Substituieren? Können einzelne Elemente gegen andere ausgetauscht werden?**
   Gemeinsam mit anderen Kurse durchführen;

7. **Rearrangieren? Kann eine andere Reihenfolge gewählt werden?**
   Hobby-Gruppe beitreten;

8. **Umkehrung? Was passiert, wenn ich das Gegenteil versuche?**
   Selbst bemalen lassen; „Schwächling"-Comics (keine Helden – Anti-Helden)

9. **Kombinieren? Können verschiedene Ideen miteinander verbunden werden?**
   Spiele zum Selbermachen; Häuser mit Comics bemalen.

Ideen-Bewertung

Notieren Sie auf diesem Bogen zunächst alle jene **Kriterien**, mit deren Hilfe Sie die besten Ideen herausfiltern wollen. Beachten sie auch hier das Prinzip der verzögerten Bewertung!

Kriterien:
1. Durchführbarkeit
2. Originalität
3. Förderung der Kreativität
4. Aufwand (finanziell)
5. Auswirkungen auf die Umwelt
6. Effektivität
7. Zeitlicher Aufwand
8. ....
9. ....
10. ....

Wählen Sie nun drei bis vier der Ihnen am **wesentlichsten er-scheinenden Kriterien** aus. Tragen Sie diese Kriterien hier noch einmal in der Reihenfolge ihrer Bedeutung ein:
1. Förderung der Kreativität
2. Durchführbarkeit
3. ....
4. ....

Ordnen Sie jedem Kriterium ein **Symbol** zu, z. B. ein A für das erste, ein B für das zweite etc. Gehen Sie nun die beiden Ideen-Listen unter Verwendung der oben notierten Kriterien durch und notieren Sie jeweils neben den Ideen die Buchstaben der auf Sie zutreffenden Kriterien. **Jene Ideen, auf die die meisten Kriterien zutreffen, sollten Sie hier noch einmal aufschreiben:**
1. An Wettbewerben beteiligen
2. Unterrichtsmodelle entwickeln
3. ....
4. ....
5. ....

Wenn Sie wollen, so können Sie noch weiter die ausgewählten Ideen aussieben, indem Sie nun weitere der oben genannten Kriterien anwenden, um die beste bzw. die besten Ideen zu ermitteln.

Ideen-Realisierung

Notieren Sie hier die **Idee** (bzw. Ideen), die Sie verwirklichen wollen (bzw. würden):

An Wettbewerben beteiligen

Notieren Sie nun wiederum Ideen zu den unten aufgeführten Kategorien der Realisierungs-Check-Liste. Denken Sie auch dabei wieder an das Prinzip der verzögerten Bewertung!

1. **Zustimmung** (Ideen zu der Frage: Wie kann die Zustimmung anderer gewonnen werden?)

2. **Auswirkungen** (Ideen zu der Frage: Wie lassen sich negative Auswirkungen vermeiden?)

3. **Vortest** (Ideen zur Frage: Wo könnte man den Vorschlag vorab ausprobieren?)

   Alte Zeitschriften durchsehen;

4. **Unterstützung** (Ideen zu der Frage: Wer könnte mich bei der Realisierung dieser Ideen unterstützen?)

   Bekannte, Familie, Freunde

5. **Timing** (Ideen zu der Frage: Wann sollte der Vorschlag veröffentlicht werden?)

6. **Ortswahl** (Ideen zu der Frage: Bei welcher Gelegenheit sollte der Vorschlag vorgetragen werden?)

Fassen Sie nun jene Aspekte zusammen, die Sie bei der Realisierung dieser Idee berücksichtigen werden.

6.10 Wie man „unbrauchbare" Ideen in brauchbare verwandelt

● Zielsetzung

Wer die Prinzipien der „verzögerten Bewertung" und der „Verfremdung" konsequent anwendet, der wird immer wieder auf „lächerliche", „alberne", „unmögliche" Einfälle stoßen. Diese unsinnig erscheinenden Vorschläge sind ihrerseits eine ausgezeichnete Quelle der Stimulation der Imagination. Dies gilt im übrigen auch für die Bewertungs-Kriterien, auch mit Ihrer Hilfe können scheinbar nicht verwendbare Ideen weiterentwickelt werden. In dieser Einheit soll die Konzeption einer „kreativen Bewertung" vorgestellt werden. Außerdem geht es um die Anwendung der verschiedenen Phasen des kreativen Problemlösungsprozesses im Zeitraffer, am Beispiel eines „Solo-Blitz-brainstorming".

● Arbeitsunterlagen

Für jeden Teilnehmer einen Briefumschlag mit folgendem (oder ähnlichem) Inhalt:

Zwei Gummibänder (Schießgummi), drei Karteikarten, vier Heftklammern, drei Pfeifenreiniger.

● Hinweise

Achten Sie darauf, dass für Evaluierung des Trainings selbst ausreichend Zeit bleibt.

● Übersicht

Bewertungskriterien zur Verbesserung von Ideen

Blitzanwendung des kreativen Problemlösungsprozesses

Evaluierung des Trainings

Moderation: Die Einsicht, dass in jeder neuen Idee ein gewisses Maß an Torheit steckt, ist kein Allgemeingut der Volksweisheit, George Bernard Shaw drückte dies so aus:

„Andere Leute sehen Dinge und fragen: Warum? . . .

Ich aber träume von Dingen die es nirgendwo gibt – und ich frage: Warum nicht?"

Erproben wir die Frage „Warum nicht?" in dieser Session, dazu eine einleitende Aufgabe.

Übung

Übung:

Sie sind mit einem kleinen Kind allein in einem Raum. Es sind keine Spielsachen und keine Kinderbücher vorhanden. Was würden Sie tun, um das Kind zu unterhalten? (Notieren Sie Ihre Einfälle! Verzögerte Bewertung!)

Teilnehmer-Antworten

Moderation: Angenommen Sie haben all das, was Sie eben notiert haben getan und das Kind müsste noch weiter beschäftigt bzw. unterhalten werden. Als eine letzte Zuflucht stehen Ihnen die Dinge zur Verfügung, die sich in diesem Briefumschlag befinden, den ich Ihnen nun aushändigen darf.

Entnehmen Sie die Dinge dem Umschlag und versuchen Sie in nicht mehr als 10 Minuten Möglichkeiten zur Unterhaltung des Kindes sich einfallen zu lassen, indem Sie einzelne Teile oder alle Teile gemeinsam „manipulieren".

Teilnehmer-Antworten

Moderation: Als Sie den Umschlag öffneten, haben Sie vielleicht gedacht, dass es sich hier um alberne und törichte Gegenstände handelt, mit denen man kaum etwas anfangen kann.

Übung

Übung:

Denken Sie sich möglichst viele Verwendungsweisen und Abwandlungen für eine Krawatte (Halstuch) aus.

Notieren Sie möglichst zwei Ideen mehr als bei der letzten Übung. Denken Sie an die manipulativen Verben und das „Prinzip der verzögerten Bewertung". (Zeit: 10 Minuten)

Wählen Sie sodann eine ausgefallene Idee aus und überlegen Sie sich, wie man diese Idee doch realisieren könnte.

Teilnehmer-Antworten

Moderation: Die bisherigen Übungen haben ein wenig demonstriert, dass sich auch aus scheinbar unsinnigen Vorschlagen brauchbare Konzeptionen ableiten lassen, sofern die ursprüngliche Idee ein wenig „manipuliert", d. h. verändert wird. Um dies zu erreichen, haben wir jene „manipulativen Verben" aktiviert, die Sie bereits in einer früheren Session kennengelernt haben. Neben den „manipulativen Verben" eignen sich besonders auch die Evaluationskriterien zur Verbesserung und Weiterentwicklung von Ideen. Diese Möglichkeit wollen wir mit der folgenden Aufgabe verdeutlichen.

Übung

Übung:

Was kann getan werden, um Ihr Leben durch mehr kreative Imagination zu bereichern?

(Ohne Bewertung alle Einfälle notieren). (Zeit: 10 Minuten)

Teilnehmer-Antworten

Moderation: Wenden Sie nun Ihre Aufmerksamkeit jeder einzelnen Idee für sich zu und fragen Sie sich dabei: Warum Sie meinen, dass diese einzelne Idee gut oder weniger gut sei.

Teilnehmer-Antworten

Moderation: Auf welche Bewertungskriterien sind Sie unter Verwendung dieser Methode gestoßen?

Teilnehmer-Antworten

Moderation: Wenn Sie beispielsweise feststellten, dass eine Idee nicht so gut sei, weil sie zu „kostspielig" ist, so hätten Sie die Kosten als ein allgemeines Evaluationskriterium erarbeitet. In einer früheren Session haben wir darauf hingewiesen, dass „vage" Kriterien vermieden werden sollten. Eine Formulierung wie: „ … weil dies unmöglich ist", sollten Sie vermeiden. Die Frage, warum dies unmöglich ist, bringt Sie hingegen wieder auf andere Kriterien, wenn Sie beispielsweise antworten: „ … weil es mit den gesetzlichen Vorschriften nicht übereinstimmt", „ … weil es vom Material her ungeeignet erscheint".

Übung:

Versuchen Sie zu den vorliegenden Ideen noch weitere Kriterien zu finden. Bewerten Sie dabei nicht die Brauchbarkeit.

Teilnehmer-Antworten

Moderation: Bringen Sie nun die von Ihnen notierten Kriterien in eine Rangordnung. Dazu empfehle ich Ihnen die folgende einfache Einteilung:

A = die bedeutsamsten   Kriterien
B = die weniger bedeutsamen Kriterien
C = die relativ unbedeutenden Kriterien

Beobachten Sie bitte dabei, wann die signifikanten Kriterien in Ihrer Liste auftauchen, zu Beginn oder eher gegen Ende?

Teilnehmer-Antworten

Moderation: Wenden Sie nun die „A"-Kriterien auf Ihre Ideen-Liste an. Gewichten Sie dabei die „A"-Kriterien noch einmal nach folgendem Schema:

3 Punkte = Kriterium trifft voll zu
2 Punkte = Kriterium trifft teilweise zu
1 Punkt = Kriterium trifft nur schwach zu

Wählen Sie unter Anwendung der beschriebenen Vorgehensweise die Idee mit der höchsten Punktzahl aus und skizzieren Sie dazu einen Realisierungsplan.

Teilnehmer-Antworten

Moderation: Die Idee mit der höchsten Gewichtung braucht keineswegs auch jene zu sein, die Sie eigentlich für die interessanteste oder originellste Idee halten. Die folgende Aufgabe wendet sich nun dieser Idee zu.

Übung:

Wählen Sie die Idee aus, die Sie für die interessanteste oder originellste Idee halten.

Setzen Sie die Bewertungskriterien ein, um diese Idee zu verbessern. Beispiel: Als Bewertungskriterium hatten Sie vielleicht „Auswirkungen auf die Umwelt", so entwickeln Sie nun Ideen, wie diese Auswirkungen auf die Umwelt verbessert werden können; oder Sie hatten als Kriterium die „Kosten", so gilt es nun nach Möglichkeiten Ausschau zu halten, wie die Kosten gesenkt werden könnten usw.

Teilnehmer-Antworten

Moderation: Versuchen wir unsere bisherigen Erfahrungen in einem „Solo-Blitz-Brainstorming" anzuwenden. Ich schildere Ihnen eine Problemsituation, Sie formulieren daraus eine für die Problemfindung geeignete Fragestellung, halten ein kurzes „brainstorming" ab (etwa 5 Minuten), erweitern die Ideen-Sammlung unter Einsatz der „manipulativen Verben" (Zeit: 5 Minuten), legen dann die Bewertungskriterien fest und ermitteln die Idee, die Sie verwirklichen würden. Danach wählen Sie eine „schwache" Idee aus, die Sie – unter Verwendung der Evaluationskriterien – brauchbar machen.

Für jede Phase stehen Ihnen 5 Minuten zur Verfügung. Ich sage Ihnen jeweils, eine Minute vorab Bescheid, damit Sie sich nicht stärker auf Ihre Uhr als auf die jeweilige Phase zu konzentrieren brauchen. Beginnen wir mit der Darstellung der Problemsituation.

Übung:

Sie sind Versicherungsvertreter und gerade zu Besuch bei einem Kunden, bei dem Sie heute Abend nach längeren Vorverhandlungen ein umfangreiches Geschäft abzuschließen hoffen. Ihr „Kunde" hat sich noch für einige Minuten entschuldigt. Als Sie es sich gerade im Sessel etwas bequem machen wollen, bemerken Sie, dass Sie offensichtlich Ihre Schuhe nicht gründlich abgeputzt haben. Ein Klumpen feuchten Lehms klebt noch an Ihren Schuhen. Sie gehen zum Vorraum zurück und hören dabei wie aus der Küche die Hausfrau klagt:

Übung

„Wer hat sich denn die Schuhe wieder nicht abgeputzt. Mein schöner neuer Teppich ist völlig verschmutzt".

● Notieren Sie einige Problem-Formulierungen und leiten Sie daraus eine generalisierte Problem-Stellung ab. (Zeit: 5 Minuten)

● Notieren Sie in einem „Solo-Brainstorming" alle Ideen, die Ihnen zu dieser Problem-Formulierung einfallen. (Zeit: 5 Minuten)

● Setzen Sie die „manipulativen Verben" ein, um die Ideen-Liste zu ergänzen bzw. zu erweitern. (Zeit: 5 Minuten)

● Stellen Sie nunmehr die Kriterien zur Bewertung zusammen (Zeit: 5 Minuten) und ermitteln Sie die Idee, die Sie verwirklichen würden.

● Wählen Sie eine Ihnen als unbrauchbar erscheinende Idee aus. Unter Verwendung der Evaluationskriterien soll aus der „unbrauchbaren" Idee eine brauchbare gemacht werden.

Teilnehmer-Antworten

Moderation: Die letzte Übung sollte nicht nur den Prozess noch einmal verdeutlichen, sondern gleichzeitig auch die Tatsache ins Bewusstsein rufen, dass der kreative Problemlösungsprozess nicht notwendigerweise ein sehr zeitaufwendiges Prozedere darstellt.

Wir stehen damit am Ende dieses Trainingsprogramms. Hier kam es nicht so sehr auf die Ergebnisse an, als vielmehr auf die Einübung der Methoden und Techniken.

Wenn Sie an Ihre erste Autofahrstunde zurückdenken, wie unsicher und vorsichtig Sie den einzelnen Anweisungen nachgekommen sind. Wie Sie allmählich Sicherheit in der Handhabung erlangten und schließlich „automatisch" die notwendigen Reaktionen zeigten.

Zum guten Autofahrer wird man allerdings nicht allein durch die Theorie; sie ist notwendige Voraussetzung; was vielmehr notwendig ist, das ist eine ausreichende Fahrpraxis.

Diese, in diesem Training schon einmal verwendete Analogie, soll Sie noch einmal ermuntern, die gezeigten Verfahren selbst zu erproben, sie zu modifizieren und der jeweiligen Problemstellung gemäß zusammenzustellen.

Was wir abschließend noch gemeinsam tun sollten, das ist eine Evaluierung des Trainings vorzunehmen. Darf ich Sie deshalb noch zu einer Übung einladen.

Übung:

Stellen Sie – ohne Bewertung – jene Kriterien zusammen, die Sie als Bewertungsmaßstäbe an dieses Training anlegen wollen.

Teilnehmer-Antworten

Moderation: Ergänzen wir die Liste der Kriterien noch durch das zu Beginn der ersten Session erstellte „Erwartungs-Befürchtungs-Inventar".

Lassen Sie uns gemeinsam diese Kriterien nach ihrer Bedeutsamkeit gewichten, um dann die einzelnen Sessionen noch einmal „abzuklopfen".

Teilnehmer-Antworten

Moderation: Kein Training ist so gut, dass es nicht noch erheblich verbessert werden könnte.

Darf ich Sie abschließend um Verbesserungsvorschläge bitten.

Teilnehmer-Antworten

Moderation: Für Ihre Mitarbeit und die genannten Verbesserungsvorschläge herzlichen Dank.

7. Literaturverzeichnis

Antons, K.: Praxis der Gruppendynamik, Verlag für Psychologie – Hogrefe, Göttingen, 1973

Arens, K, P.: Manipulation, Berlin 1971

Ausubel, D. P.: Educational Psychology, New York 1968

Barron, F.: The Psychology of Creativity, in: Newcomb, T. M. (Ed.): New Directions in Psychology II, NYC: Rinehart 1965

Beck-Bornholdt, Hans-Peter, Dubben, Hans-Werner; Der Hund, der Eier legt – Erkennen von Fehlinformationen durch Querdenken, Rowolth-Taschebuchverlag, Oktober 1999

Beer, U. und *Erl, W.:* Entfaltung der Kreativität, Katzmann-Verlag, Tübingen 1972

Biondi, A. M.: The Creative Process, D. O. K. Publishers, Buffalo 1972

Biondi, A. M,: Have an Affair with Your Mind, Creative Synergetic Ass., Buffalo 1974

Bono, E. de: Das spielerische Denken, Scherz- Verlag, München 1968, inzw. auch als Taschenbuch bei Rowohlt, Reinbek 1971

Laterales Denken – Ein Kursus zur Erschließung Ihrer Kreativitätsreserven, Rowohlt-Verlag, Reinbek 1971

Laterales Denken für Führungskräfte, Rowohlt-Verlag, Reinbek 1972

Die 4 richtigen und die 5 falschen Denkmethoden, Rowohlt-Verlag, Reinbek 1972

In 15 Tagen Denken lernen, Rowohlt-Verlag, Reinbek 1970

Die positive Revolution – Konstruktiv denken und effektiv handeln, Econ Taschenbuch, Düsseldorf – Wien, 1994

Serious Creativity: Die Entwicklung neuer Ideen durch die Kraft lateralen Denkens, Schäffer – Poeschel – Verlag, Stuttgart 1996

Burow, Olaf-Axel: Ich bin gut – wir sind besser, Erfolgsmodelle kreativer Gruppen, Klett-Cotta-Verlag, Stuttgart, 2000

Cannain/Pieniak/Voigt: Ideen realisieren, Deutsche Verlags-Anstalt, Stuttgart 1975

Chin, R., Kenne, K. D.: Strategien zur Veränderung sozialer Systeme, in:

Gruppendynamik – Forschung und Praxis, Heft 4, Dez. 1971, Klett-Verlag, Stuttgart

Claessens, D.: Forschungsteam und Persönlichkeitsstruktur, in: Kölner Zeitschrift für Soziologie und Sozialpsychologie, Westdeutscher Verlag, Köln/ Opladen 1967

Clark, Ch.: Brainstorming – Methoden der Zusammenarbeit und Ideenfindung, Verlag Moderne Industrie, München 1967

Cornwell, P.: Creative Playmaking in the Primary School, Chatto & Windus, London 1970

Correll, W.: Lernpsychologie, Verlag L. Auer, Donauwörth 1970

Crosby, A.: Kreativität gegen Routine, Econ-Verlag, Düsseldorf-Wien 1973

Davis, G. A., Scott, J. A.: Training creative thinking, Holt, Rinehart and Winston, Inc., New York 1971

Davis, G. A.: Psychology of problem solving, Basic Books, Inc., New York 1973

Davis, G. A.: Let's be an ice cream machine! – creative dramatics, in: The Journal of Creative Behavior, Buffalo 1973

Duncker, K. (1935): Zur Psychologie des produktiven Denkens, neuaufgelegt Springer-Verlag, Berlin-Heidelberg-New York 1963

Fabian, A.; Der Gott aus der Maschine, Desch-Verlag, München 1974

Fend, H.: Sozialisation, Beltz-Verlag, Weinheim-Berlin-Basel 1974

Festinger, L: Theorie der kognitiven Dissonanz, in: Schramm, W. (Hrsg.), Grundfragen der Kommunikationsforschung, München 1964

Flechsig, K. H.: Erziehung zur Kreativität, in: Neue Sammlung, Jg. 6, 1966, Heft 2

Fuchs, R.: Lernspychologische Grundlagen der Unterrichtsgestaltung – Abriss und Aufgaben, Hueber-Holzmann-Verlag, München 1974

Gordon, William J. J.: Synectics – Development of Creative Capacity, Collier Books Ltd., London 1961

Graumann, C. F. (Hg.): Denken, NWB-Psychologie, Kiepenheuer & Witsch, Köln-Berlin 1965

Gregory, Richard L.; Auge und Hirn – Psychologie des Sehens, Rowohlt-Taschenbuchverlag, Hamburg , 2001

Guilford, J. P.: Kreativität, in: Ulmann, G., Kreativitätsforschung, Köln 1973

Guilford, J. P.: Persönlichkeit, Verlag J. Beltz. 4. unveränderte Aufl.,
Weinheim-Berlin-Basel 1970

Guilford, J. P., Hendricks, M., Hoepfner, R.: Kreatives Lösen sozialer
Probleme, 1968 in: Ulmann, G. (Hg.), Kreativitätsforschung, Köln 1973

Guilford, J. P.: Grundlegende Fragen bei Kreativitätsorientiertem Lehren, in:
Mühle, G.; Schell, Ch., Kreativität und Schule, Piper-Verlag, München
1970

Hallmann, R. J.: Techniken des kreativen Lehrens, in: Mühle, G.; Schell, Chr.,
Kreativität und Schule, München 1970

Heckhausen, H.: Hoffnung und Furcht in der Leistungsmotivation,
Meisenheim 1963

Heckhausen, H.: Leistungsmotivation, in: Thomae, H. (Hg.), Handbuch der
Psychologie, 2. Bd., II., Göttingen 1965

Heinelt, G.: Kreative Lehrer – kreative Schüler, Herder-Taschenbuch,
Freiburg i. Br.1974

Hertlein, Margit; Mind Mapping – Die kreative Arbeitstechnik, Rowohlt-
Verlag, Hamburg, 5. Aufl., 2000

Hofstätter, P. R.: Gruppendynamik, Rowohlt-Verlag, Hamburg 1971

Hüneke, Knut; Zukunftskonferenz, in: Wege zur Zukunftsfähigkeit – ein
Methodenhandbuch, Apel, Heino u.a. (Hg.), Stiftung Mitarbeit,
Arbeitshilfe Nr. 19, Bonn 1998

Huizinga, J.: Homo ludens – Vom Ursprung der Kultur im Spiel, Rowohlt-
Verlag, Hamburg 1956

Kastner, P. M.: Domestizierte Kreativität, Raith-Verlag, Starnberg 1973

Katz, D.: The functional approach to the study of attitudes, Public Opinion
Quaterly, Heft 24, 1960

Kaufmann, A., Fustier, M., Drevet, A.: Moderne Methoden der Kreativität,
Verlag Moderne Industrie, München 1972

Kellner, Hedwig, Die besten Kreativitätstechniken in 7 Tagen, mvg-Verlag,
Landsberg a.L., 1999

*Kirckhoff, Mogens; Mind Mapping – Einführung in eine kreative
Arbeitsmethode, 9. Auflage, Gabal-Verlag, Bremen 1992*

Kirsch, W.: Entscheidungsprozesse – Bd. 1: Verhaltenswissenschaftliche
Ansätze der Entscheidungstheorie, Gabler-Verlag, Wiesbaden 1970

Kirst, W. und Diekmeyer, U.: Creativitätstraining, rororo Nr. 6827, Hamburg 1973

Kirsten, R. E., Müller-Schwarz, J.: Gruppen-Training – Ein gruppendynamisches Übungsbuch, Deutsche Verlags-Anstalt, Stuttgart 1973

Klaus, G.: Wörterbuch der Kybernetik, Fischer-Verlag, Frankfurt 1971

Knieß, Michael: Kreatives Arbeiten, Beck-Wirtschaftsberater im dtv, München 1995

Königswieser, Roswita, Keil, Marion (Hrsg.): Das Feuer großer Gruppen – Konzepte, Designs, Praxisbeispiele für Großveranstaltungen, Klett-Cotta-Verlag, Stuttgart 2000

Kommer, Isolde, Reinke, Helmut: Mind Mapping am PC, Hanser-Verlag, München und Wien, 1999

Krause, R.: Kreativität – Untersuchungen zu einem problematischen Konzept, Reihe: „Wissenschaftliches Taschenbuch", Goldmann-Verlag, München 1972

Krüger, Frank, Mind Mapping – Kreativ und erfolgreich im Beruf, Humboldt-Taschenbuch, 2. Auflage, München 1998

Landau, E.: Psychologie der Kreativität, Ernst Reinhardt-Verlag, München/ Basel 1969

Lanners, E.: Illusionen, Bucher- Verlag, Luzern/Frankfurt a. M. 1973

Luchins, A. S.: Mechanisierung beim Problemlösen, in: Graumann, C. F., Denken, Köln, 1965

Lück, H. E.: Zum Begriff der Gruppendynamik, in: Gruppendynamik – Forschung und Praxis, Heft 1, Klett-Verlag, Stuttgart 1972

Luther, Michael und Gründonner, Jutta; Königsweg Kreativität: Powertraining für kreatives Denken, Junfermann-Verlag, Paderborn, 1998

Maier, N. R. F.: Problem solving and creativity – In individuals and groups, Brooks/Cole Publishing Company, Belmont, California 1970

Maleh, Carole; Open Space – Effektiv arbeiten mit großen Gruppen, Beltz-Verlag, Weinheim – Basel, 2000

*Malorny, Christian u.*a., Die sieben Kreativitätswerkzeuge, Pocket-Power, Hanser-Verlag, München, Wien 1997

Manager-Magazin, Kreativität – Dokumentation der Methoden, Hamburg 1972

Matussek, P.: Kreativität als Chance, – Der schöpferische Mensch in psychodynamischer Sicht, R. Piper-Verlag, München 1974

McClelland, D.: Die Definition eines spezifischen Motivs, in: Thomae, H. (Hg.), Die Motivation menschlichen Handelns, NWB-Psychologie, Kiepenheuer & Witsch, Köln 1970. 6. Aufl.

McKinnon, D. W.: The Nature and Nurture of Creative Talent, in: American Psychologist, Heft 17, 1962

Meckling, I.: Kreativitätsübungen im Literaturunterricht der Oberstufe, R. Oldenbourg Verlag, München 1972

Michael, M.: Produktideen und „Ideenproduktion", Gabler-Verlag, Wiesbaden 1973

Mooney, R. L.: A conceptual model for integrating four approaches to the identification of creative talent, in: Parnes, S. J. and Harding, H. F., (ED), A source book for creative thinking, New York, 1962

Mühle, G. u. Schell, Ch.: Kreativität und Schule, Texte, R. Piper-Verlag, München 1970

Nimmergut, J.: Kreativitätsschule, Heyne-Verlag, München 1972

Nölkke, Matthias, Kreativitätstechniken, STS-Verlag, Planegg, Taschen-Guides, 1998

Oerter, R.: Psychologie des Denkens, Verlag L. Auer, 3. Aufl., Donauwörth 1972

Osborn, A. F.: Applied Imagination, 31st Printing, 3rd revised edition, Charles Scribner's Sons, New York 1963

Parnes, S. J. and Harding, H. F.: A source book for creative thinking, Charles Scribner's Sons, New York 1962

Parnes, S. J.: Creative behavior guidebook, Charles Scribner's Sons, New York 1967

Parnes, S. J.: Creative behavior workbook, Charles Scribner's Sons, New York 1967

Parnes, S. J.: Creativity: Unlocking Human Potential, D. O. K. Publishers, Buffalo 1972

Peterson, Hans-Christian; Open Space in Aktion – Kommunikation ohne Grenzen, Die neue Konferenzmethode für Klein- und Großgruppen, Junfermann-Verlag, Paderborn 2000

Petzold, H.: Kreativität & Konflikte – Psychologische Gruppenarbeit mit Erwachsenen, Verlag Junfermann, Paderborn 1973

Pielow, W., Sanner R. (Hg.): Kreativität und Deutschunterricht, Klett-Verlag, Stuttgart 1973

Quiske, F. H., Skirl, St. J., Spiess, G.: Denklabor Team, Deutsche Verlags-Anstalt, Stuttgart 1973

Reding, J.: Gutentagtexte, Engelbert-Verlag, Balve 1974

Robinson, J.: Doktrinen der Wirtschaftswissenschaft, C. H. Beck-Verlag, München 1965

Rogers, C. R.: Toward a theory of creativity, in: Parnes, S. J., Harding, H. F., A source book for creative thinking, New York 1962

Rohrer, F.: Gesellschaft – Gesellschaftsspiele, Burckhardthaus- Verlag, München 1970

Rosenthal, Ph.: Kreativität mit „Klo-Effekt", in: Manager-Magazin, Nr. 9, Hamburg 1974

Rosnow, R. L. and Robinson, E. J. (Ed.): Experiments in persuasion, Academic Press, Inc., New York 1967

Rückriem, G. M.: Der gesellschaftliche Zusammenhang der Erziehung, in: Klafki, W., u. a., Erziehungswissenschaft, Funk-Kolleg, Bd. 1, Fischer-Verlag, Frankfurt a. M. 1970

Sbandi, P.: Gruppenpsychologie – Einführung in die Wirklichkeit der Gruppendynamik aus sozialpsychologischer Sicht, J. Pfeiffer-Verlag, München 1973

Schaefer, Ch. E.: Developing creativity in children, D.O.K. Publishers, Inc., Buffalo 1973

Schiffler, H.: Fragen zur Kreativität, Workshop – Material Nr. 6, Otto-Maier-Verlag, Ravensburg 1973.

Schlicksupp, Helmut, Innovation, Kreativität und Ideenfindung, 5., überarbeitete und erweiterte Auflage, Vogel Buchverlag, Würzburg 1998

Schober, H., Rentschler, I.: Optische Täuschungen in Wissenschaft und Kunst, Moos-Verlag, München 1972

Seiffge-Krenke, J.: Probleme und Ergebnisse der Kreativitätsforschung, Verlag Hans Huber, Bern-Stuttgart-Wien 1974

Shephard, H. A,: Innovationshemmende und innovationsfördernde Organisationen, in: Gruppendynamik – Forschung und Praxis, Heft 4, Klett-Verlag, Stuttgart 1971

Sikora, J.: Die neuen Kreativitäts-Techniken, König-Verlag, München 1972

Simberg, A. L.: Obstacles to creative thinking, in: Davis, G. A., Scott, J. A., Training creative thinking, New York 1971

Sjølund, A.: Gruppenpsychologie für Erzieher, Lehrer und Gruppenleiter, Verlag Quelle & Meyer, Heidelberg 1974

Spangenberg, K.: Chancen der Gruppenpädagogik, Beltz-Verlag, Weinheim-Berlin-Basel 1969

Stein, M. J.: Kreativität und Kultur, in Ulmann, G., Kreativitätsforschung, Köln 1973

Strzelewicz, W.: Das Vorurteil als Bildungsbarriere, Vandenhoeck & Ruprecht, 2. Aufl., Göttingen 1965

Süllwold, F.: Bedingungen und Gesetzmäßigkeiten des Problemlösungsverhaltens, in: Graumann, C. F., (Hg.), Denken, 1965

Torrance, E. P.: Die Pflege schöpferischen Denkens, in: Mühle, G., Schell, Ch. (Hg.), Kreativität und Schule, München 1970

Ulmann, G.: Kreativität – Neue amerikanische Ansätze zur Erweiterung des Intelligenzkonzeptes, Verlag J. Beltz, Weinheim, Berlin, Basel, 1968

Ulmann, G.: Kreativitätsforschung, NWB/Psychologie, Kiepenheuer & Witsch, Köln 1973

Vernon, P. E. (Ed.): Creativity, Penguin Books, Harmondsworth 1970

Vesper, Roswitha, Weitz, Ludwig; Zukunftswerkstätten, Manuskipte, Bad Honnef 1999

Wasna, M.: Motivation, Intelligenz und Lernerfolg, Kösel-Verlag München 1972

Watzlawick, P., Beavin, J. H., Jackson, D. D.: Menschliche Kommunikation – Formen, Störungen, Paradoxien, Stuttgart 1972

Wertheimer, M.: Produktives Denken, Verlag W. Kramer, 2. Aufl. Frankfurt a. M.1964

Whiting, Ch. S.: Creative thinking, Reinhold Publishing Corporation, New York 1958

Wirz, A.: Lerne schöpferisch denken, Taylorix Fachverlag, Stuttgart

Wössner, J.: Soziologie – Einführung und Grundlegung, Verlag Böhlau, Wien 1971

Wollschläge, G.: Kreativität und Gesellschaft, Fischer-Taschenbuch- Verlag, Frankfurt 1972

Woods, M. S., Trithart, B.: Guidelines to creative dramatics, D.O.K. Publishers Inc., Buffalo 1970

Zwicky, F.: Entdecken, Erfinden, Forschen im Morphologischen Weltbild, Verlag Droemer-Knauer, Taschenbuch, München/Zürich 1972

Zwicky, F.: Jeder ein Genie, Peter Lang-Verlag, Frankfurt 1971

7. Stichwortverzeichnis

SOMMER-AKADEMIEN

In jedem Jahr bieten wir verschiedene Sommer-Akademien an, von denen sich die ersten beiden (Politsche Quer-Denker und -Tuer) ergänzen, während die zwei weiteren jeweils eine Einheit in sich bilden.

Eigentlich sollte man jedem Mitmenschen für diese drei Wochen der Sommer-Akademien „Bildungsurlaub" gesellschaftlich ‚verordnen' – besser: jeder und jede sollten sich solche Phase gönnen. Neue Dimensionen entdecken - dies und mehr wollen wir in den Sommer-Akademien in Verbindung mit Kirche, Kunst, Kultur und Kulinaria in einer landschaftlich reizvollen Umgebung.

Politische Quer-Denker

Politische Quer-Tuer

Spirituelle Sommer-Akademie

Historische Sommer-Akademie

Anmeldungen: Katholisch-Soziales Institut der Erzdiözese Köln
Selhofer Str. 11, 53604 Bad Honnef
Auskünfte: Tel.: 02224 / 955-405 oder -401
Fax: 02224 / 955-101· e-mail: sikora@ksi.de
Internet: www.ksi.de

**KATHOLISCH
SOZIALES
INSTITUT**
DER ERZDIÖZESE KÖLN